Ullstein

W0067664

ÜBER DAS BUCH:

»Er konnte Menschen verzaubern oder sie Jahre hindurch verfolgen, seiner dämonischen Gewalt stand österreichische Liebenswürdigkeit gegenüber.«
Der große Dirigent Bruno Walter nannte seinen Kollegen Herbert von Karajan »einen seltsamen Mann«. Zu diesem Urteil kommt auch Wolfgang Stresemann, sein langjähriger Wegbegleiter als Intendant des Berliner Philharmonischen Orchesters, in seinem Erinnerungsbuch.
»Authentisch, glaubwürdig und lebendig.«
   (Der Tagesspiegel)
»Stresemanns Psychogramm ist genau, einfühlsam und ernsthaft.«
   (Welt am Sonntag)

DER AUTOR:

Wolfgang Stresemann, geboren 1904 in Dresden als Sohn des früheren deutschen Reichskanzlers und Außenministers Gustav Stresemann, studierte Rechtswissenschaften und Musik (u. a. Klavier, Komposition, Dirigieren) und trat schon in den zwanziger Jahren als Dirigent im Konzertsaal hervor. Emigration 1939 in die USA, wo er als Dirigent und Musikkritiker wirkte. 1956–59 Intendant des Radio-Symphonie-Orchesters Berlin, 1958–78 Intendant des Berliner Philharmonischen Orchesters. Er galt als Meister in der Gestaltung attraktiver Konzert-Programme. Nach heftigen Auseinandersetzungen zwischen Karajan und dem Orchester mit Stresemanns Nachfolger berief der Berliner Senat den bewährten Wolfgang Stresemann für die Jahre 1984–86 zum kommissarischen Intendanten.

Weitere Veröffentlichungen:
Die ›Zwölf‹. Vom Siegeszug der 12 Cellisten der Berliner Philharmonie (1990); *Und abends in die Philharmonie* (1994); *Zeiten und Klänge* (1997).

Wolfgang Stresemann

»Ein seltsamer Mann . . .«

Erinnerungen an
Herbert von Karajan

Ullstein

Ullstein Buchverlage GmbH & Co. KG,
Berlin
Taschenbuchnummer: 35725

Ungekürzte Ausgabe
Mit 11 Abbildungen
März 1998

Umschlagentwurf:
Simone Fischer & Christof Berndt
Unter Verwendung eines Fotos von Siegfried Lauterwasser, Überlingen
Alle Rechte vorbehalten
© 1990 by Verlag Ullstein GmbH, Frankfurt/M., Berlin
Printed in Germany 1998
Gesamtherstellung:
Ebner Ulm
ISBN 3 548 35725 3

Die Deutsche Bibliothek
CIP-Einheitsaufnahme

Stresemann, Wolfgang:
Ein seltsamer Mann . . . : Erinnerungen an Herbert von Karajan /
Wolfgang Stresemann. – Ungekürzte Ausg. – Berlin : Ullstein, 1998
(Ullstein-Buch ; Nr. 33725)
ISBN 3-548-35725-3

Inhalt

Vorwort

November 1961, Amerika-Reise des Berliner Philharmonischen Orchesters. Nach den Konzerten in Chicago unter Leitung Karajans unternahm ich einen Abstecher nach Beverly Hills in Californien, um Bruno Walter, den langjährigen Mentor und Freund, noch einmal zu sehen. Ihm, der im 86. Lebensjahr stand und wenige Monate später an Herzversagen starb, überbrachte ich die wärmsten Grüße von Karajan. Bruno Walter dankte sichtlich erfreut, erkundigte sich nach dem Verlauf der Konzerte und sagte dann nachdenklich, auf Karajan zurückkommend: »Ein seltsamer Mann.« Er meinte dies durchaus nicht negativ, pries sogleich Aufnahmen von Karajan, insbesondere die von Verdis Oper »Falstaff«, ließ aber auch erkennen, daß es ihm nicht leichtfiel, Furtwänglers Nachfolger in seiner Gesamterscheinung zutreffend zu beurteilen. »Seltsam« bedeutet zugleich selten, ungewöhnlich, eigenartig, und dies auch der Sinn der Äußerung von Walter, der, wie nicht anders zu erwarten, alsbald das Gespräch auf die ihm altvertrauten Berliner Philharmoniker und die noch im Bau befindliche Philharmonie lenkte und mir beim Abschied seine, Walters, herzliche Grüße an Karajan auftrug.

In der Tat: Karajan, als Mensch und Musiker ungewöhnlich, eigenartig, selten, wenn nicht einmalig, hat wohl allen Rätsel aufgegeben, die mich (und andere) beschäftigten und nach wie vor beschäftigen. Zuerst als Intendant des Berliner Philharmonischen Orchesters zwischen 1959 und 1978, als ich Gelegenheit hatte, in nächster Nähe des Maestro das philharmonische Geschehen verantwortlich zu betreuen und mitzugestalten. Daher enthielt mein 1981 erschienenes Buch ». . . und abends in die Philharmonie, Erinnerungen an große Dirigenten« auch eine sehr eingehende Würdigung seines Wirkens und Wesens.

Ich gab damals dem Maestro diesen bei aller Bewunderung auch eine Reihe kritischer Bemerkungen enthaltenden Band mit einer meine große Dankbarkeit ausdrückenden Widmung. Seine Reaktion nach kurzer Zeit: Er lobte die Kapitel, die von anderen Meistern des Taktstocks handelten, meinte sogar, ich könnte seine Memoiren schreiben. Das, was über ihn geschrieben würde, so fügte er auf Anfrage hinzu, lese er grundsätzlich nicht. Manche, die ihn kannten, waren vom Wahrheitsgehalt seiner Aussage nicht völlig überzeugt.

Inzwischen sind mehr als zehn Jahre vergangen, Karajan befindet sich nicht mehr unter den Lebenden. Noch zu seinen Lebzeiten führten kritische Entwicklungen dazu, daß ich im Juni 1984 erneut in die Philharmonie als »kommissarischer Intendant« berufen wurde und diese Position bis Ende Februar 1986 behielt, Grund genug für eine Neubeschäftigung mit diesem genialen Dirigenten wie auch Anlaß zu einem Bericht über die Ereignisse aus jener Zeit – ein Stück philharmonischer Geschichte, die es festzuhalten gilt.

Es versteht sich, daß trotz aller bedrückender Ereignisse während der letzten Jahre der Ära Karajan meine Bewunderung für diesen »seltsamen Mann« die gleiche geblieben ist. Ungeachtet aller Fragezeichen und schier unlösbarer Rätsel, die er immer wieder aufgab, gelten auch für ihn – in leicht veränderter Form – Hamlets Worte der Erinnerung an seinen Vater:

>»Er war ein Mann, nehmt alles nur in allem,
>Wir werden nimmer seinesgleichen sehn . . .«

Die Vorgänger

»... nimmer seinesgleichen ...« Wie es keinen zweiten Karajan geben wird, so galt dies gleichermaßen für seine Vorgänger Furtwängler, Nikisch und von Bülow. Eine fast unglaubliche Erfolgsgeschichte: Nur vier (mit einer kurzen Unterbrechung) aufeinanderfolgende Dirigenten haben das Berliner Philharmonische Orchester geprägt, das immerhin vor mehr als hundert Jahren entstand. Erstaunlich auch, daß der erste dieser »großen Vier«, Hans von Bülow, 1830 geboren, im Dirigieren Beruf und Berufung erblickte. Zuvor sah man im Dirigenten vorwiegend einen Taktschläger, bestenfalls eine Orientierungshilfe für das Orchester, Aufgaben, die jedem einigermaßen begabten Musiker anvertraut wurden.

Bülow begann als Pianist, studierte neunjährig bei Wieck, Vater von Clara und Schwiegervater Schumanns, und sehr viel später bei Liszt. Dazwischen widmete er sich dem Jurastudium, schrieb bissige Musikkritiken, dirigierte, von Richard Wagner gefördert, in der Schweiz, wurde Klavierlehrer am Sternschen Konservatorium in Berlin, dirigierte dort auch einige Konzerte, kam dann über Basel schließlich nach München, wo er mit Hilfe von Wagner die Position eines Hofpianisten und Direktors der Königlichen Musikschule erhielt. Höhepunkte seines Wirkens in der bayerischen Hauptstadt waren die von ihm dirigierten Uraufführungen des »Tristan« und der »Meistersinger«. Dann die große Wende: Aus persönlichen wie musikalischen Gründen wandte er sich von Wagner ab, trat, rastlos den Wohnsitz wechselnd, jahrelang nur als Pianist in Europa wie in Nordamerika auf, bis er sich – nun fast fünfzigjährig – zuerst in Hannover und nach kurzer Zeit als Hofkapellmeister in Meiningen niederließ. Mit den »Meiningern«, nur 48 Musikern, gelang ihm der Durchbruch als eigenständiger Dirigent. An der Spitze seines von ihm bis ins letzte geschulten Ensembles erlangte er Weltberühmtheit, demonstrierte auf zahlreichen Reisen wahre, bisher kaum gekannte Orchesterkunst, oftmals zusammen mit seinem Solisten, keinem Geringeren als Johannes Brahms, zu dem sich Bülow, einst Wagner-Enthusiast, nunmehr glühend bekannte.

1887 erklärte er sich bereit, die Leitung des Berliner Philharmonischen Orchesters zu übernehmen. Orchestererzieher par excellence, Interpret von höchstem Format, verlangte er von dem Berliner Orchester ungewohnt harte Probenarbeit, eiserne Disziplin, völlige Unterwerfung hinsichtlich der von ihm vorgeschriebenen Phrasierung, Artikulation, Bogenführung etc. Die Philharmoniker folgten dem neuen, oftmals sehr schwierigen Mann ohne Murren. Und auch das Publikum akzeptierte Bülows neuartige, »strenge« Programme – im ersten Konzert dirigierte er drei Symphonien (Mozart, Haydn, Beethoven) – und verzichtete auf die von dem neuen Dirigenten strikt abgelehnte eingängig-seichte Musik. Der Erfolg blieb nicht aus. Mit Recht konnte Bülow sagen: »Le concert, c'est moi!« Er war Herrscher, aber zugleich Diener, Diener des Komponisten, vor allem der »drei großen B« – Bach, Beethoven, Brahms –, eine übrigens von Bülow stammende bekenntnishafte Kurzform.

Als der überaus eigenwillige, sensible Dirigent nach nur fünfjährigem Wirken wie aus heiterem Himmel seinen Rücktritt ankündigte, waren hierfür wohl eher politische als musikalische Gründe maßgebend. Bülow, ein Bewunderer Bismarcks, hörte in New York von dem »Rausschmiß« des »Eisernen Kanzlers« durch den jungen Kaiser Wilhelm II., war, wie seine zweite Frau Marie berichtet, von der Nachricht »wie betäubt« und übertrug seine Abneigung gegen den Kaiser nun auf die Stadt, in der »Seine Majestät« regierte. Vergeblich flehte ihn das Orchester an zu bleiben. »Wie der Schüler dem Meister, ja, wie der Sohn dem Vater in Verehrung sich naht, so naht sich Ihnen in vertrauensvoller Liebe das Philharmonische Orchester . . .«, so hieß es in einem Brief an den erzürnten Dirigenten. – Vergeblich. Bülow kehrte zwar noch für einige Konzerte zu Gunsten des Pensionsfonds des Orchesters zurück, doch der Wunsch der Philharmoniker auf dauernde Rückkehr blieb unerfüllt, und mußte unerfüllt bleiben, zumal Bülows schwere, ihn schon lange plagenden Kopfschmerzen zunahmen und er sehr bald Opfer eines damals nicht erkennbaren Gehirntumors wurde. In der Tat, ein Nachfolger »seinesgleichen« war nicht in Sicht. Das empfanden auch seine zahlreichen Anhänger, die ihm noch bei seiner Abreise am Lehrter Bahnhof »Wiederkommen« zugerufen hatten.

Nach einem kurzen Interregnum, währenddessen Richard Strauss, ehemaliger Assistent von Bülow, eine Reihe von philharmonischen Konzerten leitete, übernahm Arthur Nikisch auf Empfehlung von Liszt das verwaiste Orchester. Einen größeren Gegensatz zu seinem Vorgänger konnte man sich kaum denken.
Anders als Bülow, der jede Note kannte, um jede Phrasierung rang, sich oftmals ereiferte, nun ein ruhiger Grandseigneur mit sparsamen, eleganten Bewegungen, dem es weniger um interpretative Einzelheiten als um große melodische Bögen, Klangfülle und Klangfarben ging. Dem Orchester entlockte er einen warmen, zur Weichheit neigenden Ton und bereitete intuitiv den klanglichen wie gefühlsmäßigen Reichtum eines jeden Werkes vor einem entzückten, geradezu verzauberten Publikum aus. Ohne jede erkennbare Anstrengung dirigierte er Alte wie Neue Musik, lernte spielend jede noch so komplizierte Partitur; ja es wurde behauptet, er habe moderne Werke erstmals bei der ersten Probe kennengelernt, als es nämlich beim Umblättern der Partiturseiten einmal nicht weiterging, weil diese noch zusammengebunden waren! Wie dem auch sei, Nikisch, der vor allem die von Bülow gemiedenen Tschaikowsky-Symphonien mit wahrer Passion aufführte, begeisterte sich für Bruckner und Mahler, nahm alle Orchesterwerke von Richard Strauss in sein Repertoire und machte sein Berliner Publikum mit Debussy und anderen französischen Komponisten bekannt.
Als der »Zauberer« – sicherlich einer der ersten Dirigenten, der, rational nicht erklärbar, einen eigenen, unverwechselbaren

Klang sozusagen mit sich brachte – nach mehr als fünfundzwanzigjähriger Tätigkeit unerwartet starb, herrschte unter den Musikfreunden wie auch bei der Presse größte Bestürzung, die der Verfasser noch miterleben konnte. Man sprach von einem unersetzlichen Verlust, Carl Ludwig Schleich, bekannter Arzt und Schriftsteller, veröffentlichte im weit verbreiteten »Berliner Tageblatt« ein Gedicht, in dem jedem Nachfolger von Nikisch von vornherein bescheinigt wurde: »Er mag Dir folgen, Dich erreichen wird er nicht.«

Auch damals ertönte laut – vielleicht zu laut – ein: ». . . nimmer seinesgleichen . . .«

Über die »Einmaligkeit« Wilhelm Furtwänglers, der noch im Todesjahr Arthur Nikischs sechsunddreißigjährig die Nachfolge antrat, sind nicht viele Worte zu verlieren. Furtwängler-Gesellschaften in allen Teilen der Welt zeugen von Ruhm und Nachruhm eines großen Musikers und Dirigenten, dessen Wiedergaben bei vielen älteren Konzertbesuchern noch in lebhafter Erinnerung stehen.

Von der Musik schon als Jüngling tief ergriffen, näherte sich Furtwängler stets den Meistern mit einer Ehrfurcht sondergleichen, als hätte er eine persönliche Dankesschuld abzutragen. Wichtigstes Anliegen war ihm, wie er einmal sagte, »die Seele eines Werkes offenzulegen«, »das seelische Geschehen in der Musik aufzuspüren«. Seine Ausdrucksintensität ließ sich kaum übertreffen, ohne daß dies auf Kosten von Form und Struktur geschah, deren Beachtung immer die Grundlage seiner Interpretationen bildete. Diese durfte man fast ausnahmslos als kongenial, einer Neugeburt vergleichbar, Frucht eines spontanen Erlebnisses, bezeichnen.

Furtwänglers wichtigste musikalische Jugendeindrücke waren Beethoven und Richard Wagner. Seine offenkundige, innige Hinneigung zum großen deutschen Musikerbe hinderte ihn jedoch nicht, der (damaligen) Moderne die Tore zu öffnen, wozu er sich auch auf Grund seiner Stellung verpflichtet fühlte. Zweimal mußte er sich von seiner treuen Gemeinde auszischen lassen, als er ihr »Le sacre du printemps« von Strawinsky »zumutete«. Auf Schlüsseln wurde bei der von ihm dirigierten Uraufführung von Schönbergs erstem Zwölftonwerk »Variationen für Orchester«, Opus 31, gepfiffen. Nachdem er unter der Naziherrschaft 1934 Hindemiths Vorspiele zu »Mathis der Maler« dirigiert und Monate später Hindemith als deutschen Meister gegen die Angriffe »gewisser Kreise« in Schutz genommen hatte, wurde er zur Niederlegung seiner Positionen – auch bei der Staatsoper – gezwungen, aber sehr bald, da es für ihn keinen Nachfolger gab, zu den Philharmonikern zurückgerufen.

Furtwängler hat sich in vielen Schriften, Artikeln und Reden zu vielen Problemen der Musik und der Musikinterpretation geäußert, hierbei den großen Meistern Tribut gezollt und in vielen veröffentlichten Briefen über sich selbst, insbesondere über den ihn oft quälenden Zwiespalt zwischen Dirigent und Komponist, berichtet. Seine eigenen Kompositionen, von denen er glaubte, die Nachwelt werde sich mit ihnen noch auseinandersetzen, verraten eine für einen Komponisten fast tragische Verbundenheit mit der deutschen Musik des ausgehenden neunzehnten und beginnenden zwanzigsten Jahrhunderts; sie sollten trotz mancher Längen nicht in Vergessenheit geraten.

Furtwängler, der sich anfangs mangels fehlender Inspiration, wie sie von einer Zuhörerschaft ausgeht, gegen Plattenaufnahmen sträubte, hat leider nur eine begrenzte Zahl von Platten und Aufnahmen hinterlassen, die jedoch trotz technisch gewachsener Ansprüche nach wie vor faszinieren, insbesondere junge Dirigenten von heute. Handelt es sich doch um Zeugnisse eines nachschöpferischen Genies, das zum Nachdenken und Neuüberdenken jeden Musiker zwingt, auch wenn er nicht immer einen unmittelbaren Weg zu der sicherlich subjektiven Gefühlswelt Furtwänglers finden sollte.

In schwerster Zeit blieb er seinen Philharmonikern verbunden, zog die »innere« der »äußeren« Emigration vor – ein noch immer umstrittener Entschluß – und bewahrte dadurch das Orchester, das er insgesamt fast ein Vierteljahrhundert leitete, vor einer völligen Machtergreifung durch Nazi-Musikkreise. 1947 dirigierte er wieder in Berlin, 1952 übernahm er von dem um die Berliner Philharmoniker hochverdienten Sergiu Celibidache noch einmal die künstlerische Leitung des Orchesters. Der »Grand Old Man« unter den Dirigenten, dessen Gehör nachließ, dessen »idealistische« Musikauffassung, wie er glaubte, nicht mehr überall geteilt wurde, starb am 30. November 1954 an einer Lungenentzündung. »Wie sollte man ihn retten«, so der behandelnde Arzt zu Elisabeth Furtwängler, »wenn er selbst keinen Lebenswillen mehr besitzt.«

Ernennung und
ein schwieriger Vertrag

Der Tod Furtwänglers löste überall Trauer und Bestürzung aus. Auch in New York, wo ich mich zu jener Zeit befand, gedachte man des Mannes, den man 1937 gerne an der Spitze der New Yorker Philharmoniker gesehen hätte, wären nicht politische Gründe einer Berufung im Wege gestanden; ein »Staatsrat« von Görings Gnaden war den zahlreichen jüdischen Musikfreunden kaum zumutbar. Die »New York Times«, der man vor und nach dem Zweiten Weltkrieg kaum Sympathie für die deutsche Situation nachsagen konnte, brachte immerhin einen langen Gedenkartikel, erinnerte an Furtwänglers frühere Gasttätigkeit bei den »New Yorkern« und ließ keinen Zweifel darüber, daß ein wahrhaft großer Musiker gestorben war.

An die tiefe Trauer Bruno Walters, der damals noch in New York lebte, erinnere ich mich gut. Der zehn Jahre ältere Dirigent hatte seinerzeit den kometenhaften Aufstieg des jungen Furtwängler durch zahlreiche Empfehlungsschreiben gefördert, wäre selbst gerne Nachfolger von Nikisch geworden und geriet in eine Art Konkurrenzverhältnis zu dem von ihm stets so warm Empfohlenen. Duch Furtwängler »obsiegte«, während Walter in der Folgezeit alljährlich sechs Doppelkonzerte – gegenüber den zehn von Furtwängler – erhielt. Damals lag die Entscheidung, die natürlich der Zustimmung des Orchesters bedurfte, bei Louise Wolff, der Leiterin der Konzertdirektion Wolff und Sachs. »Königin Louise«, wie die hochmusikalische, starke Persönlichkeit im Berliner Konzertleben genannt wurde, neigte zu Walter und fand diese für ihren Freund trostreiche Lösung. Der Furtwängler-Gemeinde standen fortan die »Walter-Getreuen« gegenüber, so will es die menschliche Natur, und sicherlich hat es auch Spannungen zwischen den beiden großen Musikern gegeben, ohne daß es jemals zu öffentlichen

Diskussionen gekommen wäre. Als Furtwängler 1933 an Goebbels schrieb und den Verbleib zahlreicher »nichtarischer« Künstler forderte, nannte er auch den Namen von Bruno Walter. Nach Kriegsende hielt der »Board« des Chicago Orchestra Ausschau nach einem neuen Chefdirigenten und fragte bei Bruno Walter an, der selbst aus Altersgründen ablehnte, aber sich zum Fürsprecher von Furtwängler machte; doch der vom »Board« bereits unterzeichnete Vertrag mußte zurückgezogen werden, weil die Gewerkschaft der Musiker ihren Mitgliedern nicht gestattete, unter Furtwängler zu spielen, und andere prominente Künstler – unter ihnen Horowitz, Heifetz, Piatigorsky, Ormandy – mit einem Boykott von Chicago drohten.

Die Bestürzung in Berlin über Furtwänglers Tod ging so weit, daß, wie später mehrfach berichtet wurde, viele Furtwängler-Anhänger ernstlich die Auflösung des Orchesters anrieten mit der Begründung, es ließe sich kein würdiger Nachfolger finden, der die Berliner Philharmoniker auf dem gleichen Niveau zu halten vermöge. Doch Dirigenten kommen und gehen, Orchester bleiben bestehen. An diese alte Erfahrung hielten sich auch die Mitglieder des Berliner Philharmonischen Orchesters, versammelten sich am 13. Dezember 1954 und verabschiedeten die folgende Resolution:

»Die am 13. Dezember 1954 versammelten ständigen Mitglieder des Berliner Philharmonischen Orchesters glauben, in Herbert von Karajan die künstlerische Persönlichkeit zu sehen, welche die Tradition des Berliner Philharmonischen Orchesters fortzusetzen vermag. Sie bitten daher ihren Intendanten, Herrn Dr. von Westerman, Verhandlungen einzuleiten mit dem Ziele, Herbert von Karajan die Leitung der großen Philharmonischen Konzerte und der Reisen für einen noch näher zu bestimmenden Zeitraum zu übertragen. – Diese Resolution wurde einstimmig gefaßt.«

Der Vorstand: gez. Ernst Fischer, Ernst Fuhr.

Der Fünferrat: gez. Heinz Lindeholz, Fritz Peppermüller, Bruno Stenzel, Andreas Kalb, Heinrich Jürgens.

Eile war in der Tat geboten. Denn schon Ende Februar 1955 sollte es zum ersten Male in der Orchestergeschichte in die

USA gehen, natürlich unter Furtwängler, der sich lange dagegen gesträubt hatte. Mein Vorgänger, Dr. von Westerman, hatte mich im Sommer 1953 gebeten, Furtwängler in seinem Schweizer Haus aufzusuchen, um ihm über die Musikverhältnisse in den Vereinigten Staaten zu berichten, wohin ich 1939 emigriert war. Furtwängler glaubte, dort sei Toscanini Alleinherrscher, nur dessen Musikauffassungen besäßen Gültigkeit mit der Folge, daß er, Furtwängler, mit seinen diametral entgegengesetzten Interpretationen keinen Widerhall finden würde. Als ich damals in dem oberhalb des Genfer Sees herrlich gelegenen Clarens einem Amerika gegenüber wenig günstig gestimmten Furtwängler von dem Wirken Bruno Walters, Rudolf Serkins, Adolf und Fritz Buschs erzählte, spürte ich deutlich, wie sich Furtwänglers doch recht einseitige Einstellung zum amerikanischen Musikleben änderte, freute mich, daß er bei dieser Gelegenheit Bruno Walter »als großen Musiker« erneut pries. Später hörte ich, daß Furtwängler bereit war, die Reise über den Ozean anzutreten.

Das Schicksal entschied anders. Doch die musikalisch wie politisch eminent wichtige Reise wollte und konnte man nicht absagen. Daher die Orchester-Resolution zwei Wochen nach Furtwänglers Ableben, eine große Überraschung vor allem für die zahlreichen, meist deutschen Dirigenten, die die Philharmoniker jahrelang gastweise dirigiert hatten; weniger für Sergiu Celibidache, der sich inzwischen mit seinen ehemaligen »Berlinern«, denen er Unwilligkeit und mangelnde Disziplin vorwarf, so verkracht hatte, daß an eine Berufung trotz aller großen Verdienste, die er sich um das 1945 verwaiste Orchester erworben hatte, nicht zu denken war. Welch Jammer, daß dieser sich selbst so oft im Wege stehende, genialische Dirigent mit Berlin bis heute nur in einer Art Haßliebe verbunden ist; hoffentlich gelingt es doch noch, eine Versöhnung mit dem um die Musikstadt Berlin nach Ende des Zweiten Weltkriegs hochverdienten Dirigenten herbeizuführen.

Keine Überraschung bedeutete die Resolution für die, die sich an Karajans erstes Auftreten in der alten Reichshauptstadt 1938/39 erinnerten. Gerade dreißigjährig, Generalmusikdirektor in Aachen, stand er im April 1938 erstmalig mit einem Mozart-Ravel-Brahms-Programm vor den Philharmonikern, verlangte für Ravels »Daphnis und Chloé« entgegen allen Usancen getrennte Streicher- und Bläser-Proben, setzte sie durch und bewies einem verblüfften Orchester deren Notwendigkeit. Das Konzert – so der bekannte Kritiker Oboussier von der »Deutschen Allgemeinen Zeitung« – »schlug wie eine Bombe ein«. Auch sein Debut an der Staatsoper Unter den Linden setzte Laien wie Experten in höchstes Erstaunen. Generalintendant Tietjen, der für dieses Gastspiel die Verantwortung trug, erntete große Anerkennung.

Karajan hat die hübsche Geschichte, wie es zu seinen ersten Vorstellungen kam, des öfteren erzählt. Tietjen hielt es wohl für unter seiner Würde, den jungen Mann aus Aachen persönlich einzuladen, und ließ durch seinen Stellvertreter von Prittwitz immerhin eine Premiere, Wagner-Regenys »Bürger von Calais«, anbieten und erwartete mit Recht, daß ein so huldvolles Angebot schleunigst, bedingungslos und mit tausend Verbeugungen akzeptiert werden würde. Kam es nicht fast dem Gewinn des großen Loses gleich, wenn ein junger Dirigent aus der Provinz einen Ruf an die Staatsoper in Berlin erhielt? Karajan bluffte, antwortete nicht selbst, sondern »ließ« durch einen schnell erfundenen »Referenten« dem hohen Herrn antworten, er sei gerne bereit, die neue Oper einzustudieren, müsse aber zuvor das (in der ganzen Welt berühmte) Staatsopernorchester kennenlernen und verlange daher die Übernahme von drei Aufführungen: »Fidelio«, »Tristan« und »Meistersinger«. Tietjen muß ob solcher Frechheit fast vom Stuhl gefallen sein, aber nun wollte er doch den Mann kennenlernen, der so unerhörte Forderungen zu stellen sich unterstand. So bot er dem »Frechling« eine gut besetzte »Carmen«-Vorstellung an. Waghalsig lehnte Karajan auch diese Offerte ab und blieb bei seiner Forderung. Nun gab Tietjen tatsächlich nach.

Karajan kam, sah und siegte. Schon der »Fidelio« ließ Kritiker und Publikum aufhorchen. Beim »Tristan« schlug die Bombe nun auch in der Staatsoper ein. Unglaublich, daß ein so junger Dirigent diese Wunderpartitur beherrschte, sogar auswendig dirigierte und einen sensationellen Erfolg mit der damals keineswegs zum üblichen Repertoire zählenden Oper erzielte. Denn bisher durften sich nur die Allergrößten an diese fast unergründliche Musik heranwagen. Kein Wunder, daß die »Berichterstatter« (»Kritik« hätte Goebbels verboten, angeblich habe eine negative Bemerkung eines Kritikers über Pola Negri Hitler in Wut versetzt) begeistert schrieben, einmütig und so begeistert, daß sehr bald von einer amtlichen Einflußnahme gesprochen wurde. Wollte man Karajan gegen Furtwängler ausspielen, der nach dem »Hindemith-Krach« bei den Nazis in keinem guten Ruf stand? Furtwängler, selbst ein genialer »Tristan«-Dirigent, der – freundlich formuliert – aufstrebenden Dirigenten nicht besonders wohlwollend gegenüberstand, hatte sicherlich Grund zu unruhigem Staunen, als er vom »Wunder Karajan« – so der Musikberichterstatter der »B.Z. am Mittag«, Edwin van der Nüll – Kenntnis erhielt.

Kein »Wunder« hatte Bruno Walter zu entdecken vermocht, als ein noch jüngerer Karajan 1937 den »Tristan« an der Wiener Staatsoper als Gast dirigierte. Walter, damals künstlerischer Leiter des Instituts, mit einem fähigen, vertrauenswürdigen Verwaltungsdirektor an seiner Seite – die beste Lösung für eine verantwortungsbewußte Führung der Oper, als es noch nicht die Vorherrschaft der Opernregisseure gab –, empfing den jugendlichen Salzburger Dirigenten, der auf das Votum seines weit über dreißig Jahre älteren »Kollegen« äußerst gespannt war. Dessen Meinung: »Sie beherrschen Partitur und Orchester, von dem tieferen Sinn der Musik sind Sie aber noch weit entfernt.« Von einer Wiener Sensation bei Publikum und Presse ist nichts bekannt, geschweige denn von einem Engagement.

Seltsam: Der reife Karajan, als Verdi- und Wagner-Dirigent mit vollem Recht in der gesamten Welt gepriesen und oftmals mit Superlativen bedacht, hat gerade im »Tristan« nicht immer jene Erschütterung hervorgerufen, wie sie von Aufführungen unter Furtwängler, Böhm oder Walter ausging. Ähnlich erging es mir beim »Tristan-Vorspiel« mit anschließendem »Liebestod von Isolde«; ich habe die beiden von Wagner zusammengestellten Stücke in New York von Walter weitaus dramatischer und zugleich inniger gehört. Unvergeßlich jedoch Karajans letzte Aufführung zum Jahresende 1987, als nach keineswegs auf etwas Besonderes hinweisenden Proben dem fast Achtzigjährigen eine in der Erinnerung haftende Aufführung wundersam gelang.

Dem »Wunder« in Berlin folgten nun tatsächlich »Die Bürger von Calais« sowie eine herrliche Aufführung der »Zauberflöte« mit Gustaf Gründgens als Regisseur, der die Mozart-Oper nicht verfremdete, sondern sie als reich ausgestattete Märchenoper inszenierte. Der hochbedeutende Musiker und Musikschriftsteller Heinrich Strobel berichtete von einer »vollkommenen Zauberflöte« (das Werk gibt bis zum heutigen Tage kaum zu lösende Aufführungsprobleme), nannte die Wiedergabe »einen größten Abend der Kunst« und bezeichnete Karajan als einen »Musiker von Nervigkeit und Präzision mit einem untrüglichen Sinn für Ausdruckswerte«.

Diese Charakterisierung traf auch für das 1939 angesetzte zweite Konzert mit den Berliner Philharmonikern zu, bei dem eine Haydn-Symphonie, Debussys »La mer« und die »Pathétique« von Tschaikowsky – übrigens wiederum ein prachtvoll zusammengestelltes Programm – gespielt wurden. Verständlich, daß Karajan, der sicherlich Furtwänglers grandiose Interpretation der Tschaikowsky-Symphonie kannte, es »anders« machen wollte, jeden Hauch von Sentimentalität vermied, sich im ersten Satz bei der Wiederkehr des zweiten gefühlsschwelgerischen, diesmal den Geigen gegebenen Themas sogar ostentativ von ihnen abwandte und den an Bedeutung wenig ergiebigen Gegenstimmen seine Zeichen gab. (Er tat dies später nicht mehr.) Am Ende der Symphonie war das Publikum so bewegt, daß der Beifall erst nach längerer Zeit überhaupt einsetzte, sich dann aber zu einer wahren Huldigung für den einunddreißigjährigen Aachener Generalmusikdirektor steigerte.

Dann verschwand Karajan für die Philharmoniker und dirigierte sie nur noch Ende 1942 in einem Johann-Strauß-Programm. Erst 1953 (Bartóks »Konzert für Orchester« und

»Eroica«) sowie im Frühherbst 1954 (Vaughan Williams' »Tallis-Variationen« und die 9. Symphonie von Bruckner) stand er vor dem Furtwängler-Orchester.

Noch ein Wort zu Karajans Beziehung zur Berliner Staatsoper. Natürlich bot Tietjen, die »graue Eminenz«, wie dieser stets geheimnisvoll operierende Generalintendant genannt wurde, Karajan eine Position Unter den Linden an, aber keineswegs die freie Stelle des Generalmusikdirektors, wie man es nach den Riesenerfolgen des jungen Mannes aus Aachen hätte erwarten können. Tietjen wollte offensichtlich die Zügel in der Hand behalten, fürchtete – wohl zu Recht – eine Art »Machtübernahme« durch den energiegeladenen Karajan, der sich schließlich auch bei ihm, Tietjen, durchgesetzt hatte. Karajan zögerte seinerseits, sich von Aachen ganz zu trennen und sein Heil in Berlin zu suchen, wo ein Furtwängler grollte, von dem zwar Tietjen, wie er es Karajan immer wieder versicherte, nichts wissen wollte. Aber konnte man sich auf den undurchsichtigen Generalintendanten wirklich verlassen, dessen Ruf als »Freund« schon rund zehn Jahre zuvor schwer gelitten hatte, als er »auf leisen Sohlen« von der Charlottenburger Oper zur Staatsoper hinüberwechselte und seinen angeblichen Freund Bruno Walter, damals Generalmusikdirektor in Charlottenburg, gegen alle Verabredungen im Stich ließ? Und in der Tat, nach kurzer Zeit erschien Furtwängler an der Staatsoper aufs neue, Tietjens Äußerung gegenüber Karajan, er werde die Oper durch die Hintertür verlassen, sollte Furtwängler zur Staatsoper zurückkehren, galt nicht mehr: Karajan wurde als Operndirigent kaltgestellt und erhielt die Leitung der alljährlichen sechs Konzerte, die die Staatskapelle veranstaltete – eine kaum hinreichende Aufgabe. Daß sehr bald Furtwängler und auch Karajan Berlin in Folge des Kriegsendes verlassen mußten, braucht nicht näher dargelegt zu werden.

Zurück zur Resolution der Philharmoniker vom 13. Dezember 1954. Karajan hatte vom Ableben Furtwänglers in Rom erfahren, als ihm, der sich in Begleitung seines Freundes und engsten Mitarbeiters André von Mattoni befand, ein Telegramm aus Wien überreicht wurde, in dem es hieß: »Le roi est mort, vive le roi.« Mattoni besorgte auf Wunsch Karajans eine Abendzeitung, in der vom Tod Furtwänglers berichtet wurde. Was die Wiener Philharmoniker, die Absender des Telegramms, auch immer bezweckt haben mögen, Dr. von Westerman kam ihnen zuvor und bot dem Vielbeschäftigten – Karajan hatte Verpflichtungen beim Londoner Philharmonic Orchestra, bei den Wiener Symphonikern und an der Mailänder Scala – die Nachfolge Furtwänglers und vor allem die Reise mit den Berliner Philharmonikern in die USA an. Dank eines Entgegenkommens von Geringhelli, dem künstlerischen Leiter der Mailänder Scala, wo Karajan im Frühjahr die »Walküre« einzustudieren sich verpflichtet hatte, konnte Karajan zusagen und die dringend notwendige Probenarbeit mit einem ihm doch fremden Orchester beginnen. Keine leichte, immerhin Wochen erfordernde Arbeit, dazu eine besonders heikle Aufgabe im Hinblick auf die dem Orchester bekannten erheblichen Spannungen zwischen beiden Dirigenten, die sicherlich bei Karajan zu wahren Komplexen geführt hatten.

Hierzu einige Bemerkungen, ohne dies leidige Thema erschöpfend behandeln zu wollen. Daß Furtwängler über den raschen Aufstieg Karajans, die Beifallsstürme, die den jungen Österreicher umbrausten, das vielleicht übersteigerte Presseecho, mißgestimmt war, ist mit Sicherheit anzunehmen. Zumal der junge »Aufsteiger« allgemein als Vertreter der »Neuen Sachlichkeit«, eine damals gerne gebrauchte Bezeichnung für moderne Kunst und künstlerische Interpretation, angesehen wurde, dies im schroffen Gegensatz zum »Ausdrucksmusiker« Furtwängler, der seinen Weg für den einzig richtigen hielt. Karajan wußte natürlich von dieser Einstellung des großen, soviel älteren »Rivalen«. Als Tietjen – für Karajan auf Grund der emphatischen Sprüche des Generalintendanten unerwartet – Furtwängler an die Staatsoper zurückholte, mußte der Zurückgesetzte seine Kaltstellung als Operndirigent auf eine Forderung seines »Kollegen« Furtwängler zurückführen, und die Spannung hielt auch nach dem Ende des Krieges an. Ärgerlich der offene Streit wegen der »Matthäus-Passion« in Wien 1950, nachdem beide Dirigenten, der »Staatsrat« wie der frühere

Parteigenosse in Salzburg und anderswo, entnazifiziert waren. Furtwängler war die Aufführung übertragen, er zog aber seine Zusage zurück, worauf Karajan gebeten wurde; der hatte auch schon mit den Proben angefangen, als sich Furtwängler nun doch entschloß, das Werk zu dirigieren, und sich kraft seines überragenden Einflusses auch durchsetzte und hierdurch einen offenen Bruch herbeiführte. Nun beschwerte sich Furtwängler seinerseits, daß Karajan ihm den Chor der Gesellschaft der Musikfreunde, den er leitete, nicht freigab! Furtwängler tat dies in einem Brief vom 28. Februar 1950 an den geschäftsführenden Philharmoniker Fischer, ohne allerdings die Vorgeschichte zu erwähnen, und meinte, es sei Karajan, der etwas gegen ihn, Furtwängler, habe, während bei ihm keinerlei Rivalität bestehe. »Wie käme ich auch dazu«, fügte er hinzu. Sicher ist, daß Furtwängler seinen »Nicht-Rivalen« keineswegs vom Pult der Berliner Philharmoniker fernhalten wollte (was Karajan möglicherweise nicht wußte), daß Furtwängler später sowohl in einem undatierten Brief (vermutlich im Frühjahr 1952) wie in einem Schreiben vom 2. April 1952 Fischer die Verpflichtung von Karajan für mehrere Konzerte dringlichst anriet.». . . Insbesondere muß Karajan, dessen Name größer ist als der von C. (gemeint ist Celibidache; d. Verf.) ebenfalls 6 (Programme) bekommen. Und zwar von uns; ich lege großen Wert darauf . . .«, so heißt es in dem Brief ohne Datum.

Wie stark sich Furtwängler innerlich mit Karajan beschäftigte, geht aus einer kleinen Begebenheit hervor, die mir Bruno Walter schmunzelnd erzählte: Furtwängler und er trafen sich erstmalig wieder, als Bruno Walter, der erst seit 1940 in den Vereinigten Staaten von Amerika lebte, nach Europa zurückkehrte, wo er nach zehnjähriger Unterbrechung in allen großen Hauptstädten, auch in Wien und Berlin, dirigierte. Man traf sich in Salzburg. Was hatte sich inzwischen alles ereignet, das Deutsche Reich, das Reich der Musik für beide bis Ende Januar 1933, war zusammengebrochen, neue Horizonte auf allen Gebieten, natürlich auch auf dem der Musik, hatten sich aufgetan, es gab wahrlich genug Gesprächsstoff. Nun, die Begrüßung war herzlich, Wohlbefinden konnte auf beiden Seiten freudig festgestellt werden, Furtwängler dankte sogleich Walter für dessen Eintreten in Chicago, Walter erwiderte kurz, dies sei seine selbstverständliche Pflicht als Musiker gewesen, worauf Furtwängler – es waren kaum fünf Minuten verstrichen – den so lange von Europa abwesenden Walter fragte: »Kennen Sie einen Dirigenten namens Karajan?« Walter konnte nur auf seine Begegnung aus dem Jahre 1937 verweisen, und nun erst nahm die Unterhaltung den erwarteten, normalen Verlauf.

Wie immer man das Verhältnis zwischen Furtwängler und seinem Nachfolger betrachtet, Karajan fühlte sich – mit Recht oder Unrecht – verfolgt, es bildete sich in ihm eine Art Verfolgungskomplex, und vielleicht ging es Furtwängler ähnlich, zumal die Umgebungen beider sicherlich alles getan haben, um zusätzliches Öl ins Feuer zu gießen. Vernünftigerweise hätten sich die beiden Kontrahenten begegnen und aussprechen sollen. Der nun schon lange verstorbene Erich Berry, der die Deutschlandtourneen der Berliner Philharmoniker unter Furtwängler und Karajan betreute, erzählte, wie Annäherungsversuche des Jüngeren von begleitenden Furtwängler-Anhängern und -Anhängerinnen schon im Keime erstickt wurden. Eines vermag ich zu bezeugen: Noch in den sechziger Jahren sprach Karajan im engeren Kreise spontan und immer wieder von der von ihm empfundenen feindlichen Einstellung Furtwänglers, beklagte sich über erlittene Unbill, die ihn ganz offensichtlich lange beschäftigte und nicht losließ.

Es spricht für Karajans Reife und musikalische Intelligenz, wie er die für ihn besonders schwierige, heikle Furtwängler-Nachfolge antrat. Kein »Hoppla, jetzt komm' ich« oder »Alles hört nun auf mein Kommando« oder »Jetzt will ich euch zeigen, wie man es richtig macht« . . . Im Gegenteil: Karajan sagte dem Sinn nach: »Sie haben mit Furtwängler lange musiziert, bitte zeigen Sie mir, wie Sie es gewohnt sind.« Anstatt das Orchester aufzufordern, ihm zu folgen, folgte er dem Orchester! Nur zu gut wußte er, daß die Berliner Philharmoniker jahrzehntelang von einem der ganz Großen geprägt waren; selbst ein dirigierender »Gott« hätte dieses Geprägtsein nicht auf Anhieb verändern können. Schon freuten sich die Furtwängler-

Anhänger im Orchester und mit ihnen viele Musikfreunde; sie hofften, daß die befürchtete Wende nicht eintreten würde, und erkannten in ihrem verständlichen Wunschdenken nicht oder noch nicht, daß ein anderer Großer sich bereit machte, die Berliner Philharmoniker nach seinen eigenen Vorstellungen allmählich umzuwandeln. Noch einmal kam Hoffnung auf. Denn Karajan bezeichnete sich bei einer Pressekonferenz, die nach Abschluß seiner Probenarbeit und einigen Vorkonzerten stattfand, als »Schüler« von Furtwängler, dem er jahrelang zu jedem erreichbaren Konzert nachgereist sei, um ihm das Geheimnis seiner Wirkung abzulauschen. Und Karajan fügte hinzu, er betrachte die Nachfolge mit vollem Bewußtsein als Wahrung der Tradition, die Furtwängler geschaffen habe.

Goldene Worte vor der Amerika-Reise, in deren Vorfeld es fast noch eine Panne gegeben hätte. Karajan wollte keineswegs nur Reisedirigent sein und verlangte mit vollem Recht, daß er als offizieller Nachfolger Furtwänglers die Reise anträte. Ein entsprechender Vertrag mit dem Land Berlin aber ließ auf sich warten. Karajan drängte, nichts geschah. Die Bürokratie arbeitet langsam, und wie immer zu hören ist, soll sie in Berlin bis auf den heutigen Tag besonders langsam und umständlich arbeiten, gleichgültig, welche Parteien im Rathaus regieren. Schließlich begab sich Karajan zu Otto Suhr, dem damaligen Regierenden Bürgermeister, und drohte, die Reise abzusagen. Der Kompromiß: Senator Tiburtius, zuständig für Kultur, sollte Karajan nach dem Berliner Vorkonzert vom 21. Februar öffentlich fragen, ob er bereit sei, die Furtwängler-Nachfolge anzutreten. Karajan bejahte dies mit den berühmten »tausend Freuden«, und auf ging es zuerst nach Washington, D.C.

Der Vertrag selbst wurde – wahrscheinlich nach gar nicht so einfachen Verhandlungen – erst am 25. April 1956, also fast anderthalb Jahre später, unterzeichnet. Senator Tiburtius gab dies auf einer nachfolgenden Pressekonferenz bekannt, bei der auch die Pläne des Orchesters für die Spielzeit 1956/57 veröffentlicht wurden. Tiburtius sprach dem abgeschlossenen Vertrag vom 27. April 1956 »etwa auf Lebensdauer-Charakter« zu; anschließend erklärte Karajan: »Von mir aus besteht die ehrliche

Absicht, diese Arbeit bis ich nicht mehr kann oder bis zu meinem Tode fortzuführen.«

Daß Karajan auch später von einer lebenslangen Position als Chef der Berliner Philharmoniker ausging, zeigt eine an sich lächerliche, aber von einem erheblichen Teil der Presse hochgespielte Episode aus dem Frühjahr 1964, rund sechs Monate nach der Eröffnung der Philharmonie. Es ging – kaum zu glauben – um den zusätzlichen Einbau eines *Badezimmers*, angeblich für Karajan, in Wirklichkeit für die zahlreichen Gastdirigenten, da das einzig vorhandene Bad im Dirigentenbereich nur durch den dem Maestro vorbehaltenen Raum zu erreichen und also zu benutzen war. Damals rief ein verständlicherweise erboster Karajan Berliner Pressevertreter zu sich, zeigte ihnen die Räumlichkeiten und erklärte, wohl auch einen Angriff auf seine Stellung vermutend: »Aus diesen Räumen werden sie mich nur tot heraustragen!« Die so Angesprochenen – ein Teil waren Musikkritiker – erklärten sich für nicht zuständig, und die Angelegenheit wurde schnell vergessen.

Dirigenten auf Lebenszeit? In Berlin war dies so Sitte, »Aussteiger-Probleme« unbekannt. Wer für würdig befunden wurde, an die Spitze des Berliner Philharmonischen Orchesters zu treten, hatte – so argumentierte man nicht ohne Stolz – die höchste Stufe, den »Mount Everest«, erklommen, nahm damit die Position eines »Musik-Papstes« ein und starb pflichtgemäß, wie der Petrus-Nachfolger in Rom, im Amt. Bülow, ein etwas peinlicher Ausnahmefall, immerhin, er war schon kränklich, und bei ihm spielten außermusikalische Gründe eine Rolle . . . Nikisch folgte dem Gesetz, so auch Furtwängler, der allerdings erst 1952, dem Jahr seiner zweiten Übernahme der Spitzenstellung, einen Vertrag auf Lebenszeit erhielt. Vertragspartner war nunmehr das Land Berlin, das Ende 1952 dem Orchester eine Verwaltungsordnung gab; in dieser wurden die Kompetenzen des Intendanten und der Organe des sich künstlerisch selbst verwaltenden Orchesters – Vorstand und »Fünferrat« (der beratend dem Intendanten und dem Vorstand zur Seite steht) – geregelt. Parallel zu dieser Verwaltungsordnung gibt und gab es Einzelverträge mit Furtwängler, Karajan und nun mit Abbado.

Der Karajan-Vertrag – in Wirklichkeit deren zwei, ein zweiter wurde 1973 abgeschlossen – ist allerdings erst in den achtziger Jahren von Karajan selbst wie von Orchesterseite in Frage gestellt worden. Einwendungen und Forderungen von Karajan müssen sinnvollerweise im Zusammenhang mit der noch in lebhafter Erinnerung stehenden Auseinandersetzung zwischen dem wutentbrannten Maestro und seinen den Aufstand probenden Musikern behandelt werden und berühren auch wesentlich die Zeit meiner zweiten (kommissarischen) Intendanz, über die später berichtet werden soll. Die später erhobenen Beschwerden, das Orchester habe niemals einem lebenslänglichen Vertrag für Karajan zugestimmt und sei auch nicht entsprechend informiert worden, sind vielleicht deswegen verständlich, weil sich niemand an die zuvor geschilderten Vorgänge vom April 1956 zu erinnern vermochte, als Tiburtius wie Karajan in ihrer öffentlichen Erklärung klar erkennbar von einem Vertrag auf Lebensdauer ausgingen. Möglicherweise wünschten die Verfasser der Resolution vom 13. Dezember 1954 eine Art Probezeit, als sie Karajans Wahl »für einen noch näher zu bestimmenden Zeitraum« empfahlen. Doch die Bewährungsprobe, falls sie wirklich beabsichtigt war, hatte Karajan mit der Amerika-Reise und seiner ersten Spielzeit 1955/56 bestanden, und niemand dachte damals – übrigens auch nicht während meiner ersten Intendantenzeit 1959–1978 – an eine zeitliche Beschränkung seiner Tätigkeit. Diese Frage kam – auch dies ist verständlich – erst in den letzten Jahren des immer älter werdenden Chefs auf.

Kritisiert aber wurde sogleich, daß Karajan in Berlin nur sechs Programme mit ein bzw. zwei Wiederholungen im kleineren Hochschulsaal zu dirigieren verpflichtet war, akzeptabel erschien dagegen seine Verpflichtung, mindestens 20 Reisekonzerte mit den Berliner Philharmonikern durchzuführen. Einzelheiten über den Verhandlungsverlauf sind mir, der ich damals noch nicht in Berlin lebte, unbekannt. Daß sich Karajan freie Hand für eine zweite Position lassen wollte, bedarf keiner näheren Darlegung. Noch im gleichen Jahr der Vertragsunterzeichnung übernahm er die künstlerische Leitung der Wiener

Staatsoper, die acht Jahre in seinen Händen lag, ohne daß er seine Berliner Verpflichtungen vernachlässigte. Seltsam berührt nach wie vor, warum sich Tiburtius und der Senat mit diesen »Brosamen« für Berlin begnügten und nicht auf den traditionellen zehn Programmen, wie sie Furtwängler und Nikisch Jahrzehnte hindurch dirigierten, bestand. Wo hat es in der Welt jemals einen »Chef« gegeben, ausgerechnet auch noch »ständiger Dirigent« genannt, der sich nur sechsmal zu Hause sehen und hören läßt? Anstatt gleich Anfang 1955 »Nägel mit Köpfen« zu machen, das heißt, den Furtwängler-Nachfolger noch vor der Amerikareise auf die übliche Berliner Konzertzahl von zehn festzulegen, ließ man offenbar der bürokratischen Maschinerie freien Lauf, verlor dadurch die Initiative und geriet in die Hinterhand. Der erwartungsgemäß erfolgreiche Karajan, »Sonnenkönig im internationalen Musikleben«, wie ihn eine Wiener Zeitung nach Abschluß seines Vertrags in Berlin nannte, konnte, je länger er »designierter Tausend-Freuden«-Chef war, seine Bedingungen, also seine auf sechs Programme begrenzten Anwesenheiten, festlegen und durchsetzen. Dennoch meinte er, das Hinauszögern seines Vertrags sei keineswegs üblich oder auf bürokratische Hemmnisse zurückzuführen, man habe absichtlich mit einem Vertrag gewartet, um zu sehen, ob er in Amerika erfolgreich sein würde. Wäre dies nicht der Fall gewesen, so hätte man ihn durch jemand anderen ersetzt. Karajan war zeit seines Lebens – ich übertreibe nicht – hiervon fest überzeugt, sprach wiederholt von der hinhaltenden Taktik des Senats, erneuerte seine Vorwürfe in meiner Gegenwart gegenüber dem heftig protestierenden Senator Tiburtius und beschwerte sich – noch immer mit allen Anzeichen spürbarer Bitternis – selbst 1984 bei meinem Besuch bei Karajan in Anif über diese angebliche Verzögerung seines Vertrags. Ich bin nach wie vor überzeugt, daß weder bei Tiburtius noch beim Senat irgendeine böse Absicht vorlag. Walten und Schalten (auch Abschalten) bei Behörden, Wahrung der Zuständigkeiten – bei jedem vom Kultursenator abzuschließenden Vertrag bedarf es der Mitunterzeichnung des Innen- wie des Finanzsenators, worauf sich der Gesamt-Senat mit der Angelegenheit befassen muß – nehmen viel Zeit in Anspruch, dazu ein Regierender Bürgermeister ohne Richtlinienkompetenz . . . Und gab es damals nicht eine Vielzahl weitaus brennenderer Probleme in der noch im Wiederaufbau befindlichen Stadt?

Magier und Könner

Karajan erzählte einmal in einem Interview mit Joachim Kaiser von einer Generalprobe der Oper »L'amico Fritz« von Mascagni, bei der der damals schon sehr alte Komponist – er konnte kaum noch laufen – gebeten wurde, wenigstens das berühmte »Zwischenspiel« zu dirigieren. Mascagni erhob sich mühsam, ergriff den Taktstock, und: Da war etwas los. Was? Karajans Antwort: »Die Magie einer Person.«

Mehr als ein Jahrzehnt zuvor war Mascagni nach Berlin gekommen, um seine bekannteste Oper »Cavalleria rusticana« zu dirigieren. Drei Aufführungen wurden angezeigt, aber nicht etwa in einem der vier Opernhäuser, sondern in dem Tausende fassenden »Großen Schauspielhaus«, einem einst als Zirkus dienenden Gebäude, das der Architekt Hans Poelzig für Max Reinhardt umgebaut hatte. »Cavalleria rusticana« gehörte damals zu den meistgespielten Opern in Berlin. Dennoch waren alle drei Aufführungen – ich wohnte wohl der zweiten bei – ausverkauft, dies dank der überragenden Persönlichkeit des mitwirkenden Komponisten.

Nicht anders ist es, wenn ein kongenial-nachschöpferischer Musiker zustande bringt, daß »etwas los ist«. Schon zu Beginn des Jahrhunderts galt Nikisch als »Magier«, ihm folgte Furtwängler, »Magier der Musik«, und wie rasch vermochte Karajan trotz aller Unkenrufe in die Fußstapfen seines Vorgängers zu treten, dank einer phänomenalen magischen Ausstrahlung die Spitzenstellung erneut zu erlangen und zu behaupten.

Karajan, von den Göttern reich beschenkt, hat die Gabe einer charismatischen Persönlichkeit, »höchstes Glück der Erdenkinder« bewußt, oftmals genüßlich, ausgekostet, einer Persönlichkeit von schroffen Gegensätzen. Er konnte Menschen verzaubern oder sie Jahre hindurch verfolgen, seiner dämonischen Gewalt stand österreichische Liebenswürdigkeit gegenüber, »Jupiter tonans« und zugleich »beflügelt-heiterer Hermes« in einer Person. Ein sich distanziert gebender, allmählich fast zum Einzelgänger werdender Mann der Musik, der diese in die ganze Welt bringen wollte und brachte, ein Mensch mit harter Schale, hinter der sich oftmals der weiche Kern offenbarte. Entscheidendes Charakteristikum: Er war zum Befehlen geboren, empfand, wie Goethe es forderte, »Seligkeit im Befehlen«. Seine Befehlsbereiche: die Musik, später auch ihr Management.

Von großem Wollen und Willen erfüllt, stets zum Ganzen strebend, konnte schon den jungen Musiker das Klavier, sein Instrument, auf dem er in »Wunderkind-Jahren« konzertierte, nicht befriedigen; er folgte dem Rat seines hochangesehenen Lehrers Hofrat Bernhard Paumgartner, Dirigent zu werden, in der Welt der Musik der einzige Beruf, der eine unbeschränkte »Diktatur« erlaubt, sogar erfordert. Interpretation im orchestralen Bereich muß sich nun einmal ohne demokratische Abstimmung vollziehen, das Gebiet nachschöpferischer Tätigkeit ist viel zu weit, weiter als die meisten annehmen, um durch Mehrheitsbeschlüsse entschieden zu werden. Dies heißt nicht, daß der allgewaltige Dirigent – selbst ein Karajan – immer Recht hat; der Mann mit dem Taktstock ist lediglich dazu da, um Recht zu haben. Demokratie in der Kunst muß sich auf die Möglichkeit beschränken, den Obersten durch ein Votum aus seiner Funktion ganz zu entfernen. Der »funktionierende« Dirigent ist während seiner Arbeit Alleinherrscher.

Wie sehr hierbei eine starke Persönlichkeit hilft, ergibt sich aus den Voraussetzungen, die ein erfolgreicher Dirigent mit sich bringen muß. Da ist vor allem die Fähigkeit, seine Musiker zu überzeugen, ja zu zwingen, so zu spielen, wie er es will, wie es seiner Interpretationsvorstellung entspricht. Weiterhin: Jeder wirklich große Dirigent bringt sozusagen einen eigenen Ton mit, muß daher in der Lage sein, ein eigenes Klangbild dem Orchester zu vermitteln. Wie dies geschieht, läßt sich rein rational nicht erklären. Ein Beispiel: Die New Yorker Philharmoniker (ohne überragenden Chef) klangen grundverschieden, wenn ein Mitropoulos, Stokowski oder ein Bruno Walter am Pult standen. Bei Walter erinnerten sie in ihrem Expressivo-Spiel nicht selten an ihre Wiener Kollegen, bei Stokowski produzierten sie meistens einen süßen, sinnlichen Ton, während sie unter Mitropoulos eher härter, trockener wirkten. Klemperer, einer der Großen unter den Dirigenten, sagte einmal, er ließe das Orchester erst eine Stunde lang spielen, dann spielten die Musiker immer mehr, wie er es wünsche und wolle. Selbstverständlich wußte Klemperer wie jeder, der dieser Zunft angehört, daß es mit der »Magie der Persönlichkeit« nicht allein getan ist, daß sich der Taktstock nicht ohne weiteres zum »Zauberstab« verwandelt. Hinzukommen muß jenes »goldene Handwerk«, das sich aus Talent, Arbeit und viel Erfahrung zusammensetzt.

Karajan lernte dies in Ulm und Aachen von der Pike auf. In Ulm waren die Bedingungen so beschränkt, daß der Intendant schließlich dem blutjungen Karajan nach einigen Jahren kündigte, um ihn vor dem »Versauern« zu bewahren; er wollte den Hochbegabten zwingen, sich nach einer besseren Stellung umzusehen. In Aachen, wo Karajan nach langem, fast verzweifeltem Suchen Fuß faßte – das Orchester lehnte ihn zuerst als zu jung ab, aber der städtische Musikreferent, ein ehemaliger Berliner Philharmoniker, setzte sich für ihn mit Erfolg ein –, konnte er nach Jahren zäher Arbeit lernend und lehrend sich ein Ensemble schaffen, das über die Grenzstadt hinaus Anerkennung und Beachtung fand. Christoph von Dohnanyi, heute Leiter des Cleveland Orchestra und hochgeschätzter Kenner der Materie, sagte dem Musik-Experten Jürgen Kesting, daß »so gut wie alle Kollegen Herbert von Karajan um seine perfekte Beherrschung des Metiers beneiden.«[*]

Magier und Könner: Selten kam beides so vollkommen zusammen wie bei Herbert von Karajan, dem »Meister aller Meister«, wie ihn die Berliner Philharmoniker mit höchstem Respekt und – typisch berlinisch – mit einem leicht ironischen Unterton nannten.

---

[*] Zitiert nach »Karajan oder die kontrollierte Ekstase«, hrsg. v. Peter Csobádi, Wien 1988, S. 236.

Um ihn drehte sich alles. Betrat er die Philharmonie, wußten es alle, noch bevor er sein höher gelegenes Zimmer erreicht hatte; kam er – meist verspätet – zu einer Geselligkeit, verstummten mit seinem Erscheinen die Anwesenden. Auf der Straße blieben die Menschen stehen, wenn er, wie es früher bisweilen der Fall war, persönlich eine Besorgung machte. Dazu sein fotogenes Gesicht: Es erschien (und erscheint nach wie vor) in allen nur denkbaren Haltungen und Ausdrucksvarianten, als Dirigent, am Cembalo, privat mit und ohne Familie, als Flug-Pilot, am Steuer eines Rennwagens, ja einmal sogar auf dem Teppich hockend – natürlich mit Partitur –, und jedesmal sieht er anders aus. Zweifellos war dieses Gesicht – man könnte es fast »Thema mit Variationen« nennen – für Film und Fernsehen allein schon das entscheidende Aktivum, mögen die Gesichter der mitwirkenden Künstler so fein geschnitten sein – oder auch nicht, besonders wenn es sich um blasende Instrumentalisten handelt. Ob es um Musik für den Konzertsaal oder für die Medien aller Art ging, hier waltete ein Monarch. Sein Herrschaftsgebiet: wo immer westliche Orchestermusik gespielt oder gehört wird. »La musique, c'est moi«, könnte man in Gedanken an Hans von Bülow sagen. Um keine Mißverständnisse aufkommen zu lassen: Wie ein Fisch nicht ohne Wasser, so hätte auch Karajan nicht ohne Musik existieren können, er war von ihr erfüllt, getragen; doch er war auch ihr Herrscher, und nicht zu Unrecht sprach man von dem von ihm geschaffenen »Imperium«. Kein »vae victis« in seinem Verhältnis zu den Komponisten, deren Werken – auch denen der Zeitgenossen – er größte Sorgfalt angedeihen ließ. Doch er stand *vor* dem, der ihm die Vorlage gibt, ähnlich wie Toscanini, und diese Stellung entsprach ganz dem Wunsch von Millionen Musikbegeisterten.

Daß man inzwischen tatsächlich von Millionen sprechen kann, geht zu einem erheblichen Teil auf Karajans Initiative zurück. Er hat als erster bewußt auf diese »Explosion« der Musiker hingearbeitet. Könnte man ihn heute fragen, welches seine bedeutendste Leistung in seinem so langen Leben gewesen ist, er würde wahrscheinlich weder Aufführungen in der Wiener

Oper noch Konzerte mit dem Berliner Philharmonischen Orchester oder die von ihm ins Leben gerufenen Salzburger Osterfestspiele nennen, sondern seine Idee der »Musik für Millionen«, in die Tat umgesetzt durch seine zahllosen Einspielungen, Platten, Audio-Bänder, Filme und jene Video-Kassetten, die er als sein »Vermächtnis« hinterlassen hat.

Wem es gegeben war, im philharmonischen Bereich mehr als zwei Jahrzehnte, wenn auch mit Unterbrechung, an Karajans Seite tätig zu sein, wird dem Schicksal dankbar sein. Freudvolle wie leidvolle Erfahrungen, glückhafte wie wenig erfreuliche Erlebnisse kennzeichnen die nun geschichtlich zu Ende gegangene Ära Karajan. Ich habe vor allem während meiner Intendantenzeit 1959–1978 alles versucht, um diesem machtvoll-bezwingenden Mann mit all seinen Launen, Merkwürdigkeiten, plötzlichen Einfällen, schwankenden Überlegungen zur Seite zu stehen, war stets bemüht, so manche Hindernisse, auch die, die er sich bisweilen selbst in den Weg legte, wegzuräumen. In zahlreichen Reden und Aufsätzen habe ich immer wieder auf seine umfassende Bedeutung für die Philharmoniker und das Berliner Musikleben hingewiesen, als »Mann hinter Karajan«, wie mich die »Frankfurter Allgemeine Zeitung« bei meinem Abgang 1978 nicht zu Unrecht nannte, Freude und Befriedigung empfunden in diesem schönsten »Job«, wie ich glaube, dem des Intendanten des weltberühmten Berliner Philharmonischen Orchesters.

Erste Begegnungen

Wenig bekannt ist, daß Karajan schon vor seinem sensationellen Auftreten in der Staatsoper und bei den Philharmonikern auf Einladung des Rundfunks in Berlin einmal dirigiert hatte. Auf dem Programm stand das Requiem von Brahms, Ausführende waren das Berliner Rundfunkorchester sowie der Aachener Chor. Dieser stand unter Leitung des herausragenden Chordirektors Wilhelm Pitz, der später in London und regelmäßig in Bayreuth wirkte und den Karajan liebend gerne nach Berlin geholt hätte. Vor Eintreffen des Chors mußten in Berlin natürlich gesonderte Proben mit dem Orchester abgehalten werden. Wie es dazu gekommen war, daß ich heimlich an einer der Proben teilnahm, ist mir nicht mehr gegenwärtig. Wahrscheinlich hat mich mein Lehrer, Professor Walther Gmeindl, der das Orchester der Hochschule für Musik leitete, auf diese Möglichkeit aufmerksam gemacht. Wenn mich meine Erinnerung nicht täuscht, beobachtete ich vom Rang aus den sehr jungen, energisch gestikulierenden Dirigenten, der offensichtlich bestrebt war, sich den gehörigen Respekt zu verschaffen. Sehr bald glaubte er, eine falsche Note in einer der Stimmen zu entdecken, verglich die Stimme mit der Partitur und hatte recht, was ihm sogleich beim Orchester den gewünschten Respekt einbrachte. Begleitproben für Chorwerke ohne Chor und Solisten sind fast immer für alle Beteiligten ermüdend, doch Karajan gelang es, die Probe sicher und erfolgreich durchzuführen. Ich habe ihm später von meiner Anwesenheit erzählt, für die eine Genehmigung nicht vorlag, und er erinnerte sich, staunend, auch an die falsche Note. Das Konzert, das ich nicht besuchen konnte, wurde damals mit großer Zustimmung aufgenommen, die aber in erster Linie Pitz und den Seinen galt.

Von Karajans Triumphen 1938 und 1939 ist zuvor berichtet.

Erst sechzehn Jahre später hörte ich wieder ein Karajan-Konzert, diesmal in der Carnegie Hall in New York, als der frischgebackene Philharmonikerchef seine Mannen zur Jungfernreise in die Vereinigten Staaten führte. Es war eine so erfolgreiche Reise, daß – ein bis heute einmaliger Fall im internationalen Musikleben – das Berliner Philharmonische Orchester und Karajan eine Einladung zu einer zweiten, diesmal 36 Konzerte umfassenden Amerikareise gleich für die folgende Spielzeit erhielten. Doch die Reise hinterließ auch Wunden. Starke Proteste, insbesondere von jüdischer Seite, wurden vor allem in New York laut, man verteilte Flugblätter mit antideutscher Tendenz, und vor der Carnegie Hall gab es Demonstrationen mit »pikket-lines« und Sprechchören; im Saal selbst flatterten während des von mir besuchten Abschlußkonzerts plötzlich Tauben durch den Saal, ohne jedoch den Fortgang der Musik zu beeinträchtigen. Der Protest sollte sich, wie man später in der »New York Times« lesen konnte, nicht gegen das Orchester richten, sondern gegen Karajan und seinen Intendanten, die beide frühzeitig Parteimitglieder der NSDAP gewesen seien – was den Tatsachen entsprach. Auch in Baltimore fanden anläßlich des Konzerts der »Berliner« Protestkundgebungen statt. In Philadelphia gab Eugene Ormandy, jahrzehntelang Dirigent des weltberühmten, noch immer großartigen Philadelphia Orchestra, einen riesigen Empfang für alle Musikfreunde aus der Quäkerstadt – nicht etwa für Karajan und seine Musiker, was auch wirklich nicht zu erwarten war, sondern *gegen* sie und ihr Konzert: Er setzte den Empfang am gleichen Abend an, an dem die Gäste von der Spree konzertierten! Infolgedessen wären im Saal erhebliche Lücken gewesen, wenn nicht der Veranstalter diese mit Deutschstämmigen aus der Umgebung von Philadelphia gefüllt hätte, die mit Sonderbussen in die »Academy of Music« transportiert wurden. Karajans Reaktion: Er hat nie wieder in Baltimore oder in Philadelphia dirigiert, obwohl seine damaligen Konzerte von Publikum und Presse überaus positiv aufgenommen wurden. Einen »Bann« von New York, nach wie vor amerikanische Musikmetropole, wo sich die Weltelite traf und trifft, konnte sich auch ein Karajan nicht leisten;

doch hat er nach zwei weiteren Amerikareisen ernstlich daran gedacht, die Neue Welt auf Dauer zu meiden.

Das New Yorker Konzert mit den flatternden Tauben litt indirekt unter den Protesten insoweit, als es keineswegs ausverkauft war, mit der Folge, daß viele Plätze an Bewohner aus der 86. Straße und Umgebung, dem damaligen deutschsprachigen Viertel, verteilt wurden. Sie kamen auch, und peinlicherweise im letzten Satz der fünften Symphonie von Peter Tschaikowsky klatschten sie laut bereits bei dem bekannten Dominant-Septimen-Akkord kurz vor dem Einsetzen des triumphalen Schlusses und beeinträchtigten dadurch das glorreiche Ende der Symphonie. Dennoch konnte Karajan mit den Beifallsstürmen nach dem wirklichen Abschluß mehr als zufrieden sein. Das sicherlich nach der langen Tour ermüdete Orchester hatte ihm alles gegeben, man spürte deutlich, wie aufmerksam seine Intentionen realisiert wurden. Auch zuvor hatte es großen Applaus nach der dritten »Leonoren-Ouvertüre« gegeben, mit der das Konzert begann; es folgten zwei kürzere Kompositionen, das ausdrucksstarke Streicher-Adagio des amerikanischen Komponisten Samuel Barber sowie Boris Blachers brillant-zündende »Concertante Musik«, die von Karajan neu einstudiert war.

Interessant der Vergleich zwischen dem Karajan aus den Jahren 1938/39 und dem neuen Mann nach Furtwängler. Damals ein temperamentgeladener, rhythmisch unerbittlicher, im Ausdruck eher kühler Neuankömmling, nunmehr ein »arrivierter« Dirigent, sicherlich mit gleichem Temperament, der gleichen Gabe für Form, Aufbau und großen Atem, im rhythmischen Bereich jedoch flexibler, wie zum Beispiel bei der Ouvertüre, wo die Hörner-Passagen im Tempo etwas zurückgenommen wurden, sich ein klein wenig »Furtwängler-Tradition« einzuschleichen schien – warum auch nicht? Auch der von Karajan einst angestrebte transparente, schlanke Orchesterklang hatte an Fülle und Rundung gewonnen, keineswegs zum Schaden des Ganzen. Überall Lobeshymnen von der überwiegenden Mehrheit der amerikanischen Presse: Karajan, ein begnadeter Dirigent« (»Pittsburgh Press«), »einer der besten Dirigenten der Welt« (»Washington Evening Star«), dessen drei ausverkaufte

Konzerte in Chicago »einen Glanzpunkt unserer Saison bilde-ten« (»Chicago Tribune«).

Während des ersten Jahres meiner Tätigkeit als Intendant des Radio-Symphonie-Orchesters Berlin habe ich mich nicht bemüht, die persönliche Bekanntschaft von Karajan zu machen. Nicht etwa aus Abneigung oder aus Zurückhaltung; bei aller Bewunderung für sein Dirigentengenie fand ich in den wenigen Konzerten, die ich besuchte, keine tieferen musikalischen An-knüpfungspunkte. Anders mein Eindruck bei einem Festkon-zert 1957, in dem Karajan anläßlich des fünfundsiebzigsten Ge-burtstages des Berliner Philharmonischen Orchesters die Neunte von Beethoven dirigierte. Eine hochbedeutende Auf-führung, die beiden d-Moll-Sätze voller innerer und äußerer Spannung, wunderbar der Beginn der Symphonie mit den wie Blitze zuckenden Streichereinwürfen, großartig aufgebaut das mächtige Chor-Finale, insbesondere das abrupte Ende. Dieses wird oftmals von den Zuhörern als solches nicht wahrgenom-men mit der Folge, daß peinliche Schrecksekunden zwischen dem Schluß und dem einsetzenden Beifall entstehen, wie es zum Beispiel bei einer denkwürdigen Furtwängler-Interpreta-tion in Bayreuth der Fall war, als der stets mit Recht gefeierte Dirigent sogar vom Pult heruntertreten mußte, bevor der Bei-fallssturm seinen Anfang nahm. Nicht so bei Karajan, der, die rasanten letzten Takte aufpeitschend, selbst dem unvorbereite-sten Zuhörer das definitive Ende des Werks anzuzeigen ver-stand. Beim anschließenden Empfang wurde ich Karajan vor-gestellt, beglückwünschte ihn zu seiner Aufführung, wollte es mit allgemeinem Lob nicht bewenden lassen und betonte den packenden Beginn; ich schilderte ihm kurz, welche Schwierig-keiten einst Bruno Walter bei seinen Proben mit den New Yor-ker Philharmonikern hatte, um diesen für den Satz wesentli-chen Effekt zu erzielen. Karajan hatte natürlich keinen Grund, unfreundlich zu reagieren, doch spürte ich eine gewisse Reser-viertheit, als ich den Namen seines mehr als drei Jahrzehnte äl-teren Kollegen nannte.

Da die Zahl der Gratulanten groß war, kam es zu keinem längeren Gespräch; anschließend lernte ich den Konzertmeister Michel Schwalbé kennen, dem wahrlich ein Superlativ galt und noch lange gelten sollte: Er erzählte mir, daß Karajan den Beginn der Symphonie überhaupt nicht geprobt habe bzw. zu proben brauchte!

Rund ein Jahr später rief mich Dr. von Westerman an, dem ich mich freundschaftlich verbunden fühlte, lud mich in sein Büro und bot mir seine Nachfolge bei den Philharmonikern an, da ihm seine Doppelbelastung als Orchester-Intendant und Leiter der Festspiele aus gesundheitlichen Gründen zuviel sei. Er riet mir, mich in einer Konzertpause bei Karajan zu melden und mit ihm darüber zu sprechen. Gesagt, getan. Karajan, der ein Festwochenkonzert im September 1958 mit Glenn Gould als Solist dirigierte – Gould spielte, auch heute noch unvergeßlich, ein Bach-Konzert –, empfing mich höflich, distanziert, offensichtlich wenig geneigt, das ihm auch von Senator Tiburtius angezeigte Thema zu erörtern. Wir sprachen über dieses und jenes, ich erwähnte die in der Erinnerung haftende »Fidelio«-Aufführung des Maestro in der Salzburger Felsenreitschule, aber irgendeine Unterhaltung zur Sache und Person fand nicht statt. Da ich damals noch annahm, daß er, wie fast alle Dirigenten, noch etwas Ruhe vor dem zweiten Konzertteil benötigte (was auf Karajan keineswegs zutraf), verabschiedete ich mich sehr bald und hörte später, daß mein etwas unwilliger Gesprächspartner dem Senator Tiburtius »zwischen Tür und Angel« geraten habe, erst einmal andere Persönlichkeiten anzufragen. Dies geschah wohl mit negativem Erfolg, und ein Jahr später wurde Karajan erneut gefragt, ob er nicht doch mit mir einverstanden sei.

Ich leugne nicht, daß ich gerne zu den Berliner Philharmonikern hinüberwechseln wollte, nachdem es gelungen war, dem Radio-Symphonie-Orchester ein hohes Maß an musikalischer wie finanzieller Stabilität zu sichern. Nun mußte Karajan, der nach japanischem Vorbild höchst ungern ein klares Nein aussprach, sich irgendwie mit der ihm angeratenen Westerman-Nachfolge beschäftigen. Ein Menschenkenner war er nie, sich mit mir ruhig eine Stunde zu unterhalten und dann Ja oder Nein zu sagen, hierfür hatte er weder Zeit noch Neigung. So begann er, sich bei anderen über mich zu erkundigen, erhielt, wie ich es von manchem Angefragten hörte, freundliche Beurteilungen, und schließlich war es sein unserer Familie bekannter Mitarbeiter André von Mattoni, der ihm wohl gut zugeredet hatte. Also wurde ich in Karajans damaliges Hotel Savoy gebeten, sah ihn nach einigem Warten, kurze Unterredung, in der Karajan vor allem Wert darauf legte, jedes Jahr einmal in London und Paris mit den Philharmonikern zu gastieren, ein durchaus berechtigtes Verlangen. Dann ein Abendessen im »Ritz«, seinem Lieblingslokal während der sechziger Jahre; Mattoni war selbstverständlich dabei, der mir zuvor bedeutete, daß sein »Chef« einen »Herrn« an seiner Seite wünschte, und mir riet, auch ein wenig von gesellschaftlichen Dingen zu sprechen. So geschah es – und wie man in Berlin sagt: »Fertig war die Laube.«

Einzug in das philharmonische Büro in der Gelfertstraße. Vom »Senator für Volksbildung« – so der offizielle Name der von Tiburtius geleiteten Behörde – erhielt ich im Oktober 1959 einen Vertrag, demzufolge ich mit Wirkung vom 1. Oktober dieses Jahres Intendant des Berliner Philharmonischen Orchesters sei. Ich fühlte mich, als nichts weiter geschah, veranlaßt, Dr. von Westerman anzurufen, den ich nach mehreren Versuchen auch erreichte. Westerman, Kavalier par excellence, in seiner fast übertriebenen Höflichkeit, verbunden mit großem Charme eigentlich zum Diplomaten alter Schule geboren, zeigte sich über meine Bitte, mich in sein Büro in der Gelfertstraße einzuführen, erst ein wenig überrascht; er tat es dann, wenn ich mich nicht irre, am 20. Oktober, hielt eine kurze, überaus liebenswürdige Ansprache, sagte ein paar bei einem solchen Anlaß übliche Worte und riet mir eindringlich, das Selbstverwaltungsrecht des Orchesters zu achten – ein Rat, den ich neunzehn Jahre später auch meinem Nachfolger gab, der ihn leider nur anfänglich befolgte. Hierüber später. Nach dieser Einführung wurde ich vor einer Probe durch Senator Tiburtius den Philharmonikern vorgestellt, dann begrüßte mich Vorstandsmitglied Werner Thärichen, Solo-Pauker und Komponist von bedeutendem Format – sein Paukenkonzert wie sein

Konzert für Oboe und Orchester gehören nach wie vor zum Repertoire. In meiner kurzen Erwiderung, es galt, die Probenzeit nicht unnötig zu verkürzen, versprach ich insbesondere, die Beziehungen zu Karajan zu »hegen und zu pflegen«. Daß dies ein ehrliches Versprechen war, hoffe ich bewiesen zu haben.

Im Spätherbst 1959 hatte ich die Möglichkeit, als frischgebackener Intendant Karajan in Wien zu sprechen; von seinen kärglich bemessenen Auftritten hatte er bereits ein Drittel, nämlich ganze zwei, im September absolviert, sein nächstes Erscheinen in Berlin war erst zum Jahresende avisiert. Grund für die Reise in die österreichische Hauptstadt: Es sollte ein kultureller Austausch Wien–Berlin für das kommende Jahr besprochen und vorbereitet werden. Die fast einstündige Unterhaltung mit Karajan sollte zu den längsten gehören – von geselligen Zusammenkünften abgesehen –, die ich jemals mit ihm über Programme, Orchesterfragen, Reisen etc. geführt habe. Was die zukünftigen Programme anbetraf, fand meine Bitte, auf Solisten zu verzichten (es sei denn, es handelte sich um Chorwerke), freundliche Zustimmung, zumal ich meine Bitte mit dem Hinweis auf seine große Popularität verknüpfte und zugleich auf die Möglichkeit verwies, auf diese Weise ein größeres Repertoire mit dem Orchester zu erarbeiten. Daß ich auch an unser äußerst knappes Budget dachte, verschwieg ich natürlich.

Versuche, über Musik und Musikinterpretation zu sprechen, blieben hingegen weniger erfolgreich, Personalprobleme gab es im Augenblick nicht. Aber dann ließ mich Karajan plötzlich wissen, daß einer der beiden Solo-Cellisten des Orchesters, Eberhard Finke, zu den Wiener Philharmonikern überwechseln wolle. Grund: die Insellage Berlins, die seine Frau besonders beunruhige. Als Karajan mir dies eröffnete, traf mich der Blick seiner stahlblauen Augen, als wolle er mich – ich glaube mich nicht zu irren – einer Prüfung unterziehen. Wie würde ich reagieren? Energisch protestieren, ihm klipp und klar darlegen, daß man dies in Berlin als unerträgliche Abwerbung durch Karajan selbst betrachten würde, oder mich dem Schicksal widerspruchslos fügen? Nun, ich sagte nichts, denn der Zufall wollte es, daß Finke mich kurze Zeit zuvor gebeten hatte, ihn für die nächste Spielzeit als Solisten einzusetzen. Es war das gute Recht eines Konzertmeisters (der Geigen oder der Celli), abwechselnd solistische Aufgaben zu übernehmen. Finkes Wunsch stand also im krassen Widerspruch zu seinem von Karajan behaupteten Abgang bzw. Wechsel zu den Wienern. Als ich, nach Berlin zurückgekehrt, Finke informierte, war sein Erstaunen groß; er ist bis zur Erreichung der Altersgrenze dem Berliner Philharmonischen Orchester treu geblieben. Karajan kam übrigens auf die angebliche Übersiedlung Finkes nicht wieder zu sprechen. Ich sah Karajan nach dem »längsten« Gespräch noch einmal, in der Hoffnung, die Programmgespräche abschließen zu können; aber nach zehn Minuten kam der Salzburger Landeshauptmann, den man natürlich nicht warten lassen konnte.

Bald fand ich heraus, daß Zehn-Minuten-Gespräche oder noch kürzere mit Karajan Routine werden sollten, wenn es sich um »laufende« Angelegenheiten, auch Programmfragen, handelte. Der Vielbeschäftigte teilte sich seine Arbeit in der Weise ein: entweder zwei Proben täglich oder eine Vormittagsprobe und das Konzert am Abend; zwischen den zwei Proben oder am Nachmittag vor dem Konzert – vernünftigerweise – völlige Ruhe; Probenpausen (etwa zwanzig Minuten) oder solche während eines Konzerts benutzte er, um möglichst viele anstehende Dinge zu besprechen, mit dem Vorstand zu beraten oder Besucher zu empfangen, die in die Pause bestellt wurden, kurzum, jede Minute war ausgefüllt, und wenn es gar nicht anders ging, kam er ausnahmsweise eine Viertelstunde vor Probenbeginn, um Dringlichstes zu erörtern, oder er blieb sogar einige Minuten nach der Probe, um Unaufschiebbares zu erledigen. In jenen oftmals verlängerten Pausen erschienen nicht selten die höchsten Herren wie der Regierende Bürgermeister, der Kultursenator, Abgeordnete, Opernintendanten – wer immer zu Karajan wollte und ihm wichtig erschien; Radio- und später Fernsehinterviews, auch Kurz-Unterhaltungen mit Pressevertretern gehörten gleichfalls in seine Pausen. Wie oft kam Bartlog, der ehemalige Orchesterwart, ins Karajan-Zimmer mit der Meldung: »Herr von Karajan, das Orchester sitzt«, und wie oft hieß es: »Noch einige Minuten!« oder »Bitten Sie die Herren, noch einige Minuten zu warten.« – Daß es unter solchen Umständen nicht so einfach war, den Maestro auch nur für kurze Zeit zu erwischen, ergab sich fast von selbst, zumal ich, als dem Hause zugehörig, alles andere als Priorität besaß, mochten auch die zu besprechenden Dinge dringlich und wichtig sein.

Etwas mehr Zeit mußte sich der Meister allerdings nehmen, wenn es sich um die Aufnahme neuer Orchestermitglieder ging. Auch dann versuchte er oftmals, einen möglichst kleinen Teil der Probenzeit abzuzweigen oder im Anschluß an eine Probe einige Kandidaten anzuhören, es gab auch »Pausen-Vorspiele«; aber bisweilen mußte er – mit erkennbar leichter Verärgerung – eine Probenhälfte oder sogar einen ganzen Nachmittag, der eigentlich für eine Probe vorgesehen war, opfern. Gerne versuchte er, Vorspiele nach einem Sonntagvormittag-Konzert für den freien Nachmittag anzusetzen, stieß jedoch beim Orchester auf wenig Gegenliebe.

Noch eine Kostprobe für die wohl beispiellose »karajaneske« Zeiteinteilung. 5. April 1968, des Maestros sechzigster Geburtstag, der in die Probenzeit für die zweiten Salzburger Osterfestspiele fiel, bei denen »Das Rheingold« zum ersten Mal und »Die Walküre« zum zweiten Mal – mit diesem Werk waren die Osterfestspiele 1967 eröffnet worden – auf dem Programm standen. Auch an diesem von der gesamten Musikwelt und insbesondere von seiner Geburtsstadt wahrgenommenen Ehrentag durfte es nicht ohne die zwei Proben abgehen. Ganz früh Entgegennahme eines philharmonischen Ständchens, dann zum Festspielhaus, dort zwanzig Minuten für die Schar persönlicher, ihm irgendwie nahestehender Gratulanten, zu denen ich auch gehörte, anschließend Bartlogs Meldung. Die etwas verkürzte Probe mit einer kürzer gehaltenen, für Korrekturen bestimmten Pause, während der Karajan beim Orchester blieb. Nach der Probe schnell Wechsel des Anzuges. Denn nun wurde Karajan im Rahmen einer Sitzung des Stadtrates Ehrenbürger von Salzburg, wobei es mehrere kurze Reden und eine sehr schöne, echte Bewegtheit verratende Erwiderung des Geehrten gab.* Zurück nach Anif zum häuslichen Mittagessen und der gewohnten, wenn auch etwas verkürzten Ruhe. Vor der Nachmittagsprobe Ansprache des Berliner Senators für Wissenschaft und Kunst, Professor Stein, mit Überreichung eines Geschenks, darauf eine volle Probe und abends die Familienfeier. Für die Arbeit war auch an diesem Tage keine Zeit verlorengegangen, und doch blieb dieser Tag für alle in schönster Erinnerung ...

* Siehe das bei dieser Gelegenheit aufgenommene Foto im Bildteil.

Nur Jupiter tonans?

Noch immer werde ich gefragt, ob es nicht sehr schwierig war, mit einem offensichtlich schwierigen, eigenwilligen Mann wie Karajan umzugehen, der – besonders in seinen letzten Lebensjahren – immer wieder für Schlagzeilen sorgte. Nun, ich habe während meiner ersten Amtszeit stets versucht, ihn und das Orchester aus solchen Schlagzeilen herauszuhalten, Krisen, die es hin und wieder gab, intern beizulegen. Gewiß, es war nicht immer einfach, mit ihm, der sich ständig mit neuen Ideen beschäftigte, erfolgreich zusammenzuarbeiten. Wie viele unruhige Tage und Nächte verursachte er, wie viele Probleme gab er dem Senat, seinem Orchester, dem Intendanten und seiner näheren Umgebung auf, Probleme, die sich bei behutsam-kontinuierlichem Zusammenwirken aller Beteiligten oftmals als irrelevant oder leicht lösbar herausgestellt hätten. Andererseits darf man nicht jene Probleme außer acht lassen, die ihm angeboren oder mit auf den Weg gegeben waren. Mochte Karajan nach außen hin einen autoritär-souveränen Eindruck vermitteln, mochte er noch so sehr auftrumpfen, brüskieren und, wie ich sehr bald feststellen mußte, häufig das Mittel der Drohung benutzen, im tiefsten Inneren war er keineswegs seiner Sache sicher – dies aus verschiedensten Gründen.

Fast jeder Dirigent muß ein gewisses Maß an innerer Unsicherheit in Kauf nehmen. Die Musik, die von ihm ausgeht, erzeugt er nicht selbst. Sein »Instrument«, mag er es auch noch so großartig beherrschen, besteht aus Musikern, also Menschen, die ihm gehorchen, seine Wünsche ausführen sollen. Aber tun sie dies auch zu allen Zeiten, kann er sich stets auf sie verlassen? Die meisten von ihnen sind, wenn es sich um ein echtes Spitzenorchester handelt, Musiker aus eigenem Recht, mit eigenen Interpretationsauffassungen, die sie – oft widerwillig – zurückstellen müssen, aber auch mit eigenen Empfindlich-keiten, auf die der Dirigent, selbst ein Karajan, Rücksicht neh-men sollte, ohne daß es der Maestro immer tat. Dennoch: Die Berliner Philharmoniker standen während der sechziger und siebziger Jahre geschlossen hinter ihrem »ständigen Dirigen-ten«, der dies nicht selten bezweifelte und dem ich dann mit voller Überzeugung, innerlich kopfschüttelnd, darlegen mußte, daß er nach wie vor das volle Vertrauen seiner Musiker besitze, kopfschüttelnd, weil ich angesichts seiner von niemandem an-gezweifelten Autorität seine eigenen Zweifel nicht zu begreifen vermochte.

Diese durch den Beruf allein bedingte Unsicherheit verstärkt sich zwangsläufig bei einem von Natur aus mißtrauischen Diri-genten. Sicherlich hat Karajan im Laufe seiner wechselvollen Laufbahn manche Enttäuschungen mit Menschen, insbeson-dere Musikern, erlebt, denen er sein Vertrauen geschenkt hatte; von solchen Erfahrungen in Wien hat er sehr oft gesprochen und sich beklagt. Aber Enttäuschungen, die niemandem erspart bleiben, rechtfertigen nicht das tiefe Mißtrauen, das Karajan den meisten Menschen entgegenbrachte. Auf der anderen Seite gab er sich ganz wenigen Menschen gegenüber, die von ihren engen Beziehungen zu ihm geschäftlich profitierten, mit einer bedingungslosen Vertrauensseligkeit hin, die diese nicht ver-dienten. Ein Menschenkenner war er, wie gesagt, nie, und je-den noch so vorsichtigen Versuch, übrigens auch von familiärer Seite, ihn von seinen falschen Beurteilungen abzubringen, ließ er unbeachtet oder wies er entrüstet zurück mit üblen Folgen für den, der sich »erfrecht« hatte. Üble Folgen übrigens auch für den Maestro: Aus zu viel Vertrauen wurde plötzlich Haß. Ich erinnere mich an einen seiner engsten Vertrauten, der ein-mal versagte (wahrscheinlich aus physischen Gründen, wie sich sehr viel später herausstellte) und nun auf die »schwarze Liste« gesetzt wurde. »Nomina sunt odiosa.« Als der bereits Verfemte für einen von ihm vertretenen Künstler nach dessen Konzert mit dem Berliner Philharmonischen Orchester ein Abendessen veranstaltete, zu dem ich als Intendant eingeladen war, rief mich Karajan am nächsten Tag sichtlich erregt an und wünschte, die Namen aller Teilnehmer des spätabendlichen Zusammenseins zu erfahren. Ich hatte keinen Grund, ihm diese zu verheimlichen, und war noch erstaunter, als der zürnende Gott mit einem kurzen »Danke« den Hörer auflegte. Immerhin wurde ich nicht in die Reihe der »Sünder« aufgenommen, wie es offensichtlich dem armen Direktor der sommerlichen Festspiele in Salzburg erging, der weiterhin Künstler engagierte, die von dem in Ungnade Gefallenen vermittelt wurden; nach Erreichen des 65. Lebensjahres wäre er gerne als Direktor tätig geblieben, scheiterte aber trotz Zustimmung anderer Präsidiumsmitglieder an Karajans Nein.

Ich selbst wäre fast in Verruf gekommen, als ich Karajan eine Philharmoniker-Reise nach Südamerika vorschlug. Dringliche Anfragen, insbesondere aus Argentinien und Brasilien, erreichten mich jahraus, jahrein, das Orchester, das in seiner Gesamtheit noch nie in diesem Erdteil konzertiert hatte, bat immer wieder um eine solche Reise. Das Auswärtige Amt drängte. Frau Eliette, Mattoni, die Plattenfirmen, die mit Recht ein gutes Geschäft für sich wie für Karajan witterten, setzten sich lebhaft für das Projekt ein, Michel Glotz, Karajans Pariser, ebenfalls Künstler vertretender Freund, auf den der Maestro stets hörte, fand die Idee sehr gut, die Honorarangebote für Dirigent und Orchester waren glänzend – Karajan, der schon zuvor von Südamerika nichts wissen wollte, lehnte ab und blieb hartnäckig bei seiner Weigerung. Das Klima sei zu feucht, war seine einzige Begründung. Schließlich wollte er ein Attest vorlegen, wonach die Möglichkeit bestehe, daß er sich in Südamerika ein Leberleiden zuziehen könnte! Als er dann noch Mattoni fragte, warum ich ihn, Karajan, nach Südamerika »verschaukeln« wolle, gab ich auf.

Launen eines Großen? Karajan war 1949, rund zwanzig Jahre zuvor, als Gastdirigent in Argentinien gewesen, wohl nicht mit besonderem Erfolg. Er hatte sich gleich bei der Ankunft geärgert, als er einen Dollar-Vorschuß auf sein in Dollar-Währung vereinbartes Honorar verlangte und man ihm Pesos anbot unter Hinweis auf eine trickreich schwer erkennbare Nebenabrede, worauf er erfolgreich mit sofortiger Abreise drohte.

Der Maestro hat diesen Vorfall oft erzählt, sich nachträglich aufs neue entrüstet; die Vermutung, daß die geschilderten Vorgänge aus dem Jahre 1949 die Ursache für seine Hartnäckigkeit waren, läßt sich nicht beweisen, ist aber sehr wahrscheinlich. Karajans damaliger Ärger war durchaus verständlich, aber doch kein Anlaß, einen ganzen Erdteil zu boykottieren; auch für berechtigtes Mißtrauen gibt es schließlich eine Verjährungsfrist.

Ein anderer Grund für die latente Unsicherheit dieses so begnadeten Mannes: Nicht zu vergessen, unter welchen Schwierigkeiten sich sein Aufstieg vollzog, wie verzweifelt er sich nach der Kündigung in Ulm um eine neue Position bemühte, in ganz Deutschland herumreiste, sich vergeblich bewarb, mehrfach mit negativem Erfolg geradezu darum bettelte, man möge ihn doch wenigstens zu einem Probedirigieren einladen; finanzielle Sorgen gab es auch, Aachen dann, wie dargelegt, ein reiner Glücksfall ... Als in den sechziger Jahren der Sonderzug der Philharmoniker bei einer Reise durch die Bundesrepublik auf einem Bahnhof kurz hielt, fragte Karajan, wo man denn sei. Die Antwort: »In Oberhausen.« Kaum hatte er den Namen gehört, fuhr es aus ihm heraus: »Dort habe ich mich auch einmal beworben, und man hat mir nicht einmal geantwortet«, ein Beweis, wie sehr ihm, der längst die Spitze erreicht hatte, die schweren, oft hoffnungslos erscheinenden Monate zwischen Ulm und Aachen noch immer gegenwärtig waren. Daß der Tourneeleiter, der unvergessene ehemalige Berliner Erich Berry, zu Karajan sagte: »Warum bewerben Sie sich nicht nochmals, vielleicht klappt es diesmal?« sei der Vollständigkeit halber vermerkt.

Und nun war der Sprung ganz nach oben gelungen, ihm, der aus den tiefsten Niederungen der Provinz kam und fünf Jahre lang mit einem Rumpforchester arbeiten mußte, das die Großen vor ihm, wie Furtwängler, Klemperer, Walter, aber auch die »Erben«, wie Abbado, Ozawa, Mehta und andere am Beginn ihrer Laufbahn verschmäht hätten. Ein kaum vorstellbarer, eher ins Fabelreich gehörender Aufstieg. Karajan hat einmal in meiner Gegenwart gesagt, er habe niemals geglaubt, daß er es so weit bringen würde. Hilfe, Ansporn aus dem Kreis seiner Familie oder durch einen großen, ihm in den Anfangsjahren zur Seite stehenden Musiker oder Musikfreund waren ihm nicht zuteil geworden. Man denke an den wohlbehüteten, von hochbedeutenden Lehrern und Freunden geleiteten jungen Furtwängler, an die Freundschaft Gustav Mahlers, die die Laufbahn des jungen Bruno Walter maßgeblich bestimmte. Karajan mußte seinen Weg allein gehen, nur auf sich selbst gestellt und mit seinem Talent ausgestattet, vom Glück, wie es schien, anfänglich nicht begünstigt. Kein Wunder, daß die vielen negativen Erlebnisse auf diesem Weg ihn mitgeformt und zu Verhaltensweisen geführt haben, die in merkwürdigem Widerspruch zu seiner späteren, von niemandem angezweifelten Spitzenstellung standen. Ausgleichende Gerechtigkeit im Walten der Natur? Der außergewöhnlich begabte Mensch, der nach Überwindung größter Hindernisse die höchsten Höhen erklommen hat, muß meistens ein beträchtliches Maß an Unsicherheit in Kauf nehmen. Höher geht es nicht, ein Sturz ist jederzeit denkbar. Wie heißt es im Volksmund: »Dem Frieden traue ich nicht«, also muß ich kämpfen, möglicherweise gegen vermeintliche Feinde; es gilt, stets bereit zu sein, sich durchzusetzen . . . Diese Überlegungen dürfen nicht fehlen, wenn man an Karajan, den Zürnenden, an »Jupiter tonans« erinnert.

Daß Karajan sich gerne des Mittels der Drohung bediente, ist zuvor erwähnt. Die Zahl seiner Drohungen war nicht unbeträchtlich, zumal sie keineswegs nur tiefgreifende, grundsätzliche Meinungsverschiedenheiten betrafen. Es liegt mir fern, auf Einzelheiten einzugehen. Nur ein Vorfall verdient herausgehoben zu werden, weil er für sehr viele spätere krisenhafte Ereignisse einen Hinweis bietet.

Frühjahr 1963. Das Probejahr für einen jungen schwedischen Solo-Hornisten mit Namen Bengt Belfrage näherte sich seinem Ende. Belfrage besaß einen sehr schlanken Ton, der sich besonders für französische Musik eignet. Er war ein echter, allerdings nervlich etwas labiler Künstler, für den sich Karajan beim ersten Vorspiel besonders warm eingesetzt hatte. Wie schön spielte Belfrage bei seinem Philharmoniker-Debut im März 1962 den großen, fast entscheidenden Horn-Part der vierten Symphonie von Bruckner, bei der ein schlecht disponierter Hornist die ganze Aufführung gefährden kann; doch schon bei den Wiederholungskonzerten »wackelte« der Schwede ein wenig. Karajan, anfänglich begeistert, während der Enthusiasmus der anderen Hornisten deutlich und schnell abnahm, dies nicht nur wegen der spürbaren Nervosität des Kandidaten, sondern vor allem, weil sich sein Ton nicht ganz mit dem traditionell romantisch-fülligeren Klang der Horngruppe verschmolz. Wohl wissend, wie hoch der Maestro Belfrage schätzte, bat ich den Vorstand dringlichst, die nach Abschluß des Probejahres fällige Orchesterabstimmung bis zur nächsten Anwesenheit Karajans zu verschieben, um ihm erst einmal die erheblichen Bedenken der Horngruppe – Bedenken, die auch von anderen Orchestermitgliedern geteilt wurden – vorzutragen. Leider kam es dennoch zu einer für den Kandidaten negativen Abstimmung, und Karajan wurde schriftlich unterrichtet. Sehr bald klingelte bei mir das Telefon. »Hier Wiener Staatsoper, ich verbinde mit Herrn von Karajan.« – »Jetzt hören Sie genau zu«, donnerte es aus der Leitung, »die Ablehnung von Belfrage ist unerhört, ich sage hiermit die Pariser Konzerte ab!« Jupiter tonans donnerte weiter, offenbar hatte er gerade den Brief des Orchestervorstandes gelesen, es fielen viele böse Worte, und jeder Versuch, zu Wort zu kommen, schlug fehl. Daß sich Karajan an die falsche Adresse gewandt hatte – der Intendant besitzt keinen Einfluß auf solche Entscheidungen, die im Rahmen des Selbstverwaltungsrechts des Orchesters fallen –, spielte keine Rolle; er mußte seinem Zorn irgendwie Luft machen, und nachdem dies ausreichend geschehen war, mußte er nun plötzlich auf die Bühne oder woanders hin und brach das höchst einseitige Gespräch ab. Natürlich gab es keinen Zusammenhang zwischen der Abstimmung und der politisch eminent wichtigen Parisreise, für die Willy Brandt, damals Regierender Bürgermeister, seine Teilnahme sowie einen Empfang in der Pariser Botschaft angekündigt hatte. Rund zwanzig Monate zuvor war die Mauer errichtet worden; daß die Stadt sich nicht aufzugeben gewillt war, mußte immer wieder unter Beweis gestellt werden, und deswegen kam den Reisen des Berliner Philharmonischen Orchesters unter seinem überragenden Chefdirigenten eine besondere Bedeutung zu.

Was tun? Ich sprach mit Elisabeth Mahlke, der kenntnisreichen, überlegenen Betreuerin in Sachen Musik beim Senator für Volksbildung, und wir beschlossen, erst einmal abzuwarten, ob nicht vielleicht der Zorn des Herrn verrauchen würde. Als kein Rauchzeichen aus Wien aufstieg, wurde Vorstandsmitglied Thärichen als Sühneprinz nach Wien gesandt, mußte geraume Zeit warten, bis sich der Meister bereit fand, ihn zu empfangen und sich die durchaus gewichtigen Argumente des Orchesters, insbesondere der gesamten Horngruppe, anzuhören. Thärichen konnte sich auch auf wenig günstige Erfahrungen mit Belfrage bei Konzerten unter der Leitung von Gastdirigenten berufen. Karajan, der eben viel zu selten in Berlin war, tat schließlich das einzig Vernünftige. Zwar sichtlich gekränkt, daß seine Unfehlbarkeit als Musikpapst nicht anerkannt worden war, aber versichert, daß für die Philharmoniker ihm gegenüber weiterhin das erste Gebot Gültigkeit besäße, gab er nach und dirigierte in Paris. Als er dann später Belfrage, der inzwischen im Ausland eine Position erhalten hatte, zufällig in New York wiedersah, begrüßte er ihn – wie es auch die anderen Orchestermitglieder taten – überaus freundlich und erklärte ihm sein Ausscheiden aus dem Berliner Philharmonischen Orchester mit denselben Gründen, die bei der Abstimmung gegen den sympathischen schwedischen Hornisten geltend gemacht wurden!

Eine andere »Drohung« ist erwähnenswert, weil sie Karajan ausnahmsweise nicht aussprach, sozusagen »im Schilde führte« und sie in die Tat umsetzte. Die Angelegenheit steht mir in lebhafter Erinnerung wegen der absurden Einmaligkeit zwischen Ursache und Wirkung, aber auch deswegen, weil mir Karajan selbst den Vorfall und seine Folgen, nicht ohne Stolz, aus seiner Sicht erzählt hat. Bei seinen Platten- und Bänderaufnahmen, deren Wichtigkeit damals wie heute außer Zweifel steht, wünschte Karajan, daß alle Philharmoniker bei allen Aufnahmen zugegen sein sollten; offenbar wollte er sich für seine Aufnahmepläne freie Hand lassen. Die Musiker waren anderer Meinung, ohne daß es zu einer Einigung kam. »Als ich im Begriff war«, so sagte mir Karajan sehr viel später, »eine Aufnahme zu beginnen, trat Herr Bethmann (der damalige Vertreter des Orchesters für Privatgeschäfte) vor das Orchester und erklärte, von nun an würden nur die Philharmoniker anwesend sein, die für die Aufnahmen benötigt würden. Ich sagte nichts, aber in diesem Moment entschloß ich mich, das Angebot aus Paris anzunehmen!« Kurze Zeit darauf konnte man in den Zeitungen lesen, daß Karajan die Leitung des Orchestre de Paris übernommen habe! Ein Überraschungscoup? Ein »Warnschuß«? Zwischen Karajan und den Berliner Philharmonikern bestand bezüglich von Aufnahmen ein Exklusivvertrag, den der Maestro keineswegs kündigte oder auflöste. Daß er sich vom Berliner Philharmonischen Orchester etwa hätte trennen wollen, dies zu behaupten, wäre selbst einem Münchhausen nicht eingefallen. Auch bedeutete bei aller Wertschätzung das verhältnismäßig junge Pariser Orchester noch keine Konkurrenz für seine Berliner. Es handelte sich damals um ein wenig einheitliches Ensemble, das über geringe Orchesterroutine verfügte mit der Folge, daß selbst für allgemein bekannte Werke, Beethovens Symphonien eingeschlossen, acht volle Proben notwendig waren. Karajans Tätigkeit als neuer künstlerischer Leiter beschränkte sich auf ganze zwei Programme sowie einige wenige Reisekonzerte innerhalb Frankreichs; die anderen Konzerte waren Gastdirigenten anvertraut, die von Karajan bestimmt wurden.

In Berlin regte man sich nicht auf. »Ein weiterer Job für den Vielbeschäftigten«, hieß es, zum Teil unter der Rubrik »Kurznachrichten«, nur Joachim Matzner, seinerzeit Musikkritiker bei der »Welt«, kommentierte Karajans Entschluß mit der Bemerkung, der Maestro wolle offenbar sein Repertoire festigen und erweitern.

Als Karajan wieder zu einer seiner sechs Anwesenheiten nach Berlin kam, erkundigte er sich sogleich nach der Reaktion auf seinen Schritt in der Erwartung, Senat und Orchester würden ihn kniefällig bitten, der Stadt die Treue zu halten. Die Enttäuschung stand ihm im Gesicht. Wie konnte er auf Grund eines »Sturms im Wasserglas« – der Streit wurde alsbald beigelegt –

so weitreichende Konsequenzen ziehen, und diese in der Sache nur halbherzig? Da die Aufnahmen in der Freizeit des Orchesters stattfanden, war ich weder berechtigt noch verpflichtet, ein Wort mitzureden, blieb den meisten Aufnahmen fern und hörte alsbald vom Orchester, daß ein grollender Karajan sich geweigert habe, nach der betreffenden Aufnahme einen Vertreter der Philharmoniker zu empfangen.

In Paris aber kam es, wie es kommen mußte. Dort verlangte man schon während der zweiten Spielzeit unter der Ägide des Meisters, daß er nunmehr die Position eines wirklichen Direktors einnehmen müsse. Karajan lehnte ab, weil ihn dies in einen ernsten Konflikt mit Berlin gebracht hätte. Man schrieb sich gegenseitig in der Form höfliche, in der Sache recht scharfe Briefe, die in der gesamten Pariser Presse wortwörtlich veröffentlicht wurden – in Berlin nahm man keine Notiz; Karajans Flirt mit der französischen Marianne fand ein schnelles Ende, die von ihm erhoffte Wirkung seiner einzig wahrgemachten »Drohung« blieb aus.

Aber nicht nur von einem »Jupiter tonans« ist zu berichten. Seltsamerweise findet sich kein adäquates deutsches Wort für das englische »kind«; »warmherzig und an andere denkend« kommt vielleicht diesem angelsächsischen Begriff am nächsten. Die Rede ist vom liebenswert-hilfsbereiten Karajan, dessen »Sonnenseite« sich allerdings nur einem bestimmten Personenkreis oder Menschen in besonderen Situationen zeigte.

Eine Vorbemerkung: Kontaktfreudig oder kontaktwillig war er nicht, war sich dessen durchaus bewußt und hat dies auch seinem ersten Biographen Haeussermann gesagt, eine ehrende Selbsterkenntnis. Rücksichtnahme auf andere kannte er nur selten. Einmal darauf angesprochen, antwortete er ein wenig erregt mit sichtlich gewolltem Übertreibungseffekt: »Wissen Sie, zuerst komme ich, dann komme wieder ich, dann kommt eine lange Zeit gar nichts, dann komme ich nochmals, und erst dann kommen die anderen.«

Er hätte noch hinzufügen können: Und dann kommen erst einmal meine Passionen. In seinen freien Tagen und Stunden lief er Ski, steuerte seine im Hafen von St. Tropez stets Furore

machende Segelyacht, mit der er Preise gewann, mußte alljährlich eine bestimmte Zahl von Flugstunden absolvieren, um
seine Lizenz als Pilot nicht zu verlieren, probierte neue Autos,
unternahm aber auch allein längere Spaziergänge in seinem geliebten Engadin, las tagtäglich, meist Neuerscheinungen des
Büchermarkts (einmal fragte er mich, welche Stunde am Tage
ich für Lesen reserviert habe), ohne allerdings andere – jedenfalls nicht mich – an seinen Lesefreuden teilnehmen zu lassen.
Einzige Ausnahme: Er empfahl mir begeistert ein Buch von
Joachim Fernau, einem mir bis zu jener Zeit unbekannten Autor. Leider konnte ich Karajans Begeisterung nur sehr bedingt
teilen. Ein Mann ohne Muße, ohne Bedürfnis nach Muße,
selbst im hohen Alter fast wie ein Jüngling aktiv, der mit eiser-
ner Disziplin den gewohnten Arbeitsrhythmus aufrechterhält,
im ständigen Bestreben, die allerneuesten technischen Errungenschaften für seine Zwecke zu benutzen (seine letzte Besprechung, während derer das Herz versagte, führte er mit dem Direktor Ohga der Firma Sony), da war kein Raum für echte
Freunde und Freundschaften, die vielen ihn umgebenden Menschen und Mitarbeiter blieben, vielleicht gegen ihren Willen,
zwangsläufig auf Distanz, jene Älteren, die ihm einmal, als er
noch nicht berühmt war, geholfen hatten und bei deren Besuch
er plötzlich »auftaute«, ihnen immer etwas mehr Zeit schenkte
und wirkliche freundschaftliche Gefühle offenbarte, sie waren
längst gestorben. Vielfach bedauerten Berliner Philharmoniker
ihren einsamen Chef, mit dem sie gerne, wie mit anderen Gastdirigenten, außerhalb von Proben und Konzerten in freundschaftliche Verbindung getreten wären. Vielleicht verstärkte
die Atmosphäre der Großstadt, das einengende Hotelleben
(Karajan hat niemals in Berlin ein Haus oder eine eigene Woh-
nung bezogen), seine Zurückhaltung, wenn nicht Furcht vor
echter menschlicher Berührung. Denn es gab, wenn auch nur
für eine kurze Zeit, einen entspannten, fröhlichen, kamerad-
schaftlich gestimmten Karajan im sommerlichen St. Moritz,
seinem offiziellen Wohnsitz.

Als er sich dort ansiedelte, versprach er seiner neuen Hei-
matgemeinde Sommerkonzerte, lud zu diesem Zwecke ein aus

Berliner Philharmonikern bestehendes Kammerensemble ein, um dieser Verpflichtung – allerdings nur einige Male – nachzukommen. Die Musiker berichteten übereinstimmend nicht nur von sehr kurzen Programmen, sondern auch von einem überaus leutseligen Chef, der ihnen die herrliche Umgebung zeigte, mit ihnen Ausflüge unternahm, inmitten der von ihm geliebten Berge aus sich herausging, fast ein anderer in der Natur natürlicher Karajan. Hätte er doch ein wenig von der Sonne von St. Moritz oder von der glasklaren Winterluft des Engadin mit nach Berlin gebracht. Alle Unstimmigkeiten, die nun einmal unvermeidbar sind, ja zum Leben gehören, hätten sich so leicht beilegen lassen können angesichts eines ihm tief ergebenen Orchesters, eines stets willigen Senats, die beide seine Autorität, seine von niemandem außer von ihm selbst angezweifelte Überlegenheit anerkannten.

Brauchte er das Gefühl einer Überlegenheit, um »kindness«, warmherzige Hilfsbereitschaft, zutage treten zu lassen? Dem ist wahrscheinlich so. Jeder ernstlich erkrankte Philharmoniker weiß von einem besorgt-hilfsbereiten Karajan zu berichten, der mit Rat und Tat zur Seite stand, ihn oftmals auf seine (Karajans) Kosten zu seinem Arzt schickte, sich um das Befinden des Erkrankten kümmerte, als ob es sich um einen engen Verwandten handelte. Auch wenn die Ehefrau eines Philharmonikers von einer schweren Krankheit betroffen war, einmal ging es um eine kranke Schwiegermutter, Karajan war zur Stelle, half, wo Hilfe geboten erschien. Als der berühmte Solo-Oboist Lothar Koch und der Cellist Alexander Wedow, später Vorstandsmitglied des Orchesters, bei einer Chinareise einen schweren, von der gesamten Presse kommentierten Unfall erlitten, besuchte Karajan beide sofort im Krankenhaus; Koch konnte bald zwecks weiterer Behandlung nach Europa transportiert werden, Wedow mußte wegen einer Verletzung der Ferse längere Zeit im chinesischen Krankenhaus bleiben. Er beklagte sich weniger über sein Mißgeschick, bedauerte vor allem, daß seine Brille kaputt sei und er nun nicht lesen könne. Karajan zog sofort seine eigenen Augengläser aus der Tasche, gab sie dem Verunglückten, sie paßten, und so wurde dessen wochenlanger

Aufenthalt im Hospital wesentlich erleichtert. »Kind« Karajan . . . Daß ein gesundeter Philharmoniker in die Reihe der anderen zurücktrat, für ihn die übliche Distanziertheit zu Karajan wieder zur Norm wurde, verstand sich von selbst.

Vor allem aber konnte man einem »kind« Karajan begegnen, wenn es sich um die Unterstützung junger Musiker, insbesondere junger Dirigenten handelte. Dem Nachwuchs zu helfen, ihn in vielfacher Weise zu fördern, war dem Maestro – im Gegensatz zu vielen großen Dirigenten – ein echtes Anliegen, für das er Zeit und Energie aufwandte. In der Tat, wer den liebenswerten, ganz aus sich herausgehenden, hingabefähigen Karajan erleben wollte, mußte ihn bei seinen Dirigentenkursen beobachten, die er in Berlin noch Anfang der sechziger Jahre gab und zu denen er sich später bei Gastreisen, zum Beispiel in Leningrad, New York und in Japan, bereitfand. Karajan wollte nicht belehren, er wollte helfen. Mit verblüffendem Gespür vermochte er jungen Dirigenten schon nach wenigen Takten etwaige grundlegende Fehler aufzuzeigen oder ihnen klarzulegen, warum dieser oder jener von ihnen gewünschte Effekt nicht eintrat oder nicht eintreten konnte. Erfahrene Dirigenten ließ er einige Minuten oder kurze Stücke dirigieren, bis er ihnen sagte, wie sie noch bessere Ergebnisse erzielen konnten. Manchmal dirigierte er ihnen heikle Stellen vor, tat dies selten, wollte kein »Lehrer« sein, der mit seinem eigenen Können den »Schülern« imponierte. »Ihr sollt es einmal leichter haben als ich«, sagte er den Preisträgern bei einer Abschlußzeremonie eines Karajan-Wettbewerbs für junge Dirigenten (übrigens wieder ein Zeichen, wie sehr in ihm die eigenen schweren Jahre vor dem Aufstieg nachwirkten) und fuhr dann fort: »Wenn ihr später einmal Fragen oder Sorgen habt, kommt zu mir wie zu einem Vater, ich bin für euch immer da.« Keine leeren Worte. Jeder junge Dirigent, aber auch jeder Instrumentalist, fand Gehör bei ihm, der sich manchmal mehr Zeit als vorgesehen nahm, um Probleme dieser Art zu besprechen, Rat zu erteilen. Eine volle Stunde widmete er seinem einstigen Lieblingsschüler Seiji Ozawa, heute einer der prominentesten Dirigenten, seit mehr als fünfzehn Jahren künstlerischer Leiter des weltberühmten Boston Symphony Orchestra. Ozawa, über ein Vierteljahrhundert lang hochgeschätzter Gast in Berlin, dirigierte vor einigen Jahren Bartóks Musik für Streichinstrumente, Schlagzeug und Celesta, die höchste Ansprüche an Dirigent und Orchester stellt, verschlug sich an einer besonders schwierigen Stelle (ohne daß es jemand bemerkte), ging zum zufällig anwesenden Karajan, vermutlich um sich für den keineswegs gravierenden Fehler zu entschuldigen, übrigens den einzigen, den ich jemals bei dem alle Werke auswendig dirigierenden japanischen Dirigenten bemerkt habe. Karajan wußte sofort von der besagten, wie er meinte, für jeden Dirigenten mißlichen Stelle, erklärte seinem ehemaligen Schüler, was er, Karajan, schlagtechnisch tat und nahm mit ihm anschließend einen wesentlichen Teil der überaus komplizierten Partitur durch. Diese »Unterrichtsstunde« ehrte beide. Ein überglücklicher Ozawa sagte: »Maestro was very kind to me.«

Karajan hat sich übrigens stets bereit erklärt, anderen längst berühmten Dirigenten seine Erfahrung, sein besonderes Wissen, zur Verfügung zu stellen. So erzählte er noch in seinen letzten Jahren, wie er mit Carlos Kleiber die »Elektra«-Partitur durchgesprochen habe. Seltsam, daß bei den vielen von Karajan geleiteten Deutschlandreisen des Berliner Philharmonischen Orchesters, soweit es sich um Städte mittlerer Größe handelte, die amtierenden Generalmusikdirektoren – mit einer Ausnahme in Braunschweig – durch Abwesenheit glänzten. Probleme haben und hatten sie alle, Beziehungen zu Karajan und seinem Orchester hätten gewiß nichts geschadet, und seinen jüngeren Kollegen zu helfen oder zu raten, wäre Karajan ein wirkliches Vergnügen gewesen; seine Verwunderung über ihr Fernbleiben hat er hier und da geäußert.

Nicht fern blieben führende Persönlichkeiten aus der Wirtschaft, für die Karajan an der Spitze eines aus Philharmonikern zusammengesetzten Kammerorchesters ein Bach-Konzert gab und anschließend eine Ansprache hielt, die zur Bildung der »Orchesterakademie des Berliner Philharmonischen Orchesters, einer Institution der Karajan-Stiftung« führte. Initiator dieser Veranstaltung im Frühjahr 1971 war der um Musik und

Musikerziehung hochverdiente Industrielle Dr. Walther Casper; unter den Eingeladenen befand sich der unvergessene Jürgen Ponto, Direktor der Dresdner Bank, die anläßlich ihres hundertjährigen Bestehens eine Million DM als wichtigstes Fundament der Akademie stiftete. Karajan sprach beredt über die von ihm anläßlich seines sechzigsten Geburtstages errichtete Stiftung und deren Ziele, unter anderem die Förderung junger Musiker und wissenschaftliche Untersuchungen auf dem Gebiet der Musik. Er erläuterte vielleicht zu eingehend die ihn faszinierende Wirkung der Musik auf die physische Konstitution des ausübenden Musikers und erwähnte auch das bereits bekannte Phänomen der erhöhten – Milchgewinnung bei Kühen, wenn diese in den Genuß der Musik von Mozart kommen! Letzteres beeindruckte die illustren Finanzgewaltigen nicht sonderlich, wohl aber die Notwendigkeit, für besseren Orchesternachwuchs zu sorgen. Keine Konkurrenz mit den Hochschulen, die die jungen Instrumentalisten ausbilden. Nach vollendeter Ausbildung jedoch sollte die zu gründende Akademie ihnen mit Hilfe von ausschließlich aus Philharmonikern bestehenden Lehrkräften Orchesterpraxis vermitteln, Kenntnis des Ensemblespiels fördern, durch Mitwirkung bei Konzerten des Berliner Philharmonischen Orchesters (bei Vakanzen) den Weg zu den Philharmonikern selbst, sonst aber auch zu anderen erstklassigen Orchestern ebnen, kurzum, jungen, begabten Musikern eine aussichtsreiche berufliche Zukunft eröffnen. 1972 kam es zur Gründung der Akademie dank einer in Deutschland leider noch immer selten anzutreffenden Privatinitiative unter Caspers und Pontos Führung. – Auch nach Karajans Ableben wird die Akademie fortgeführt werden, wie es der Maestro ausdrücklich gewünscht hat, bleibendes Vermächtnis eines Großen in der Musik, der stets ein Herz für die Jugend besaß, für die jungen Generationen seiner Jahrzehnte als »kind Sir« in Erinnerung bleiben wird.

Wien – Berlin – Salzburg

Wie zwei den gleichen Mann liebende Frauen haben Wien und Berlin während vieler Jahrzehnte denselben Dirigenten umworben, nicht ohne Eifer und Eifersucht ihn als den Ihren bezeichnet, freiwillig oder unfreiwillig eine Art »Musikachse« zwischen beiden Städten gebildet: zuerst ein Deutscher, Wilhelm Furtwängler, der auch in Wien heimisch wurde, dann der Österreicher Herbert von Karajan, Ehrenbürger von Berlin, weltberühmt auf Grund seines vierunddreißigjährigen Wirkens als Chef der Berliner Philharmoniker, und nun der Italiener Claudio Abbado, Direktor der Wiener Staatsoper und Nachfolger Karajans in Berlin. Zwei Musikmetropolen verschiedenen Charakters: »Wien, Wien, nur du allein . . .«, das trotz Charme und »Verehrung« die Bitte »Unsere tägliche Krise gib uns heute« nur allzu oft und allzu gerne betet, Berlin nüchterner, rauher im Tonfall, in puncto Sensibilität nicht gerade an vorderster Stelle, dafür bei nun einmal unvermeidbaren Differenzen nicht ganz so »krisenfreudig« wie die Donaustadt.

Die achtjährige, krisengeschüttelte Direktionszeit Karajans an der Wiener Staatsoper endete nach vielen herrlichen Aufführungen (unter anderem »Frau ohne Schatten«, »Pelleas und Melisande«, »Aida«, »Götterdämmerung«, »Fledermaus«) mit einem Eklat. Ein Mißgeschick stand am Anfang. Was bei allen größeren Opernhäusern stets befürchtet, oft nur mit viel Glück vermieden wird, passierte an der Wiener Oper: Am 13. Mai 1963 konnte der Vorhang nicht hochgehen, eine »Meistersinger«-Vorstellung nicht stattfinden, weil kein »Stolzing« zur Stelle war. Riesenaufregung, Suche nach den Schuldigen, Karajan machte gerade Urlaub in St. Moritz, sein bewährter Mit-Direktor, Professor Schäfer, Fachmann allererster Klasse, aber zusätzlich Intendant der Stuttgarter Oper, von wo er auf

Wunsch Karajans nach Wien gekommen war, befand sich nach einem Herzanfall in der Rekonvaleszenz und erklärte nach der »Meistersinger«-Blamage sogleich seinen Rücktritt aus gesundheitlichen Gründen; Karajan mußte eiligst nach Wien zurückkehren, wo ihn ein verärgerter Minister ersuchte, so schnell wie möglich Ordnung zu schaffen und einen Ersatz für Schäfer zu finden. Karajan stellte fest, daß niemanden in der Verwaltung eine Schuld traf, und tat, sichtlich unter Druck, das Undenkbare: Er bot Egon Hilbert, dem Leiter der Wiener Festwochen, die Nachfolge an, wohl wissend – was auch ganz Wien, zumindest die Wiener Kulturwelt wußte –, daß Hilbert zu Karajans größten Widersachern gehörte. Befand sich Karajan wirklich in einer solchen Zwangslage? Hätte er nicht einen seiner bewährten Mitarbeiter in der Opernverwaltung, zum Beispiel einen anderen »Egon«, nämlich Egon Seefehlner, den späteren Generalintendanten der Deutschen Oper Berlin und schließlich mehrjährigen Direktor der Wiener Staatsoper, anstelle von Schäfer ernennen können? War es eine Kombination aus der berühmt schlechten Menschenkenntnis, Eigensinn und Überheblichkeit, die Karajan zu seiner Wahl bewogen, glaubte er wirklich, der haßerfüllte Hilbert würde sich plötzlich in ein frommes, ihm ergebenes Lamm verwandeln? Übersah Karajan überdies, daß Hilbert in Wien ansässig war, während er, der vielbeschäftigte Maestro – wohl aus steuerlichen Gründen – eine Anwesenheit von nur knapp sechs Monaten zur Vertragsbedingung gemacht hatte?

Hilbert hatte übrigens nie aus seiner tiefen Abneigung gegen Karajan einen Hehl gemacht. Jahre zuvor wurde er als möglicher Generalintendant der Deutschen Oper Berlin ins Gespräch gebracht, kam in die ehemalige Reichshauptstadt und machte mir in meinem Büro in der Gelfertstraße einen Höflichkeitsbesuch. Als er in mein Arbeitszimmer eintrat, bemerkte er sogleich ein Karajan-Bild an der linken Wand, und ehe ich ihn richtig begrüßen konnte, ging er auf das Bild zu, zeigte auf den Kopf Karajans und rief mit großer Emphase: »Das ist er!« Alsbald begann er eine vehemente Tirade gegen ihn und vergaß offenbar vollkommen, wo er sich befand. Mir verschlug es fast die Sprache ob solcher Taktlosigkeit. Nach diesem wahrlich elementaren Wutausbruch berichtete Hilbert kurz von dem mir bereits bekannten Grund seines Berlin-Besuches, erzählte mir einige nicht unbekannte Musiker-Anekdoten und verabschiedete sich schnell, nachdem er beim Verlassen noch einmal einen zornigen Blick auf das Bild des Mannes geworfen hatte, der ihn in der Stunde der Not zu seinem engsten Mitarbeiter machen sollte.

Es kam, wie es kommen mußte, Hilbert, der mir unaufgefordert und höchst unerwünscht nach einem Konzert der Berliner Philharmoniker in Wien »eidlich« unter langem Händedruck seine hundertprozentige Loyalität zu Karajan versichert hatte, begann seine eigenen Wege in der Wiener Staatsoper zu gehen, sehr bald sprachen Karajan und Hilbert nicht mehr miteinander, verkehrten nur noch schriftlich, aus Spannung wurde Krise, mit der sich natürlich sehr bald die Presse beschäftigte, ein gefundenes Fressen für Journalisten und Journaille. Wochenlang tobte der Kampf. Karajan verlangte das Ausscheiden von Hilbert. Als der verantwortliche Minister mit Rücksicht auf bestehende Verträge dies ablehnte, verließ der empörte Maestro Wien und seine Oper und verkündete am 8. Mai 1964 – also kaum ein Jahr nach der »Meistersinger«-Absage – einer überraschten Öffentlichkeit, er werde nie wieder in Österreich dirigieren, allerdings seine vertraglichen Verpflichtungen in Salzburg für den Sommer letztmalig erfüllen. Also eine Art »Kriegserklärung«, die dankenswerterweise weder ernst- noch angenommen wurde. Als das Berliner Philharmonische Orchester in Salzburg gastierte, waren bereits Bemühungen in vollem Gange, Karajan dazu zu bewegen, wenigstens die »Feste Salzburg« zu halten, und welcher Anstrengungen bedurfte es, den erzürnten Meister zu veranlassen, wenigstens seine Geburtsstadt von der »Kriegserklärung« auszunehmen! Schließlich kam es zum »Salzburger Friedensschluß«, ein nach wie vor schmollender und grollender Karajan trat in die Direktion der Festspiele ein, verkündete stolz, er sei wenige Minuten nach seinem Wiener Abschied für die kommenden Spielzeiten ausgebucht gewesen, gab mit der Anschaffung eines Rolls Royce auch ein äußeres Zeichen seiner ungebrochenen Herrscherstellung und entdeckte alsbald – das Fernsehen!

Bisher gab es für ihn nur Band- und Plattenaufnahmen; stets weigerte er sich barsch, den, wie er meinte, viel zu kleinen Bildschirm als Medium für sich und seine Musik in Betracht zu ziehen. In Erinnerung steht eine von der gesamten Presse verfolgte Auseinandersetzung zwischen ihm und einer Fernsehstation, die gerne eine Salzburger »Rosenkavalier«-Aufführung des Meisters übertragen wollte. Obwohl weder von seiten des Orchesters noch von Sängern und Sängerinnen Einwände erhoben wurden, setzte sich ein höchst unwilliger Karajan mit seinem schroffen Nein durch. Auf Reisen beantwortete er lange Zeit den Wunsch nach Hinzuziehung des Fernsehens bei den üblichen Presseempfängen mit einem gerade noch kontrollierten Wutausbruch.

Plötzlich faszinierte ihn die Möglichkeit, nun auch die Augen in den Prozeß der Musikaufnahme mit einzubeziehen, den Musikfreunden das Phänomen des Dirigenten und seiner Wirkung auf das Orchester ad oculos zu demonstrieren. Alsbald erblickte er im Fernsehen *die* große Zukunft für Oper und Konzert, studierte mit der ihm eigenen Energie das Handwerk eines TV-Regisseurs, gewann zuerst einen großen Könner, Henri Clouzot, für diese Aufgabe und betätigte sich später als Regisseur, nicht immer zur reinen Freude des auf Finanzen achtenden Privatproduzenten. Während seines letzten Lebensjahrzehnts gründete Karajan die eigene Firma Telemondial, in die er, der zuvor (Motto: »Wer mit mir zusammenarbeiten will, muß tief in die Tasche greifen«) mit dem Geld anderer äußerst großzügig, mit dem eigenen dagegen überaus sparsam umging, Beträge in Millionenhöhe aus seiner Privattasche investierte. Nun sollte ihn das einst so gering eingeschätzte Fernsehen bis zum Lebensende begleiten, eine zusehends größere Rolle spielen, letzten Endes noch Vorrang vor der Life-Aufführung erhalten. Karajan als TV-Star ... Wer hätte dies damals für möglich gehalten? Welche Wendung durch Karajans »Fügung«. Daß Berlin von den Wiener Ereignissen und von Karajans sich erweiterndem Aufnahmehorizont profitieren würde, ergab sich von selbst und war nur zu begrüßen.

Als Senator Tiburtius 1962 durch mich bei Karajan anfragen ließ, ob er nicht seine für die Stadt äußerst wichtigen Festwochen-Konzerte außerhalb der sechs vereinbarten Anwesenheiten dirigieren würde, erlebte ich einen einmaligen Wutausbruch von kaum wiederzugebender Stärke. Nicht nur lehnte Karajan eine solche »Zumutung« lautstark ab und benahm sich, als ob ihm ein »unsittlicher« Antrag gemacht worden sei, sondern er warf mir auch vor, daß ich mich überhaupt zum Überbringer einer solchen Anfrage gemacht habe. Mattoni, der bei dieser Szene im Dirigentenzimmer des Hochschulsaals während einer Konzertpause nicht anwesend war, erzählte mir später, wie Karajan, den er im Hotel erwartete, schon von fern die »Ungeheuerlichkeit« dieser – durchaus zu verstehenden – Anfrage ihm zugerufen habe. Wie leicht wäre es für den Maestro gewesen, Tiburtius zu antworten, daß eine siebente Reise nach Berlin wegen seiner in der Tat zeitlich ausgedehnten Verpflichtungen in Wien und anderswo nicht möglich sei; ein freundlich hinzugefügtes »vielleicht später« hätte lediglich freundliches Bedauern ausgelöst.

Und dieses nicht gesagte »vielleicht später« kam gar nicht so sehr viel später. Denn der ausgebuchte Karajan konzentrierte sich zunehmend auf Berlin und das Berliner Philharmonische Orchester. Sehr bald nach der Einigung in Salzburg kam es zu einem formlosen »gentlemen's agreement« zwischen dem Maestro und dem Intendanten, auf Grund dessen Karajans sechs Anwesenheitsperioden um mehrere Tage verlängert wurden, um ihm mehr Platten- (und später Fernseh-)Aufnahmen zu ermöglichen. Dafür erklärte sich Karajan bereit, innerhalb dieser Periode zusätzlich abonnementsfreie oder Jugendkonzerte zu dirigieren. Dieses agreement erregte bei einigen Behördenstellen und manchen Karajan und dem Orchester nicht gerade zugeneigten Musikfreunden Mißfallen, weil sich die Einkünfte der Philharmoniker durch die Aufnahmen erhöhten, die als Privatgeschäft galten und gelten. Ich gestehe, daß ich es gerne gesehen hätte, wenn der Staat, der das Orchester in voller Höhe subventioniert, einen geringen Prozentsatz aus diesen Privatgeschäften erhalten hätte. Als ich 1959 Intendant wurde, besprach ich diese Angelegenheit als einen der ersten Punkte mit dem Orchestervorstand und wurde nach längerem Zögern und unter Vorbehalten ermächtigt, bei einer Sitzung mit dem um grundsätzliche Klärung bemühten Finanzsenator zehn Prozent dieser Einnahmen anzubieten. Doch hierzu kam es nicht. Denn bei dieser Besprechung erklärte der Vertreter des Senators für Volksbildung, Oberregierungsrat Günther, mit größter Schärfe, daß der Finanzsenator keinerlei Rechtsansprüche auf Einnahmen oder Teile von Einnahmen besäße, die die Orchestermitglieder in ihrer Freizeit einspielten. Günthers rigorose Feststellung ließ den Vertreter des Finanzsenators nicht völlig verstummen, wohl aber mich; denn es schien mir nicht ratsam, dem eigenen Senator zu widersprechen, zumal die in Betracht kommenden Summen nicht sehr groß waren. Als diese nunmehr anwuchsen, die Frage der Beteiligung des Landes Berlin – auch durch den Rechnungshof – immer wieder diskutiert wurde, blieb es trotzdem bei der alten Regelung, zumal die Philharmoniker mit einem Rechtsstreit drohten, der jegliche Aufnahmen auf Jahre hinaus blockiert hätte, und Karajan es verständlicherweise ablehnte, sich für eine Abgabe einzusetzen. Verständlicherweise: Welcher Dirigent würde seine Musiker – sein »Instrument« – derartig verärgern? Karajan, in vielen Dingen, auch in puncto Orchesterbehandlung, ein Ausnahmefall, handelte angesichts dieses heiklen, unter Umständen auch für ihn folgenschweren Problems wie jeder andere Dirigent.

Zurück zu den umstrittenen Aufnahmen. Nicht nur führten sie zu einem stärkeren Zusammenwachsen zwischen Karajan und seinen Philharmonikern, sie bewirkten ein noch höheres Niveau des Zusammenspiels, ein größeres Maß an Vertrautheit mit der Musik und damit das Zustandekommen von Spitzenleistungen, wie sie alsbald im In- und Ausland von den Philharmonikern unter Karajan erwartet wurden. Selbst eine Höchstzahl von Proben sind kein vollkommener Ersatz für vielstündige wiederholte Aufnahmen mit der Möglichkeit für Dirigent und Orchestermitglieder, das Ergebnis selbst hören und überprüfen zu können. Insbesondere bewähren sich Aufnahmen bei zeitgenössischer, oftmals überaus komplizierter Musik und nützen nachfolgenden Konzerten. Denken wir an die beispielhaften Aufführungen wie Aufnahmen von Werken der neueren »Österreichischen Schule« (Schönberg, Berg und Webern), die in unendlicher Arbeit, zahllosen Proben wie oftmals Proben gleichenden Aufnahmen zustande kamen. Selbst ein Karajan alles andere als freundlich gesonnener Adorno mußte in seiner »Musiksoziologie« zugeben: »Ich habe vor nicht langer Zeit von einem, der bei der Avantgarde besonders schlecht angeschrieben ist, mürrisch und widerwillig die Aufführung eines Werks besucht, auf das die Opponierenden ein Monopol zu besitzen glaubten, und die Aufführung überragte nicht nur das, was manche unzulänglichen Freunde der Moderne unter den Dirigenten verschulden, sondern war sinnvoll bis ins letzte Detail so durchgearbeitet und bewußt musiziert, daß Webern als Interpret sich nicht zu schämen gehabt hätte.«* Adorno wagte nicht, den Namen Karajan zu erwähnen, um es nicht mit seinen eigenen Freunden zu verderben!

Und Karajans Bindung an Berlin wurde noch enger. Denn nun mutete er sich etwas zu, was er seinerzeit als Affront angesehen hatte: Er erhöhte die Zahl seiner Präsenzen (und damit auch die seiner Aufnahmemöglichkeiten!), wuchs immer mehr in die ihm von Anfang an zugedachte Rolle eines »ständigen« Dirigenten, legte den Grundstein für jene fast legendär gewordene Einheit zwischen ihm und dem Berliner Philharmonischen Orchester. Daß sein Plattenimperium wuchs – desgleichen die Privateinnahmen seiner ihm lange durch einen Exklusivvertrag verbundenen Musiker –, kam der damaligen Inselstadt Berlin nur zugute. Wenn man sehr bald in der ganzen Welt von Reisekonzerten der Berliner unter Karajan Sternstunden der Musik erwartete, diese Erwartung in den meisten Fällen auch erfüllt bekam, so war dies jener engen Zusammenarbeit im Konzert wie im Medienbereich zu verdanken.

Doch die Triumphe auf dem Konzertpodium schlossen nie

---

* Zitiert nach Joachim Kaiser in »Herbert von Karajan zum Gedenken«, herausgegeben von dem Berliner Philharmonischen Orchester.

ganz die Wunde, die man ihm an der Wiener Staatsoper zugefügt hatte. Nicht, daß er irgendwo anders wieder Operndirektor hätte werden wollen. Die tiefere Ursache für sein Scheitern
lag in der längst von ihm erkannten Unmöglichkeit, die Oper
in der altgewohnten Weise als Repertoire-Bühne fortzuführen,
also jeden Abend hochwertige Vorstellungen der verschieden-
artigsten Opern zu gewährleisten. Aber war es nicht denkbar,
zumindest einmal im Jahr eine beispielhafte Aufführung einer
großen Oper zu präsentieren und hierfür ein Elite-Ensemble
zu verpflichten? Mußte Karajan, Operndirigent par excellence,
der Bühne doch wohl mehr als dem Konzertpodium verschwo-
ren, vor allem auf die im sommerlichen Salzburg unmöglich
aufzuführenden Richard-Wagner-Werke verzichten, mit denen
er einst in Berlin, später in Bayreuth, dem er aus künstlerischen
Gründen bald den Rücken kehrte, und schließlich in Wien Triumphe gefeiert hatte?

Eines Tages – ich glaube, es war im Frühjahr 1965 – fragte
mich Karajan, was ich davon hielte, wenn er mit den Philharmonikern in Genf das »Rheingold« dirigiere, dann mit dem
Orchester einige Gastkonzerte in der Schweiz gäbe, um anschließend erneut nach Genf zu einer weiteren »Rheingold«-Aufführung zurückzukehren. Ich war verblüfft. Die Berliner Philharmoniker als Opernorchester im »Graben«, eine
Aufgabe, zu der sie das Land Berlin, ihr Arbeitgeber, vertraglich nicht zwingen konnte! Karajan schien der Seinen insoweit
versichert zu sein. Und warum gerade das calvinistische Genf
als Wagner-Stadt? »Nun«, so Karajan, »das Genfer Opern-
haus, das völlig ausgebrannt war, ist wiederaufgebaut, bietet alle
nur denkbaren technischen Neuerungen, und sein Intendant,
Herbert Graf, hat mir eine komplette ›Ring‹-Einstudierung
angeboten.« Die ganze Angelegenheit schien auch Mattoni
reichlich kurios, und lange Zeit hörte ich nichts mehr von Genfer Planungen, wohl aber von einem Gespräch zwischen dem
Maestro und dem Dirigenten Christoph von Dohnanyi, der mit
vollem Recht darlegte, daß ein Mensch vom Format eines Karajan Anspruch auf ein eigenes Festspiel habe. Ein solcher Hinweis mußte bei jedem Dirigenten, nicht nur bei Karajan, blei-

bendes Gehör finden. Aber Festspiele in Genf? Trotz der herrlichen Lage der Stadt, einst Sitz des Völkerbundes und nach wie vor internationales Konferenzzentrum, schien Genf für eine »teutonische« Invasion (Wagner mit den Berlinern) kaum geeignet. »Nach einer Aufführung von ›Boris Godunow‹« (bei den Salzburger Sommerfestspielen), so erzählte Karajan später, »ging ich noch etwas spazieren, und plötzlich kam mir die Idee, warum führe ich den ›Ring‹ nicht hier in Salzburg auf, wo es eine moderne Riesenbühne gibt, die mit Ausnahme der Sommermonate leersteht; hier in Salzburg bin ich zu Hause, habe Zeit zum Probieren, die Stadt liegt verkehrsmäßig günstig.« So wurden die »Salzburger Osterfestspiele« geboren, ein »Karajan-Festival«, bestehend aus zwei Serien, die jeweils eine Opernaufführung (mit Ausnahme von 1968 und 1969, als eine »Ring«-Oper wiederholt wurde), ein Chorkonzert und zwei weitere Konzerte umfaßten. Der Maestro erklärte, er wolle Oper »ohne Entschuldigung« dirigieren und inszenieren, hinreichend geprobte Vorstellungen mit von ihm ausgewählten Kräften bieten, ohne Zufallsbesetzungen, kein »Anti-Bayreuth«, sondern einen gesunden Wettbewerb zu ganz verschiedenen Zeiten und mit einer sich unterscheidenden Zuhörerschaft. – Ein verdutzter Herbert Graf, den ich aus seiner Zeit als Regisseur an der New Yorker Metropolitan Opera her kannte, entnahm die Neuigkeit aus der Zeitung. Keine Benachrichtigung, kein Dank von Karajan!

Die damals vielfach verbreitete Behauptung, es habe einen Kampf zwischen Berliner und Wiener Philharmonikern gegeben, wer bei den Osterfestspielen in Salzburg mitwirken würde, entspricht nicht den Tatsachen. Unvorstellbar, daß Karajan als Bittsteller bei dem ihm verhaßten Hilbert erschienen wäre, um die Freigabe der Wiener Philharmoniker zu erhalten! Karajan hat von Anfang an nur an seine Berliner gedacht, wie ich es aus eingehenden Gesprächen mit ihm bezeugen kann. Doch vorerst galt es, die Zustimmung der Behörde zu der fast dreiwöchigen Abwesenheit des Orchesters zu erreichen. Widerstände beim heiligen St. Bürokratius kamen nicht unerwartet. Plötzlich hieß es, man könne die Philharmoniker, die traditionell während der Osterzeit den Berliner Chören zur Verfügung standen, aber eigene Konzerte nicht veranstalteten (touristische Überlegungen spielten noch keine Rolle), nicht entbehren. Glücklicherweise erwiesen sich der Regierende Bürgermeister Willy Brandt und sein Kultursenator Professor Werner Stein als einsichtig genug, um die außerordentliche Bedeutung der Osterfestspiele für die Stadt und sein Eliteorchester anzuerkennen. Zum ersten Male in ihrer Geschichte sollten die Philharmoniker allein ein internationales Festival im Ausland bestreiten, somit als Botschafter für die nach wie vor bedrängte Stadt wirken. Dies trugen Karajan und ich in einer Konzertpause dem »Regierenden« wie dem Senator vor und erhielten ihre Zustimmung, nachdem ich einen späteren Ausgleich für die zahlreichen freien Tage zugesagt hatte, an denen das Orchester als »Privatensemble« die Opernaufführungen spielte und zuvor probte. Ich glaubte, richtig gehandelt zu haben; die Bestätigung: weltweit anerkanntes, triumphales Abschneiden der Berliner Philharmoniker 1967 bei den ersten und fast allen folgenden Osterfestspielen unter der wahrlich genialischen Leitung ihres Chefdirigenten, der aus einem großartigen Konzertorchester ein großartiges, flexibles Opernorchester hervorzauberte, mit dem er in den Proben sogar mögliche Fehler auf der Bühne im voraus übte! Die Bewunderung seiner Musiker war groß.

Gleich groß die Bewunderung für den Mut und die Entschlossenheit des Maestro, der auf sich allein gestellt erstmals Osterfestspiele ins Leben rief. Zahlreiche »Experten« hatten sich überaus pessimistisch gezeigt. Ein Festival ohne Subventionen? Von Wien war aus bekannten Gründen nichts zu erwarten. Die Salzburger wollten erst einmal abwarten; man dachte an das keineswegs sichere Osterwetter im Alpenvorraum – tatsächlich ging nach einer Aufführung der »Walküre« ein veritabler Schneesturm hernieder; noch nie zuvor hatte es irgendwo Festspiele zur variablen Osterzeit gegeben; würden sich für die beiden aufgelegten Serien mit je einer Opernvorstellung und drei Konzerten genügend Abonnenten finden, und – last but not least – würde es Karajan gelingen, hochkarätige Stars für zwei bis drei Opernabende (eine dritte Opernaufführung war frei verkäuflich) einschließlich einer wochenlangen Probenzeit zu verpflichten? Selbst Karajan hatte seine Zweifel; als »Köder« für seine Stars verpflichtete er sich, die Salzburger Opernaufführungen im Herbst des gleichen Jahres an der New Yorker »Met« – allerdings mit dem dortigen, seinen Ansprüchen kaum genügenden Orchester – zu dirigieren; ein entsprechender Vertrag mit Sir Rudolf Bing, dem General-Manager der »Met«, war schnell geschlossen. Doch es kam nur zum – übrigens technisch keineswegs einfachen – »Transport« der »Walküre« und von »Rheingold«. Karajan erkannte bald, daß er die »Met« nicht mehr brauchte – die Stars kamen auch ohne zusätzliche Verpflichtung – und benutzte 1969 einen monatelangen Streik der New Yorker Oper als Grund, besser als Vorwand, um diese seine transatlantischen Beziehungen abzubrechen.

Und entgegen allen Unkenrufen wurde das vielfach als Abenteuer gekennzeichnete Unternehmen Salzburger Osterfestspiele zu einem riesigen Erfolg. Aus allen Ländern, insbesondere dem Süden Deutschlands, kamen die Besucher, schnell bildete sich eine treue Karajan-Gemeinde; für viele ihrer Mitglieder, die sich ihr Geld für die österlichen Tage in Salzburg zusammengespart hatten, bedeuteten die Festspiele Höhepunkt musikalischen Erlebens für ein ganzes Jahr. Ihnen gegenüber war die Zahl von »Snobs« trotz gegenteiliger Zeitungsmeldungen äußerst gering. – Auch der Kreis der »Förderer«, die gegen ein entsprechendes Entgelt ein Vorrecht bei der Wahl der keineswegs billigen Plätze erhielten, dazu als Geschenk eine von Karajan signierte Plattenaufnahme der jeweils aufzuführenden Oper, wuchs so schnell, daß es sehr bald eine kaum abzubauende Warteliste gab, da sich die Kapazität des Großen Festspielhauses mit seinen rund 2500 Plätzen nicht erweitern ließ. »Ich bin ein Opfer meines Erfolges«, meinte Karajan schon kurze Zeit nach der glorreichen Eröffnung der ersten Osterfestspiele 1967 mit der »Walküre«. Unvergeßlich das Spiel der Berliner Philharmoniker, damals ein »jungfräuliches« Opernorchester, das sich für den Chef förmlich zerriß, eine nie zuvor gehörte Leistung vollbrachte und übrigens, wie auch in den kommenden Jahren, Karajan insoweit half, als es sich für seine vom Land Berlin nicht anzuordnende Mitwirkung mit einer relativ bescheidenen Summe zufriedengab. Die Geschichte der Salzburger Osterfestspiele unter seinem Gründer, zusammen mit den Berliner Philharmonikern, ist noch nicht geschrieben: ein genialer Dirigent, hierüber sind sich wohl alle einig, umstritten der Regisseur Karajan, der – ein seltener Vorzug im heutigen Operngeschehen – jedenfalls für Einheit zwischen Musik und Bühne sorgte, gleichfalls diskutiert und angezweifelt einige von Karajan gewünschte Besetzungen, an denen der Maestro eigenwillig festhielt, obwohl er mit seinen Auffassungen fast allein stand. Oftmals berief er sich darauf, wie er als einziger nach einem allgemein negativ beurteilten Vorsingen von Gundula Janowitz an der Wiener Staatsoper verlangte, die junge Anfängerin nach kurzer weiterer Ausbildung noch einmal zu hören, und die spätere Weltkarriere der Janowitz gab ihm Recht. Aber auch ein Karajan kann irren mit der Folge, daß manche Opernaufführungen im österlichen Salzburg auf Grund von fragwürdigen Besetzungen nicht ganz jenen höchsten Ansprüchen entsprachen, die Karajan für sich und seine Festspiele gesetzt hatte. Wie oft hörte man sein unwirsches »Das-weiß-ich-besser«, wenn etwaige Bedenken gegen diese oder jene Besetzung vorgebracht wurden. Dennoch: Die Osterfestspiele unter Karajan gehörten zu den wichtigsten Musikereignissen eines jeden Jahres, wurden von der Weltpresse wie von der dem Maestro treu ergebenen Abonnentenschar stets mit größter Spannung erwartet. Nach dem Tode Karajans galt die Fortsetzung seines Festivals, an das anfangs außer seinem Gründer nur wenige geglaubt hatten, als eine Selbstverständlichkeit.

Anders steht es möglicherweise um die von Karajan 1973 ins Leben gerufenen Salzburger Pfingstkonzerte. Mit bekannter Eigenmächtigkeit datierte der Maestro den auf 1974 fallenden 150. Geburtstag Anton Bruckners vor (später sollte er ebenso unbekümmert das von der gesamten Musikwelt begangene Beethoven-Jahr 1977 – Beethoven starb am 26. März 1827 –

mit einer »Fidelio«-Aufführung bei den Osterfestspielen 1978 verlängern«) und widmete vier Pfingstkonzerte an drei Tagen vornehmlich dem Großen von St. Florian. Ein Mammut-Programm: Am Pfingstsonnabend die Fünfte von Bruckner, am Sonntag eine Matinee mit dem »Requiem« von Mozart, gefolgt von Bruckners »Te Deum«, abends Mozarts Konzert für drei Klaviere (der Meister wie gewohnt am dritten Klavier) sowie Bruckners »Romantische Symphonie«, für den Pfingstmontag war die gewaltige Achte angesetzt, also drei der riesigen Bruckner-Symphonien an drei aufeinanderfolgenden Abenden! Für dieses außerordentliche Gesamtprogramm, das außerordentliche Anforderungen, auch an die Zuhörer, stellte, gab es nur begrenzte Probenmöglichkeiten, da das Orchester noch wenige Tage vor Pfingsten Abonnementskonzerte in Berlin zu absolvieren hatte. Infolgedessen konnten gerade die beiden monumentalen Symphonien, mit denen die Pfingstkonzerte begannen und schlossen, nicht vollauf durchgeprobt werden, so daß Karajan mit den Seinen, was ganz selten geschah, zu dem Mittel der Improvisation greifen mußte. Der Erfolg war überwältigend, man spürte förmlich die »Geburt« der Werke, die Gespanntheit auf dem Podium übertrug sich auf die Zuhörer, Dirigent und Orchester, seit Jahrzehnten dieser von tiefer Gottgläubigkeit Zeugnis ablegenden Musik verbunden, errangen gemeinsam, ausnahmsweise mehr aus dem Vollen als aus den Proben schöpfend, einen Triumph besonderer Art, der in Erinnerung steht.

In Erinnerung auch ein Vorgeplänkel. Als Karajan mit mir die geplante Bruckner-Ehrung in Salzburg besprach, erwähnte er insbesondere auch den Wunsch der Orchestermitglieder, diese in der Tat höchst anstrengenden Konzerte auf Privatbasis spielen zu wollen, so wie es zu Ostern bei den Opernaufführungen geschah. Doch hier war die Rechtslage anders. Wenn auch rechtliche Erwägungen in der Musik eine möglichst geringe Rolle spielen sollten, so ließen sich Privatkonzerte des gesamten Orchesters – das heißt, jeder Musiker erhält eine Extra-Vergütung – kaum mit den vertraglichen Verpflichtungen gegenüber dem Land Berlin vereinbaren. Gab es bei diesen Konzerten einen wenn auch noch so geringen Gewinn, so stand dieser dem »Berliner Philharmonischen Orchester« als Institution des Landes Berlin zu, mußte also als Einnahme in dessen Budget verbucht werden. Dies setzte ich einem erstaunlich einsichtsvollen Maestro auseinander, die erwartete »Explosion« blieb aus, und auch von Seiten des Orchesters erfolgten keine Einwände.

In diesem Zusammenhang ein nicht ganz unähnlicher Vorgang: Karajan mußte sich mehrere Wochen in New York aufhalten, um die vertraglich vorgesehenen »Walküre«-Aufführungen an der »Met« zu dirigieren, sah voraus, daß er sich bald langweilen würde, da zwischen den einzelnen Vorstellungen stets mehrere Tage, einmal sogar eine ganze Woche lag, und sann daher auf Abwechslung. Die Lösung: drei Kammerkonzerte in der Carnegie Hall ausschließlich mit Werken von Bach, die der Maestro, wie gewohnt, vom Cembalo aus, mit einer kleinen Schar ausgewählter Berliner Philharmoniker dirigierte. Deren Auswahl war nicht schwierig, die »Abkommandierten« folgten dem Ruf ihres Chefs trotz der zu erwartenden Anstrengungen mit Freude, und das zurückgebliebene Gesamtorchester blieb für weitere Abonnementskonzerte intakt. Die philharmonischen Bach-Solisten berichten, daß der Meister sie geradezu enthusiastisch empfing, die aus »Brandenburgischen Konzerten« und Suiten bestehenden Programme intensiv probte und sich bei den Konzerten selbst sichtlich »erholte«! »So far, so good.« – Doch wie war der »Ausflug« der Bach-Spieler über den Ozean vertraglich zu beurteilen? In diesem Falle hielt ich es für richtig, den beantragten Sonderurlaub, der stets beim Intendanten eingereicht und genehmigt werden muß, zu bewilligen und die New Yorker Konzerte nicht als offizielle Veranstaltungen des Berliner Philharmonischen Orchesters anzusehen. Daß die Behörde anderer Ansicht war, es zu gewissen Spannungen kam und der Senator persönlich eingriff (indem er in der Sache ein Auge zudrückte), sei hier nur am Rande erwähnt. Von Wichtigkeit ist Karajans Reaktion: Nicht nur zeigte er sich hocherfreut über den Erfolg seines kammermusikalischen »Abstechers«, er erklärte sogleich, er wolle von nun an solche Konzerte auch in Europa geben. Als ich von detaillierten Plänen hörte, fühlte ich mich verpflichtet, ihm spontan meine Bedenken und Sorgen darzulegen; nicht etwa wegen der Auseinandersetzung mit der Behörde, von der ich ihm überhaupt nichts sagte. Wohl aber, weil wiederholte Bach-Konzerte à la New York eine Zweiteilung des Orchesters zur Folge haben könnten, nämlich das Hauptensemble und die von ihm, zumindest nach außen hin bevorzugten, überdies finanziell besser gestellten »Karajan-Solisten«. Würde dies nicht böses Blut hervorrufen? – Nur ganz selten habe ich aus eigener Initiative Karajan gewarnt bzw. warnen müssen. Doch in diesem Fall befürchtete ich, daß sich früher oder später Stimmen aus dem Hauptorchester gegen den Chef erheben könnten; und für Harmonie zwischen allen Seiten, aber auch innerhalb des Gesamtorchesters im Verhältnis zu seinem »ständigen« Dirigenten zu sorgen, ist eine der wichtigsten Aufgaben des Intendanten. Karajans Reaktion: Er hörte mich mit wachsender Ungeduld und deutlich erkennbarem Mißmut an, wandte sich, ohne viel zu sagen, verärgert ab – und von weiteren Bach-Konzerten dieser Art hörte man nichts mehr.

Der riesige Erfolg der ersten Pfingstkonzerte setzte sich auch 1974, im eigentlichen Bruckner-Jahr, fort. Diesmal dirigierte Karajan die Siebente und die Neunte. Zwischen den Bruckner-Symphonien stand am Pfingstsonntag merkwürdigerweise wiederum ein Requiem, das von Brahms, dem großen Antipoden von Bruckner, auf dem Programm. Erneut im voraus ausverkaufte Häuser. Nun wollte der Maestro seine Getreuen aus aller Welt auch zu Pfingsten in Salzburg um sich scharen! 1975 gab es ein Brahms-Festival, 1976 folgte Tschaikowsky, 1977 eine Mozart-Richard-Strauss-Zusammenstellung, 1978 ein Mahler-Zyklus, bis dann gemischte Programme mit gleichbleibendem Erfolg angeboten wurden. 1984 kam es zu einem »bösen Erwachen«; hierüber später.

Pfingstkonzerte des Berliner Philharmonischen Orchesters unter Karajan in Salzburg als ständige Einrichtung! Bissige Bemerkungen aus Wien und Berlin konnten nicht ausbleiben. In Wien beklagte man sich über die »Einnahme« von Salzburg

durch die Berliner. In Berlin sprach man vom »Salzburger Philharmonischen Orchester Berlin«, und der Uralt-Berliner Erich
Berry schrieb Karajan einen Brief: Er, der Maestro, habe wohl
übersehen, daß es auch ein Weihnachtsfest gäbe, das sich für
Festspiele in Salzburg eigne! Zuvor war der stets wohlwollende
Senator Professor Stein auf den Plan getreten und hatte ein Festival in Berlin angeregt, dem Karajan sofort zustimmte. Unter
den gegebenen Umständen, so Karajan, konnte nur das Jahresende in Betracht kommen; bereits 1973/74 dirigierte er ein
Beethoven-Festival, das alle neun Symphonien umfaßte, am
Neujahrstag 1974 mit der Neunten einen Höhepunkt erreichte
und am Tag darauf mit der »Pastorale« und der Fünften endete. Eine Rekordspielzeit, denn der Meister stand in Berlin
und auf Reisen insgesamt zweiundsiebzig Mal vor dem Orchester! Diese Zahl ging in der nachfolgenden Saison zurück, zumal Karajan die Konzerte zum Jahresende wegen Erkrankung
absagen mußte. Für ihn sprang der immer hilfsbereite Yehudi
Menuhin ein. Wer hätte damals geahnt, daß dies auch 1975/76
der Fall sein würde?

Schon seit längerem klagte Karajan über dauernde Rückenschmerzen, gegen die er, viele Ärzte zu Rate ziehend, alles nur
Denkbare tat, leider ohne bleibenden Erfolg. Anfang Dezember 1975 dirigierte er unter wahnsinnigen Schmerzen zweimal
Bruckners Achte (die zweite Aufführung fand am Sonntag vormittag gleich nach dem Sonnabend-Abend-Konzert statt), eine
für jeden gesunden Dirigenten schon höchst anstrengende Leistung, fuhr dann nach St. Moritz, wo sich die Schmerzen noch
verstärkten. Nun riet Karajans Vertrauensarzt, Professor Dr.
Simon, zu einer Operation noch vor Weihnachten und setzte
sich gegenüber seinem widerstrebenden Patienten durch, der
gerne das Weihnachtsfest mit der Familie zu Hause verbracht
hätte. Professor Simon gebührt Dank für seinen Rat: Karajan
hat später berichtet, die Operation habe ihn in letzter Minute
vor einer Lähmung bewahrt.

Kurz vor Beginn der Operation rief er mich an und sagte:
»Ich bin nicht in St. Moritz, sondern in einem Züricher Hospital, und werde sehr bald operiert.« Dann erzählte er in seiner

gewohnt intensiven Weise, offenbar unter dem Einfluß einer Spritze, von neuen Operationsmethoden, schwärmte geradezu begeistert von Fortschritten der Medizin und schien fast ungeduldig auf die Operation zu warten. Daß das verabredete Festival zum Jahresende, diesmal mit Werken von Brahms, nun ausfallen müßte, erklärte er am Schluß des Telefonats, nachdem ich die üblichen Wünsche – sie galten diesmal nicht nur ihm und seiner Familie, sondern uns allen, ja der gesamten Musikwelt – ausgesprochen hatte. Kaum hatte ich den Hörer aufgelegt, als ich darüber nachdachte, wie man die natürlich bereits ausverkauften Brahms-Konzerte, aber auch mindestens sieben weitere Karajan-Konzerte im kommenden Jahr umbesetzen konnte. »The show must go on«, dies galt selbstverständlich auch für Philharmonische Konzerte unter Karajan. Absagen von Abbado, Barenboim, Giulini, Mehta und anderen trafen schnell und nicht unerwartet ein. Der alte Freund des Orchesters, Yehudi Menuhin, sowie Gerd Albrecht, heute einer der wenigen deutschen Spitzendirigenten, retteten den Brahms-Zyklus, Eugen Jochum, Bernard Haitink und Marek Janowski sprangen im neuen Jahr ein.

Mitte Januar konnte ich Karajan im Hospital besuchen. Die Schmerzen hatten kaum nachgelassen, denn nun machten ihm auch früher aufgetretene Nierensteine zu schaffen mit der Folge, daß die Ursache neuer Schmerzen schwer festzustellen war. Doch der Maestro, der sich eingehend nach seinen Vertretern erkundigte, wirkte ausgeruht, zeigte sich tief beglückt von der übergroßen Anteilnahme aus allen Teilen der Welt und sprach mit hoher Bewunderung von dem operierenden Arzt (Jahre darauf hörte man andere Urteile aus Karajans Umgebung, die stets die Ansichten ihres Herrn wiedergab).

Schon Mitte Februar wollte er wieder in Berlin dirigieren, was sich schnell als unmöglich herausstellte, doch am 7. März 1976 war es soweit. Als er zusammen mit seinem Solisten Gideon Kremer das Podium der Philharmonie betrat, erhoben sich alle Anwesenden wie ein Mann, brachen in Beifallsstürme aus und gestalteten die glückliche Wiederkehr Karajans zu einer einzigartigen Bekundung von Freude, Dankbarkeit und

Zuneigung. Zu Beginn spielte entgegen dem ursprünglichen Programm Gideon Kremer das Violinkonzert von Brahms. Ich freute mich nicht nur über das noble Spiel Kremers, sondern auch darüber, daß Karajan wieder einmal alles änderte; der »alte« Chef war also erneut am Werke.

Vor den Proben erlebte man einen »geläuterten« Meister, der bewegende Worte der Dankbarkeit für das ihm wiedergeschenkte Leben fand, von neuen Erkenntnissen und guten Vorsätzen für die Zukunft sprach und versprach, sich stets der ungeheuer vielen Sympathiebeweise bewußt zu bleiben, die ihm während seines Aufenthaltes im Hospital zuteil wurden. Ein wahrhaft bewegter Karajan, der mir versicherte, er sei von dem Empfang in der Philharmonie so überwältigt gewesen, daß er kaum den Taktstock habe heben können ...

Aber solche Vorsätze und Dankesgefühle ließen sich auf die Dauer kaum mit dem Herrschaftsanspruch eines Karajan vereinbaren. Nicht zu vergessen die riesige, vor allem physische Belastung seines erholungsbedürftigen Körpers durch die bevorstehenden zehnten Jubiläums-Osterfestspiele, in die sich ihr Gründer nach viel zu kurzer Erholungszeit hineinstürzen mußte. Absagen konnte er sie nicht; die Sensationspresse hätte sogleich Schlußfolgerungen wie »Das Ende Karajans« gezogen. »Lohengrin«, eine völlige Neueinstudierung, Regisseur und Dirigent: Herbert von Karajan, war angezeigt, also kräftezehrende, die Nerven strapazierende Proben mit und ohne Orchester. Kein Wunder, daß Streitereien zwischen Karajan und zwei prominenten Sängern zum Salzburger Tagesgespräch gehörten, auch im Orchester rumorte es, doch ließen sich die Zwistigkeiten bald beilegen. Karajan hatte sich und den Seinen wahrlich zuviel zugemutet.

Die Rückenschmerzen ließen nach, ohne ganz zu verschwinden. Nicht verschwunden trotz heftigen Leugnens war der tiefe seelische Schmerz, hervorgerufen durch die »Verstoßung« aus der Wiener Oper, wo viele seiner Inszenierungen weiterhin auf dem Spielplan standen. Alles, was sich in seinem ehemaligen Wirkungskreis ereignete, verfolgte er mit glühendem Interesse, sprach immer wieder von den Vorgängen, die zu seinem Abgang führten, kein abendliches Gespräch, bei dem das Thema Wiener Oper völlig fehlte. Seine Haßgefühle gegenüber Hilbert blieben unverändert, ja er verstieg sich bei der Nachricht von Hilberts Ableben zu der Vermutung, sein Gegner habe die für ihn lebensnotwendigen Mittel absichtlich nicht mehr genommen, also seinen Tod bewußt herbeigeführt! Als Karajan seinerzeit »Rheingold« inszenierte, gab er dem Sänger des Alberich den Rat: »Denken Sie einfach an – Hilbert!«

Nun war der berühmte Sessel des Direktors der Wiener Staatsoper erneut vakant. Karajan wollte ihn unter keinen Umständen, aber er wünschte auf dieser Position einen Mann seines Vertrauens. Kaum war Hilbert – übrigens ohne viel echte Trauerbezeugungen – beigesetzt, als Karajan sehr lange intensive Telefonate mit höchsten Wiener Amtsstellen zu führen begann. Sein Wunschkandidat, der schließlich das Rennen machte: Rudolf Gamsjäger, Generalsekretär der Gesellschaft der Musikfreunde, langjähriger Mitarbeiter aus alten Wiener Zeiten. 1970, im (ersten) Beethoven-Jahr, kam man Mitte September in Bonn zusammen, wo Karajan zwei Aufführungen der Neunten mit den Berlinern dirigierte. Erste Frage des Maestro beim Betreten des Hotels »Königshof«, dort wohnten er, einige Philharmoniker und ich: »Wo ist Gamsjäger?« Dieser wartete bereits »gehorsamst« in einem der Empfangsräume, Karajan eilte sofort zu ihm, ohne zuvor sein Zimmer oder seine Suite zu besichtigen. »Ich lege Ihnen die Wiener Staatsoper zu Füßen«, so Gamsjäger, der neue Direktor, und Karajan war d'accord. Nun wurde geredet und wieder geredet. Jede freie Minute widmete Karajan seinem Besucher aus Wien, viel zu viele, wie ich alsbald befürchtete. Karajans überströmende Phantasie führte nicht selten dazu, daß Pläne und Probleme lange beredet und schließlich zerredet wurden. Dies war auch der Fall bei den Unterredungen zwischen dem hochinteressierten Maestro und Gamsjäger, der es für richtig hielt (ohne daß ich darum gebeten hätte), mich laufend über Inhalt und Ergebnis seiner Gespräche zu unterrichten.

Als der Nachfolger Hilberts Bonn verließ, wußte er zwar, was ihm sicherlich schon zuvor bekannt war, daß Karajan gerne als

Gast an die Wiener Staatsoper zurückzukehren bereit sei, aber »Nägel mit Köpfen« waren nicht gemacht, und alle Einzelheiten, in denen bekanntlich der Teufel steckt, blieben weiteren mündlichen und schriftlichen Überlegungen vorbehalten. Kein Zweifel: Eine zumindest zeitweise Rückkehr Karajans an seine alte Wirkungsstätte mußte sich jeder Opernfreund aufrichtig wünschen. Nur an der Wiener Oper fand er, der großartigste Operndirigent seiner Zeit, den ihm gemäßen Rahmen; ein Karajan-Festival im Mai eines jeden Jahres, wie es später geplant wurde, hätte damals Wunden geschlossen und versöhnend gewirkt.

Doch es kam anders. Gamsjäger, der gerne versprach, aber das für so viele Versprechungen notwendige Gedächtnis wohl nicht besaß, hatte den »Tristan« sowohl Karajan wie dem in Wien äußerst populären Leonard Bernstein zugesagt. Es kam zum Eklat. Ein erboster Karajan brach die Beziehungen zu Gamsjäger ab, Bernstein verzichtete, und schließlich dirigierte Carlos Kleiber das so heftig umworbene Werk.

Nun lag die Wiener Staatsoper weiterhin zu Karajans Füßen, aber mit einem Direktor, der für den Maestro Persona non grata war, ein Ärgernis, denn Gamsjägers Amtszeit ging erst 1976 zu Ende. Danach gelang es dem neuen Direktor, keinem anderen als Egon Seefehlner, den Meister wieder zurückzuholen. Am 8. Mai 1977 wurde er als Dirigent und Regisseur des »Troubadour« in der Wiener Oper jubelnd begrüßt, anschließend leitete er Aufführungen von »La Bohème« und »Figaros Hochzeit«.

Karajan am Ziel seiner Wünsche? Er zeigte keinerlei Emotion. Als ich ihn beglückwünschte und die Hoffnung aussprach, daß er sich, wie wir uns alle, freue, antwortete er: »Wissen Sie, ich kenne die Wiener.« Oder mit anderen Worten: »Erst kreuzige ihn, dann Hosianna, so sind nun einmal die Menschen«, und ich darf hinzufügen: nicht nur die Wiener!

Wahrscheinlich kam Karajans Rückkehr zu spät; nach dreizehn Jahren hatte sich vieles verändert, bei der Oper wie bei ihm, dessen Interesse für das Fernsehen zusehends wuchs. Sein Wiener Festival umfaßte in den nächsten drei Jahren immer weniger Vorstellungen, dann blieb er endgültig fern und beschränkte sich auf seine Salzburger Opernaufführungen zu Ostern mit den Berlinern und im Sommer mit den Wiener Philharmonikern, denen er sich während seiner letzten Lebensjahre häufiger und freundschaftlicher gesonnen zuwendete.

Zwischen Maestro, Orchester und Intendant

Oftmals hörte ich besonders auf Auslandsreisen des Berliner Philharmonischen Orchesters unter Karajan: »Sie Glücklicher, Sie sind zu beneiden, Sie dürfen das beste Orchester der Welt betreuen!« Stets habe ich mich gegen die Anwendung des Superlativs gesträubt, Ranglisten für Orchester als wenig sinnvoll betrachtet und meistens geantwortet, es genüge durchaus, wenn man die Berliner zu den Besten der Welt rechne. Doch in einer Hinsicht erscheint mir ein Superlativ angebracht: Was ihr musikalisches Engagement, ihre Mitarbeit bei Proben und Aufführungen, ihr Eigeninteresse für die zu spielenden alten und neuen Werke anbelangt, so werden sie jedenfalls von keinem anderen Orchester übertroffen. Die Berliner sind im Gegensatz zu manchem Ensemble keine mechanischen »Notenfresser«, sondern hochintelligente Musiker, die die Intentionen des Komponisten wie des diese Intentionen übermittelnden Dirigenten (was mir immer wieder von Gastdirigenten bestätigt wurde) mit fast unheimlicher Flexibilität nachvollziehen; dies hat zur Folge, daß auch für die kompliziertesten Partituren oft weniger Probenzeit als bei anderen vergleichbar prominenten Orchestern benötigt wird.

Wer nun etwa glaubt, die Berliner hätten in ihren Reihen die besten Konzertmeister, die besten Klarinettisten, Trompeter, Pauker etc., der irrt, wobei zu fragen ist, ob reine Instrumentalvirtuosen überhaupt in ein Orchester gehören. Daß die Solisten im Berliner Philharmonischen Orchester zu den allerersten ihres Fachs gehören, versteht sich von selbst. Doch ihre hohe Kunst muß im Gesamtensemble eingebettet sein, darf nie zum Selbstzweck werden. Dies bedeutet: Jedes Orchestermitglied, ob es mit solistischen oder tuttistischen Aufgaben betraut ist, darf nicht nur auf sich selbst, sondern muß stets auch auf die anderen am Musikgeschehen Beteiligten hören. Hören, immer wieder hören, ist das wichtigste Gebot für jeden engagierten Orchestermusiker, und hier trennt sich die Spreu vom Weizen! Es gibt »hörende« Orchester und andere. Unter den »hörenden« nehmen die Berliner sicherlich eine Spitzenstellung ein.

Wie ist es dazu gekommen? Zwei gleich wichtige Gründe: In diesem zu Ende gehenden Jahrhundert hatte das Berliner Philharmonische Orchester das Glück (des Tüchtigen), unter Dirigenten zu spielen, die sie nicht am Gängelband hielten, sondern ihnen die Freiheit eigenen Musizierens ließen. Zuerst Arthur Nikisch, der »Zauberer«, der, wie es hieß, dank seiner persönlichen Ausstrahlung Klang, Klangfülle und hochbedeutende Aufführungen mühelos erzeugte, bei Proben neuer Werke, wie berichtet, selbst oft noch Lernender war. Von Wilhelm Furtwängler ist bekannt, daß er bei Proben bisweilen unterbrach, selbst nicht genau erklären konnte, warum er noch nicht zufrieden war, worauf das Orchester intuitiv die betreffende Stelle anders und meistens zur Zufriedenheit des Großen spielte, also ohne genaue Hinweise begriff, was Furtwänglers klanglichen oder interpretativen Vorstellungen entsprach. Als Karajan die Philharmoniker übernahm, hatte er sich die Fähigkeit erworben, das Orchester zu beherrschen, ohne seinen Musikern die Möglichkeit eigener Entfaltung zu nehmen, zu führen ohne zu diktieren, eine Kunst, von der der Maestro einmal sagte, es habe zwanzig Jahre gedauert, bis er sie erlernte. Seine von niemandem angezweifelte Autorität über Werk und Wiedergabe bedeutete somit keine Aufgabe echter Partnerschaft zwischen Dirigent und Orchester, im Gegenteil, ohne diese Partnerschaft wäre es nie zum Höhenflug des Berliner Philharmonischen Orchesters gekommen.

Der zweite Grund: das künstlerische Selbstverwaltungsrecht des Berliner Philharmonischen Orchesters, wie es in der Präambel der noch immer gültigen Verwaltungsordnung vom 2. Dezember 1954 festgelegt ist. Dort heißt es: »Seiner kulturpolitischen Aufgabe und seiner langjährigen Tradition entsprechend ist das Berliner Philharmonische Orchester maßgeblich an seiner Organisation in künstlerischer Hinsicht beteiligt. Es ist im besonderen für den Aufbau und Ausbau des Klangkörpers verantwortlich.« Die drei wichtigsten Befugnisse, die sich aus diesem künstlerischen Selbstverwaltungsrecht ergeben: die Wahl des »ständigen Dirigenten«, mehrheitliche Zustimmung zu einem vom Senat von Berlin zu berufenden Intendanten, Einstellung neuer Mitglieder auf Probe nur nach einem Vorspiel vor dem gesamten Orchester, dessen Zustimmung zur endgültigen Einstellung durch geheime Abstimmung festzustellen ist (Paragraph 5).

Diese Rechte machen die Philharmoniker zu echten Teilhabern am philharmonischen Geschehen, geben ihnen den Status mitbestimmender Musiker von hoher Verantwortlichkeit. »Tua res agitur«, »es geht um deine (ureigene) Sache«, und dies bedeutet: Ein echter Philharmoniker spielt stets so, als ob Gelingen oder Mißlingen des Konzerts allein von der eigenen Leistung abhinge. Handelt es sich doch um *sein* Konzert, für das er mitverantwortlich ist. Auch diese Einstellung trägt dazu bei, daß die Orchestermitglieder aufeinander hören, die Philharmoniker eigentlich ein übergroßes Kammerorchester sind, wie denn auch ihre Mehrzahl öffentlich und privat Kammermusik spielen. Engagiertes Mithören, das zusätzlich für die Beurteilung vorspielender oder im Probejahr befindlicher Musiker notwendig ist, führt schließlich zum Mitgestalten. Wenn Daniel Barenboim in einem Interview sagte, die Berliner Philharmoniker zeichneten sich vor anderen gleich guten Orchestern dadurch aus, daß sie dem Dirigenten von sich aus Impulse gäben, so trifft er den Nagel auf den Kopf.

Es ist einleuchtend, daß die Verwaltungsordnung vor allem allgemeine Richtlinien enthält und die grundlegenden Befugnisse der drei Organe, des Intendanten, des aus zwei Mitgliedern bestehenden Orchestervorstands und eines den Intendanten und den Vorstand beratenden »Fünferrats«, regelt. Vor kurzem ist allerdings eine Änderung insoweit eingetreten, als der Vorstand einen größeren Einfluß auf die Gestaltung der Programme erhält. Im übrigen überläßt die Verwaltungsordnung nach wie vor Verfahrenseinzelheiten der Praxis. Bei der wichtigen Einstellung neuer Mitglieder sieht es so aus: Zur

Einstellung auf Probe genügt bei der Abstimmung die einfache Mehrheit der Anwesenden. Geht es um die endgültige Aufnahme, so ist eine Zweidrittelmehrheit erforderlich.

Nun die genauso wichtige Frage, welche Rolle der »ständige Dirigent« in diesem sich künstlerisch selbstverwaltenden Orchester spielt. Die Verwaltungsordnung läßt dies offen. Ob sie seinerzeit mit Furtwängler besprochen wurde, kann nicht mehr geklärt werden. Im Furtwängler-Vertrag vom 31. Dezember 1951, in dem nur dem Dirigenten (und nicht dem Senat) ein Kündigungsrecht eingeräumt wurde, heißt es: »Furtwängler entscheidet über Einstellung und Entlassung von Orchestermitgliedern nach den geltenden Bestimmungen im Einvernehmen mit dem Orchestervorstand . . .« Unter »geltende Bestimmungen« fiel unzweifelhaft, wenn auch rund ein Jahr später, die Verwaltungsordnung vom 2. Dezember 1952. – Anders bei Karajan. In beiden Verträgen von 1956 und 1973 wird seine Anwesenheit bei den Vorspielen stipuliert, dann heißt es: »Vor endgültiger Einstellung oder Entlassung eines Orchestermitgliedes ist Einverständnis mit Herrn von Karajan herbeizuführen, soweit künstlerische Fragen berührt werden.« Über das Verfahren, wie dieses Einverständnis herzustellen ist, besagen beide Verträge – verständlicherweise – nichts und überlassen dies der Praxis.

Als ich im Oktober 1959 zum Intendanten des Berliner Philharmonischen Orchesters ernannt wurde, habe ich mir, wie es sich gehört, Verwaltungsordnung und Karajan-Vertrag angesehen und mich vor allem beim Orchester nach den üblichen Verfahrungsweisen erkundigt. Sie schienen mir wichtiger als Gedrucktes. Man kann als Jurist fast jedes Gesetz, jede Verordnung, Ausführungsbestimmungen etc. so oder so auslegen und über mögliche, auch unmögliche Auslegungen streiten; nichts ist unsinniger, als im künstlerischen Bereich nach Paragraphen zu gehen oder zu handeln. Ein so sensibles Instrument wie die Berliner Philharmoniker eignet sich am allerwenigsten für »Dienst nach Vorschrift«, für rechtlich genau abgegrenzte Zuständigkeiten; was nottut, ist ein vernünftiges, harmonisches Miteinander zwischen Orchester und Dirigent. Besteht eine

Praxis, die ein solches Miteinander offensichtlich gewährleistet, so wäre jede Änderung nicht ungefährlich, wie es sich später gezeigt hat.

Karajan hatte also vertragsgemäß an den Vorspielen teilzunehmen, und dies sicherlich nicht als stummer Zuhörer. Der Ablauf der äußerst wichtigen Vorspiele war denkbar einfach: Nach dem Vorspiel der einzelnen Kandidaten – bisweilen auch bereits zwischen ihrem jeweiligen Auftreten – diskutierten Karajan und einzelne Orchestermitglieder, die das Instrument der Kandidaten spielten, lebhaft über Pro und Kontra, wobei Karajan sich gewichtigen fachkundigen Argumenten keineswegs verschloß. Daß seine Ansichten stets mit höchster Aufmerksamkeit angehört wurden, verstand sich von selbst. Seine Autorität, verbunden mit einer nicht geringzuschätzenden Sprachgewalt, setzte sich meistens durch, doch kam es oftmals auch zu Kompromissen, wie etwa Vertagung der Entscheidung durch weitere Vorspielansetzungen oder eine Einladung an Kandidaten, vorerst einmal im Orchester mitzuspielen, um weitere Eindrücke zu gewinnen. Diese Praxis, die ich 1959 vorfand und die in den folgenden Jahren nicht abgeändert wurde, schien mir sinnvoll und richtig. Da letzten Endes während meiner ersten Intendantenzeit die Abstimmungsergebnisse und die erwähnten Kompromißmöglichkeiten ausnahmslos den Wünschen und Auffassungen Karajans entsprachen, negative Ansichten des Chefs berücksichtigt wurden, konnte man in der Tat von einem ausschlaggebenden »De-facto-Vetorecht« Karajans schon bei der Wahl von Anwärtern auf Probezeit sprechen.

Aus der Verwaltungsordnung in Verbindung mit den Karajan-Verträgen geht allerdings hervor, daß ein solches Vetorecht dem »ständigen Dirigenten« erst nach vollendeter Probezeit eines Kandidaten zustand bzw. zusteht. Keine glückliche Regelung. Denn theoretisch wäre es möglich, daß das Orchester seinem Chef bei etwaiger Neubesetzung wichtiger Solistenpositionen, etwa des ersten Solo-Oboisten oder eines Konzertmeisters, einen ihm nicht genehmen Musiker aufoktroyieren könnte, wenn auch nur für eine Probezeit. Zwar wäre der Chef nach deren Ablauf (was theoretisch bis zu drei Jahren dauern könnte!) in der Lage, sein Veto einzulegen, aber hätte womöglich die zur definitiven Einstellung notwendige Zweidrittelmehrheit des Orchesters gegen sich. Es bedarf keiner besonderen Darlegung, daß auf diese durchaus legale Weise eine Kontroverse zwischen Orchester und Chefdirigent denkbar, wenn nicht geradezu vorprogrammiert wird, und dies kann nicht Sinn der jetzigen oder einer künftigen Verwaltungsordnung sein. Wenn der »ständige Dirigent«, wie es sich gehört, und er noch dazu vertraglich verpflichtet ist, an den Vorspielen teilnimmt, dann muß er auch in irgendeiner Form zumindest mitbestimmen können, darf seine Ansicht nicht ohne Geltung bleiben. Vom Standpunkt des Kandidaten aus gesehen, ist eine solche Regelung ebenfalls, und zwar aus Gründen der Fairneß, geboten. Weiß der zur Probe Eingestellte, daß der Chef gegen ihn ist, kann dies ein Handikap für die Entfaltung seines Könnens während der Probezeit zur Folge haben; trifft ihn danach ein Veto, erleidet er unter Umständen einen schweren, vielleicht nicht wiedergutzumachenden Schaden für seine zukünftige Karriere. Daher erscheint es auch aus sozialen Gründen weitaus richtiger, dem Chefdirigenten gleich bei der Einstellung auf Probe ein mitentscheidendes Stimmrecht einzuräumen.

Während meiner ersten Intendantenzeit bin ich hiervon stets ausgegangen, ohne daß sich ein juristisch relevantes Gewohnheitsrecht gebildet hätte; denn es kam niemals zu einer tiefgreifenden Konfliktsituation, und bei Differenzen zeigte sich Karajan, wie zuvor erwähnt, zu Kompromißlösungen bereit, deren Inhalt nicht selten auf seinen eigenen Vorschlägen beruhte.

Aber es gab auch einen Karajan, der sich von seiner im voraus festgefaßten Meinung abbringen ließ. Dazu ein bezeichnender Vorgang. 1969 schied der erste Solo-Flötist Karlheinz Zöller aus. Er hatte zuvor in Südamerika einen schweren Autounfall erlitten und glaubte, den dienstlichen Anforderungen des Orchesterdienstes in Verbindung mit seiner ausgedehnten Lehrtätigkeit wie seinen zahlreichen solistischen Auftritten nicht mehr gewachsen zu sein. Es war schwer genug, wiederum einen gleichwertigen Nachfolger zu finden. Mit viel Glück ge-

lang es, James Galway zu gewinnen, der aber nach mehrjähri-
gem Wirken gleichfalls ausschied, um sich einer auf ihn war-
tenden Weltkarriere als Solist zu widmen. Monatelang fanden
nun Vorspiele für die höchst verantwortungsvolle Nachfolge
statt. Keineswegs unbekannte Musiker bewarben sich, ohne das
O.K. Karajans zu erhalten. Zu einem der Vorspiele meldete
sich auch eine hochbegabte Flötistin, die Karajan zuvor in einem außerordentlich anspruchsvollen Solo-Stück von Luciano
Berio gehört hatte, mit dem sie – ich war ebenfalls anwesend –
zu Recht Furore gemacht hatte. Karajan begeistert und sogleich wild entschlossen: »Diese und niemand anders«, begab
sich zum Probespiel, dem Sinne nach vor sich hinmurmelnd, es
komme niemand sonst in Betracht, und ließ auch vor dem Orchester deutlich erkennen, wer sein Favorit bzw. seine Favoritin
war. Das Vorspiel nahm seinen Lauf, und es zeigte sich in der
Tat, daß nur die junge Flötistin in Frage kam, die eine Barock-
Komposition mit ausgezeichneter Phrasierung, makelloser
Technik grundmusikalisch vortrug und auch den Eindruck einer für diese Position notwendigen Persönlichkeit vermittelte.
Karajan, entzückt, setzte sich eloquent für die Künstlerin ein,
für ihn könne kein Zweifel bestehen: Wir sind am Ziel. In der
nun einsetzenden Diskussion nahm sehr bald der Solo-Oboist
Lothar Koch das Wort und sagte: »Herr von Karajan, bitte ver-
gleichen Sie den kleineren Ton der Flötistin mit meinem Ton,
der soviel größer ist; wie soll das zusammengehen?« – Großes
Schweigen, ich weiß nicht, ob, und wenn ja, was Karajan antwortete, jedenfalls gab er Koch recht, ließ sein Argument gelten, und die junge Flötistin wurde nicht aufgenommen. Noch
sehe ich einen – wie so oft – wild entschlossenen Karajan auf
dem Wege in den großen Saal der Philharmonie, wo alle Vorspiele stattfinden; ob ich ihn auf dem Rückweg in sein Zimmer
begleitete, ist mir nicht erinnerlich. Jedenfalls ließ er nicht die
geringste Verstimmung erkennen und bestand auch nicht darauf, die Flötistin noch einmal zu hören. Später sollte es beim
Vorspiel einer Klarinettistin nicht so friedlich zugehen. – Die
Suche nach einem neuen ersten Solo-Flötisten ging weiter und
blieb vergeblich, bis schließlich ein physisch wiederhergestell-

ter und doch die inspirierende philharmonische Zugehörigkeit vermissender Zöller (entgegen der philharmonischen Übung, wonach jemand, der das Orchester aus freien Stücken verläßt, niemals wiederkommen kann) seine frühere Position ein zweites Mal einnahm!

Lothar Koch stand damals im Zenit, Oboengenius und dazu großartiger Musiker, eine Stütze des Orchesters par excellence. Seit der Spielzeit 1957/58 versieht er – mit einigen krankheitsbedingten Unterbrechungen – seinen anstrengenden Dienst und wird nun im Herbst 1991 aus dem Orchester ausscheiden. Schon Anfang der sechziger Jahre erlitt er Schwächeanfälle, die sich später jedoch nicht wiederholten. Immerhin konnte man ihm auch in seinen besten Jahren eine gewisse physische Labilität anmerken. Kein Wunder, daß er während der letzten Jahre der Karajan-Ära etwas in den Hintergrund trat, zumal sein fast anderthalb Jahrzehnte jüngerer Kollege Hansjörg Schellenberger – Karajan nannte ihn »ein Geschenk vom Himmel« – die schönsten Qualitäten als Oboist und gestaltender Musiker besitzt. Man kann begreifen, daß Karajan, von Schellenberger begeistert, diesem den Vorzug gab, schwer verständlich jedoch, daß, wie glaubhaft berichtet wird, Koch zeitweise zur Persona non grata wurde und bei Karajan nicht mehr spielen durfte. Ähnliche Fälle habe ich während meiner Intendantenzeit erlebt und oftmals versucht, hierdurch verursachten Depressionen der Musiker soweit wie möglich entgegenzuwirken. Karajan erwies sich als unerbittlich. Belegte er einen, wie er meinte, nachlassenden Philharmoniker mit seinem Bann, so gab es kein Zurück mehr. Auf Reisen durfte der »Verbannte«, wenn es sich um einen Bläser handelte, bestenfalls verdoppeln (Karajan liebte vierfache Bläserbesetzung, auch wenn nur zwei Bläserstimmen vorgeschrieben waren), oder aber er mußte einfach zu Hause bleiben, während ein anderer, den Philharmonikern nicht angehörender Musiker als Gast mitfuhr. Bei Berliner Konzerten ließ er »Gnade vor Recht« walten, es sei denn, daß exponierte Solo-Stellen zu spielen waren. An die moralische Bedeutung seines »Bannstrahles« dachte er nicht, auch die Frage, ob der betreffende Musiker vielleicht nur vorübergehend seinen Ansprüchen nicht mehr genügte, spielte für ihn keine Rolle. Hierauf angesprochen, sagte er einmal erregt: »Und wer denkt an mich? Ich habe auch Nerven, was in mir bei heiklen Stellen vorgeht, daran denkt keiner!« (So ließ er laut eigener Aussage im dritten Satz der »Pastorale« wegen der dortigen Solo-Passagen von Oboe, Klarinette und Horn die von Beethoven vorgeschriebene Wiederholung aus!).

Aber bei allem Verständnis für Karajans Nerven, am ärgerlichsten war die Prozedur: Anstelle in einem direkten Gespräch zwischen dem Maestro und dem betreffenden Musiker, der fast immer zuvor Bedeutendes geleistet hatte, auf etwaige Fehler, nachlassende Tonqualität oder andere Mängel hinzuweisen, ihm erst einmal zu helfen oder einen Versuch hierzu zu machen, ließ der »Boß« durch den Orchestervorstand den »Sünder« wissen, daß er für ihn, Karajan, nunmehr im Abseits stünde. Es soll gar nicht geleugnet werden, daß Karajan recht hatte. Aber ein fürsorglicher Chef wählt andere Wege, um seine Unzufriedenheit und ihre Folgen kenntlich zu machen. Einmal »stellte« ihn einer der Betroffenen und bat um eine Begründung. Karajan, auf eine solche Konfrontation völlig unvorbereitet, sagte ziemlich entrüstet: »Sehen Sie, im Alter kann man auch nicht mehr die Himalaja-Berge besteigen«, eine Erkenntnis, von der der so Angesprochene wenig profitierte.

Andererseits war Karajan stets voll des Lobes für herausragende Einzelleistungen, hielt nie mit seiner Anerkennung zurück, wo diese geboten erschien. Allerdings ging er damit bei Proben bisweilen zu weit, hofierte insbesondere einen Hornisten, dessen überragende Leistungen außer Zweifel stehen, während in puncto Orchesterdisziplin – auch zum Verdruß des Chefs – viele, wenn nicht fast alle Wünsche offen blieben. Schon bald nach seiner Einstellung 1966 kam es zu einem ärgerlichen Zwischenfall in Paris, wo mehrere Konzerte stattfanden. Verständlicherweise müssen bei Reisekonzerten alle Mitglieder zur Stelle sein, insbesondere Solisten, wie also auch die beiden ersten Solo-Hörner, die sich in der Regel abwechseln. Würde einer von ihnen plötzlich erkranken oder einen Unfall erleiden, so könnte das Konzert platzen, wäre der andere nicht anwesend. Daher die Parole: »Alle Mann an Bord«, auch für den, der am Konzert nicht beteiligt ist. Hiergegen verstieß der Hornist beim letzten Konzert in Paris, indem er vorzeitig abreiste. Als dies bekannt wurde, schrieb ich dem Hornisten, zugleich im Namen von Karajan, einen geharnischten Brief und erklärte ihm, man wolle lieber auf seine Dienste verzichten als einen solchen Bruch der Disziplin hinnehmen. Viel gefruchtet hat dieser Brief nicht. Es ginge zu weit, hier weitere Ärgernisse aufzuzählen. Jedenfalls ereignete sich ein Gleiches sehr viel später, und zwar 1984 während meiner zweiten Intendantenzeit. Diesmal schrieb ich nicht nur einen empörten Brief, sondern sprach die fristlose Kündigung aus, dies in vollem Einverständnis mit den Gremien des Orchesters, aber auch mit Karajan, der wutentbrannt erklärte, er werde »nie wieder« den Solo-Hornisten als Orchestermitglied akzeptieren. Es kam zu einer gerichtlichen Auseinandersetzung, bei der der Hornist in zweiter Instanz obsiegte. Daß Karajan alsbald gegen sein »Nie wieder« handelte, das Orchester auch mit dem Solo-Hornisten leitete, ist völlig in Ordnung. Es wäre schrecklich, wenn alle »Nie-Wieder«-Beteuerungen ewig Bestand hätten. Doch daß der Maestro nach Rückkehr des Solo-Hornisten diesen wiederum besonders hervorhob, war schwer verständlich, verursachte Verstimmung im Orchester und ermunterte den zu mangelnder Disziplin neigenden Musiker.

Dennoch: Trotz so vieler psychologischer Mängel und seiner einseitigen Behandlung von Orchestermitgliedern blieb Karajans Autorität unangetastet, und das Orchester zerriß sich förmlich für seinen Maestro. Wenn er, wie in Paris vor der Aufführung von Debussys »La Mer« oder bei seinem ersten Wiener Konzert sechs Jahre nach dem großen Krach, »seine« Berliner Philharmoniker um eine ganz besondere Leistung bat, standen sie sozusagen fast zwei Stunden auf den Zehen, der Chef hatte gerufen, und sie folgten diesem Ruf. An Dankesworten und -bezeugungen von seiten Karajans hat es nie gefehlt. In schönster Erinnerung ist mir seine Aussprache nach einer großartigen Japanreise im Frühjahr 1966, als er das Orchester seinen »verlängerten Arm« nannte und hinzufügte: »Wenn nur irgend etwas schiefgeht, dann ist es meine Schuld, nicht Ihre!«

Überschwengliche Dankesworte auch nach den ersten Salzburger Osterfestspielen: »Meine lieben Freunde, Sie wissen, daß ich Ihnen manchmal nach einem besonders schönen Konzert meine Bewunderung ausgesprochen habe. Für das, was Sie während der Zeit hier in Salzburg vollbracht haben, fehlen mir allerdings wirklich die Worte. Wie Sie eine Oper so weit ab von jeder bekannten Routine-Interpretation zu einem völlig neuen Leben gebracht haben und dann trotz dieser Anstrengung noch imstande waren, sechs Konzerte in unvergleichlicher Schönheit zu spielen, hat Bewunderung eines Publikums hervorgerufen, wie es vielleicht in keinem anderen Musikzentrum jeweils sich zusammengefunden hat. Ich bin glücklich, daß ich gerade mit Ihnen diese Festspiele, die meinem Herzen am nächsten stehen, ausführen konnte, und sage Ihnen allen unendlichen Dank. Herbert von Karajan.«

Weihnachtliche Grüße mit Hinweisen auf das gemeinsame Silvesterkonzert, stets verbunden mit Neujahrswünschen, fehlten fast nie. Weihnachten 1977 telegraphierte der Maestro aus Salzburg: »Das Jahr geht dem Ende entgegen, es war ein schönes Jahr mit enormem künstlerischem Gewinn. Ihnen habe ich von Herzen zu danken für die künstlerische Leistung sowie auch besonders für die Harmonie, mit der sich die Zusammenarbeit abgespielt hat. Ich freue mich auf das nächste Jahr und wünsche Ihnen allen frohe Weihnachten, den kommenden Jahresbeginn werden wir ja zusammen in gebührender Weise feiern, Ihr Herbert von Karajan.«

Karajans Wirken an der Spitze des Berliner Philharmonischen Orchesters ist schon zu seinen Lebzeiten in die Musikgeschichte eingegangen. Bei aller Würdigung darf man aber nicht den eigenen Stolz eines Orchesters übersehen, das Karajan, wie auch jedem Gastdirigenten, von vornherein ein beneidenswert hohes Leistungsniveau anbot und anbietet und sich von diesem Niveau nicht herunterbringen läßt, was bei weniger guten Dirigenten leicht der Fall sein könnte. Als Karajan am Ende der

Spielzeit 1969/70 in Wien mit den Berlinern probte und zuerst »Ein Heldenleben« von Richard Strauss vornahm, unterbrach er erstmalig erst nach fast zwanzig Minuten; ich fragte ihn später, warum er nicht schon früher, wie gewohnt, mit Korrekturen begonnen habe. Seine Antwort: »Ich konnte es kaum fassen, da kommt das Orchester nach einer langen anstrengenden Spielzeit und spielt bereits bei der Probe auf einem so hohen Niveau, ich war so erstaunt, daß ich einfach nicht imstande war abzubrechen . . .«

Aber es gab auch einmal – aber nur dieses eine Mal – ein anderes Orchester, bei dem er nicht aus dem Staunen kam. Grundsätzlich weigerte sich Karajan, andere Orchester gastweise zu dirigieren; dies mit der durchaus zutreffenden Begründung, er könne selbst in fünf Proben nicht das erreichen, was ihm vorschwebe. Doch beim Cleveland Orchestra machte er eine Ausnahme, und zwar auf wiederholte, dringliche Bitten seines Chefdirigenten George Szell, den Karajan hoch schätzte. Szell, der in jungen Jahren Kapellmeister an der Staatsoper Unter den Linden war, hatte in der ganzen Musikwelt wegen seines unfehlbaren Ohres, seiner minutiösen Kenntnis jeder Einzelheit einer Partitur Berühmtheit erlangt und brachte mit seinen »Cleveländern« stets Aufführungen von allerhöchster Qualität zustande. Nun versprach er Karajan, das Hauptwerk des geplanten Programms, die Fünfte von Prokofjew, selbst zuvor einzustudieren; vor der Pause sollte das Konzert für drei Klaviere von Mozart – wie zuvor mit dem Maestro am dritten Klavier – den ersten Programmteil bilden. Karajan war einverstanden und sagte zu, das Cleveland Orchestra, das sich auf einer Europareise befand, in Salzburg und Luzern sowie später in Cleveland zu dirigieren. Das Cleveland-Konzert fand allerdings wegen Terminschwierigkeiten nicht statt. Drei eigene Proben hatte sich Karajan für die beiden anderen Konzerte ausbedungen. Aber schon bei der zweiten Probe der äußerst schwierigen Prokofjew-Symphonie – so erzählte Karajan später – hatte er nichts mehr zu sagen. Das Orchester spielte das Werk ohne Tadel, die Konzerte wurden zum Riesenerfolg.

Wenige Tage nach dem Konzert in Luzern rief mich Karajan

an, um mir von dem großartigen Cleveland Orchestra vorzu-
schwärmen, tat dies mit gewohnter Eloquenz und erging sich
in Superlativen. Kurz darauf probten die Berliner Philharmoniker in Edinburgh, und es fiel mir auf, mit welcher Verbissenheit
Karajan fast jeden Takt probierte, jede Phrase aufs neue vornahm, in seine Arbeit eine solche Intensität hineinlegte, daß ich
ihn schließlich fragte, ob es einen besonderen Grund für sein
detailliertes Proben eines dem Orchester nicht unbekannten
Werkes gäbe. Die Antwort: »Sehen Sie, ich habe zuvor das fa-
belhafte Cleveland Orchester dirigiert, das kaum zu überbieten
ist. Jetzt wollte ich mir beweisen, daß ich doch das beste Orchester der Welt habe!« – Hatte er es? Nun, *er* durfte es behaupten, aber sicherlich nur in vertrauter Umgebung und bestimmt
nicht in Wien, wo ihm das dortige Elite-Orchester, die Wiener
Philharmoniker, bei dem man gerne Superlative gebraucht,
eine solche Äußerung schwer verübelt hätte.

Wien und seine Philharmoniker, die in der ganzen Welt als
eines der führenden Orchester anerkannt sind, haben es nach
dem »Friedensschluß« vom Mai 1977, als der Maestro zur
Wiener Oper zurückkehrte, wohl verstanden, mit ihrem bekannten Charme Karajan zu umschmeicheln, seine Wünsche
zu erfüllen, ihn zu ehren. Unvergessen die letzten, außergewöhnlichen Triumphe des Maestro an der Spitze der Wiener in
New York, wo ursprünglich die Berliner vorgesehen waren. Karajan, weitaus empfindsamer und für Dankes- wie Ehrenbezeu-
gungen zugänglicher, als von den meisten angenommen, hat
sich oft, auf Wiener (aber auch französische und britische) Beispiele hinweisend, über die »nordische« Kühle und Herbheit
Berlins und der Berliner Philharmoniker beklagt, wenn ihm
auch der Humor seines Orchesters behagte, solange er nicht
selbst »Opfer« war. Als ihm einmal bekannt wurde, daß Alexander Dietrich, langjähriges Mitglied der ersten Violinen und
hochverdienter Leiter der philharmonischen Kameradschaft,
die manchmal geradezu verblüffende Gabe besaß, Dirigenten
nachzuahmen, bestand der Maestro darauf, Zeuge zu sein, wie
Dietrich ihn, den »Meister aller Meister«, kopierte. Daß sich
Dietrich lange und schließlich vergeblich sträubte, versteht

sich. Die Folge seiner (Un-)Tat: Karajan lächelte gequält und sprach einige Wochen nicht mit Dietrich!

Als Karajan 1973 Ehrenbürger von Berlin wurde, gab es erstaunlicherweise auch kleinere Verstimmungen bei dem so Geehrten. Als ich ihm telefonisch von der geplanten Ehrenbürgerschaft Mitteilung machte, ertönte am anderen Ende ein recht unwirsches: »Es ist ja auch wirklich an der Zeit«, aber dann kam er mit Frau Eliette und beiden damals noch sehr jungen Töchtern und freute sich offensichtlich über die ihm zuteil gewordene, selbstverständlich hochverdiente Ehrung. Dennoch konnte er sich in seiner Dankesrede eine seiner bekannten, diesmal versteckten Drohungen nicht verkneifen: Er ließ in seiner Rede einfließen, daß er ja seine Verpflichtungen – die Zahl sechs erwähnte er nicht – auch auf einen Monat zusammenziehen könnte, was er natürlich im Interesse der Stadt niemals tun werde, liebenswert vergessend, wahrscheinlich gar nicht wissend, daß in seinen Verträgen Bestimmungen enthalten waren, die einer solchen Zusammenlegung entgegenstanden. Abgesehen davon: Wie ließ sich eine einmonatige Anwesenheit mit der Führungsaufgabe des »ständigen Dirigenten« und insbesondere seiner Anwesenheitsverpflichtung bei Vorspielen vereinbaren?

Gott sei es gedankt – niemand bemerkte diese »Drohung«, und die Feierlichkeiten im Abgeordnetenhaus nahmen einen ungetrübten, schönen Verlauf, zumal sich Karajan mit einer Aufführung eines »Brandenburgischen Konzertes« durch ein philharmonisches Kammerensemble auch musikalisch bedankte. Dann ging es wieder an die gewohnte Probenarbeit mit dem Gesamtorchester, das sicherlich Stolz und Freude empfand, aber diesen Empfindungen keinen besonderen Ausdruck verlieh. Die Wiener hätten sicherlich Karajan bei einem solchen Anlaß Ovationen, verbunden mit einer Ansprache der Orchestervertretung dargebracht, die Berliner gratulierten mittels der gewohnten Leistung ohne viel Tamtam, und das verdroß den Maestro, der sich in einer anschließenden Besprechung mit dem Vorstand – es ging um laufende Fragen – deutlich beschwerte und doch wohl eine besondere »Huldigung« erwartet hatte.

Auch mit dem Berliner Publikum war Karajan lange Zeit unzufrieden. »Instant applause« war sein »Gebot«! Als ich ihm auseinandersetzte, daß das Berliner Publikum nach einem tiefen musikalischen Erlebnis, etwa nach einer Bruckner-Symphonie, nicht sofort losklatschen könne, der Beifall, weil aus bewegten Herzen kommend, zuerst stocke, dann aber, sich immer mehr steigernd, um so länger währe, wies er meine Erklärung unwillig zurück. Den Abonnenten sagte er oftmals nach, sie säßen auf ihren Händen; so dirigierte er später nur noch abonnementsfreie Konzerte.

Der Laie vermag es kaum zu verstehen, daß ein jahrzehntelang an Ovationen gewöhnter Karajan, dessen Namen allein ausverkaufte Häuser binnen weniger Stunden nach Ankündigung seines Erscheinens bewirkte, auf solche spontanen Beifallskundgebungen so großen Wert legte. Aber man versetze sich in einen der ganz Großen, vom Beifall Verwöhnten: Würde ihm – so mag er sich manchmal fragen oder gefragt haben – seine rational kaum zu erklärende Ausstrahlung immer treu bleiben, Jahrzehntelang anhalten, sich noch, wie bei Karajan, im achten und neunten Lebensjahrzehnt fortsetzen? Furtwängler wäre tief gekränkt gewesen, wenn es nicht Beifallsstürme nach jedem seiner Konzerte gegeben hätte, und er war in der Regel darauf bedacht, seine Programme so anzulegen, daß ein beifallsträchtiges Stück am Ende stand. Ferenc Fricsay verkündete mit Stolz, wie viele Vorhänge es nach seinen berühmten Opernaufführungen gegeben hatte, Sir John Barbirolli, einer der beliebtesten Gastdirigenten bei den Berliner Philharmonikern, war jedes Mal bei seiner Ankunft in Berlin voller Zweifel, ob sich der Erfolg aus den Vorjahren wiederholen würde, dies trotz der ihm ergebenen Gemeinde, die ihm stets und mit vollem Recht triumphalen Beifall spendete. Wem wäre nicht das beglückte Lächeln des über achtzigjährigen Karajan in Erinnerung, als er das letzte Mal mit großer Mühe das Podium in der Philharmonie betreten hatte, um erneut jene stürmischen, aus vollem Herzen kommenden Ovationen entgegenzunehmen, die er wahrlich verdiente. Die »bewegten Nordlichter«, deren oft stockender Beifall den Maestro häufig

– und zu Unrecht – irritierte, huldigten nun einmütig einem großen alten Manne, der trotz aller körperlichen Leiden nach wie vor Musikerlebnisse von höchster Qualität vermittelt hatte.

Er hat wahrlich viel für seine Berliner getan; dies muß bei allen Zerwürfnissen, Krisen und der letzten, sinnlosen Trennung immer wieder betont werden. Daß er mehr als ein Drittel eines Jahrhunderts an der Spitze des Berliner Philharmonischen Orchesters für sich und die Seinen einzigartigen künstlerischen Weltruhm erwarb – wer könnte es leugnen? Sicherlich werden sich einmal Legenden um die Karajan-Ära bilden, und manche Musiker wie Musikhörer werden dereinst verklärt von Karajan sprechen, unter dem sie gespielt, den sie noch gehört haben.

Zwei weitere außerordentliche Verdienste des Maestro dürfen hier nicht unerwähnt bleiben. Ohne sein Eingreifen wäre höchstwahrscheinlich die Philharmonie Scharouns nicht gebaut worden, sondern ein konventioneller Saal, auf den sich bereits eine Mehrheit des hierfür zuständigen Gremiums geeinigt hatte. Karajan, von dem visionär-revolutionären Entwurf Scharouns fasziniert, setzte sich mit seiner ganzen Beredsamkeit für dessen Idee von der »Musik in der Mitte« ein, und nur ihm, Karajan, der noch nicht die Autorität späterer Jahre und Jahrzehnte besaß, ist es zu verdanken, daß sich schließlich noch die notwendige Majorität zugunsten des genialen Baumeisters fand. So erhielten die Berliner Philharmoniker – übrigens erstmals in ihrer Geschichte – ein eigenes Haus mit einem herrlichen, nach anfänglichen Schwierigkeiten auch akustisch allseitig anerkannten Saal, der ihre spielerischen und musikalischen Fähigkeiten aufs schönste zur Geltung kommen ließ. Jedes Orchester – dies sei hier angemerkt – wird auf die Dauer Schaden erleiden, wenn es in einer akustisch unzulänglichen Umgebung zu spielen verurteilt ist.

Ein zweites hohes Verdienst: Karajan setzte bei einem sich bisweilen sperrig zeigenden Innensenator (gemeint ist nicht der Senator persönlich, sondern dessen Behörde) die Aufhebung der »Fünf-Klassen-Gesellschaft« für das Berliner Philharmonische Orchester durch. Ohne auf Einzelheiten einzugehen (als ich Intendant wurde, gab es noch nicht einmal die später üblichen schriftlichen Verträge mit den Musikern), befanden sich die sogenannten »Tuttisten« in einer fünften, am niedrigsten eingestuften Klasse, während die anderen Mitglieder in vier einkommensmäßig besser gestellte Gruppen aufgeteilt waren. Karajan erklärte mit Emphase, *alle* Philharmoniker seien Virtuosen auf ihren jeweiligen Instrumenten und müßten gleich bezahlt werden. So gab er den Anstoß dafür, daß ein für alle geltendes Grundgehalt festgelegt wurde, das seinerzeit ungefähr der dritten Stufe entsprach. Für die Orchestersolisten gab es Sonderzuschläge, die Konzertmeister erhielten einen Extrazuschlag. Dieser neuartige Tarifvertrag des Jahres 1971 gilt in seinen Grundzügen, also ohne jegliche Klasseneinteilung, bis zum heutigen Tage, eine nicht geringzuschätzende Hinterlassenschaft Karajans.

Um über die Beziehung zwischen Orchester und Intendant im einzelnen zu berichten, ist in einem Erinnerungsbuch an Herbert von Karajan nicht der Platz. Hier sei nur kurz die Rede von gegensätzlichen Auffassungen zwischen dem Maestro und den Philharmonikern, um deren Ausgleich der Intendant auf Grund seiner Position verpflichtet war. In der Regel ließen sich kleinere Differenzen zwischen dem Orchester und seinem Chef intern beilegen, ohne daß sie auf dem Schreibtisch des Intendanten landeten oder ihm mit der Bitte, etwas zu unternehmen, zu Ohren kamen. Auch Besetzungsfragen für Karajan-Konzerte – natürlich hatte der Maestro seine besonderen Wünsche – wurden fast immer in Absprache zwischen beiden Seiten gelöst. Die Bestimmung der Verwaltungsordnung, wonach der Orchestervorstand für Besetzungsfragen zuständig ist (allerdings im Benehmen mit dem Intendanten, ein »Benehmen«, das offensichtlich von meinem Vorgänger nicht weiter beachtet wurde), blieb vernünftigerweise für Karajan-Konzerte außer Betracht. Schließlich konnte man dem Maestro die Besetzung der einzelnen Orchestersolisten nicht vorschreiben.

Doch es gab Probleme, als Karajan bei Auslandskonzerten eine größere Streicherbesetzung verlangte mit der Begründung, daß andere prominente ausländische Orchester auf Reisen gleichermaßen mit mehr Streichern spielten. Karajans Forderung war nicht unberechtigt, eine grundsätzliche Ablehnung durch die Philharmoniker, auf die ich im Sinne Karajans einzuwirken versuchte, hätte eine Krise heraufbeschworen, da im Falle einer Nicht-Einigung mein Rücktritt, wie ich es intern angekündigt hatte, unvermeidbar geworden wäre. Glücklicherweise gelang nach einem längeren Hin und Her eine Verständigung in dieser recht heiklen Frage.

Stets habe ich versucht, Karajans Wünsche zu erfüllen, solange sie erfüllbar waren. Für diesen ungewöhnlichen Mann sich einzusetzen, auch gegenüber Behörden und so manchen an ihm herumkritisierenden Menschen, die einiges oder auch nichts von Musik verstanden, empfand ich als meine Pflicht, auch wenn ich – im Innenverhältnis – dies oder jenes an dem doch alle überragenden Maestro auszusetzen hatte. Sehr unbeliebt habe ich mich besonders beim Innensenator, wiederum meine ich die Behörde, gemacht, als ein dortiger hochgestellter Beamter bestimmte Vorstellungen Karajans, die ihm nicht in den Kram paßten, mit der Bemerkung abtat: »Dann verpflichten wir eben einen anderen Dirigenten.« Mein darauf folgender Zornesausbruch hatte immerhin zur Folge, daß allen Beteiligten, die bei dieser Besprechung beim Innensenator anwesend waren, eines klar war oder wurde: Zu Karajan konnte es keine Alternative geben. Dies ist auch stets mein Leitmotiv als Intendant gewesen.

War der Maestro wirklich so schwierig, wie es immer hieß, so launisch, wie man es ihm nachsagte, improvisierend, Planungen nur allzuoft verändernd, ein schierer Alptraum für einen Intendanten, der auf Ordnung und Einhaltung angekündigter Programme bedacht sein mußte? Die Antwort: Ja, er war es oft genug; aber sogleich ist hinzuzufügen: Kann man denn nicht auch mit einem genial veranlagten Mann auskommen, wenn man seine charakterlichen – nennen wir es – Unebenheiten erkennt, sie zu verstehen sich bemüht, versucht, mit ihm zu denken, vielleicht sogar zu fühlen, Ärgerliches wegzustecken, immer wieder die große Leistung im Auge zu behalten, zu der im Vergleich das Negative, das Unerfreuliche letzten Endes, wenn auch nicht unerheblich, so doch geringfügig erscheint? Schwer war es und ist es bis heute, diesen Überlegenheit ausstrahlenden Mann zu begreifen, der – eher scheu als aggressiv, eher sentimental als hart – oft genug bestrebt war, seine innere Weichheit durch äußerlich energisches Verhalten zu kompensieren. Dazu seine mangelnde Menschenkenntnis, die ihn auf der einen Seite unnötig vertrauensselig, auf der anderen mißtrauisch machte, wo Mißtrauen nicht gerechtfertigt erschien. Ein unberechenbarer, rätselhafter Mensch, der auch nach seinem Tod aufs neue zu Gesprächen Anlaß gibt, ein Mensch mit seinem Widerspruch, der sich nur allzu gerne seinen Launen hingab, Freund plötzlicher, nicht immer durchdachter Entscheidungen, die genauso plötzlich abgeändert, wenn nicht ins Gegenteil verkehrt wurden, und vor allem: ein geistig Rastloser, der irgendwie nie zu sich selbst kam, wohl auch nicht kommen wollte, »novarum rerum cupidus«, stets dem Neuen zugewandt, vom Vergangenen kaum Notiz nehmend.

Man darf wohl sagen, daß er sich bis zu seinem letzten Atemzug auf der Flucht nach vorn befand. Sein letztes Projekt: Verdis »Maskenball«, ein Werk, das er nie zuvor dirigiert hatte! Sein letzter Gast, wie schon erwähnt: der Direktor von Sony, der mit ihm die spätere Verbreitung des »Vermächtnisses«, der zahlreichen Videokassetten, besprach. – Des Maestros Gehirn war bis zuletzt voller neuer Ideen, nie hatte es für ihn gedanklichen Stillstand gegeben, daher auch so viele Programmänderungen, Unklarheiten selbst bei der Frage, was er nun auf Platten, Bändern, Kassetten aufnehmen wollte. Immer behielt er sich die letzte Entscheidung bis zur letzten Minute vor, langfristige Verträge, die er unterschrieben hatte (so sollte er sämtliche Mahler-Symphonien aufnehmen), bedeuteten für ihn wenig, er »glühte«, wenn neue technische Möglichkeiten ihm berichtet wurden, dann hatte er auch immense Zeit, sein Interesse sank bedenklich, wenn es um altgewohnte, sich wiederholende Dinge ging, wie etwa Programme für eine neue Spielzeit, die für den Intendanten wichtig waren, um mit den zahlreichen Gastdirigenten deren Programme besprechen und vereinbaren zu können. Gab er sich schließlich einen Ruck, so dauerte die ganze Prozedur kaum mehr als eine viertel bis eine halbe

Stunde, »Änderungen natürlich vorbehalten«, mit denen man stets rechnen mußte und die auch (un)pünktlich eintrafen. – Es soll übrigens bei Furtwängler nicht viel anders gewesen sein.

Bei Reisen in die Bundesrepublik, die damals auch politisch eminent wichtig waren und an denen Karajan im Laufe der Jahre immer weniger Gefallen fand, gelang es bisweilen nur unter Mühen, ihm die Städte abzuringen, in denen er aufzutreten bereit war. Seinen wachsenden Verdruß ließ er sich leider auch äußerlich, nämlich durch schlechtes Benehmen, anmerken.

Ein Beispiel von Anfang der siebziger Jahre: Erich Berry, der Betreuer dieser Reisen, in Dortmund wohnhaft, kam stets nach Berlin, um mit Karajan die Auswahl der Städte zu besprechen, einer Angelegenheit, die in fünf, allerhöchstens zehn Minuten erledigt werden konnte. Nicht nur, daß der damals hochbetagte Berry ständig warten mußte: als er endlich nach einer Orchesterprobe Karajan sprechen »durfte«, befand sich der Chef offenbar in ungnädiger Laune, ließ Berry und auch mich im Zimmer der Gastdirigenten – eigentlich als Vorzimmer für Karajan gedacht – fast eine Dreiviertelstunde warten, unterhielt sich zuvor mit einem unbekannten jungen Musiker, der ihn wohl um Rat gefragt hatte, erschien dann bei uns im Mantel, ein Zeichen, daß er keine Zeit mehr habe, Berry konnte ihm im Stehen eine Reihe von Städten vorschlagen, die durch kurzes Kopfnicken bestätigt wurden. Berry war sichtlich betroffen – kein feiner Zug eines »Großen«, der sich durch ein solches Verhalten unnötigerweise kleiner machte. Zuvor hatte ich Berry gewarnt, nicht wieder die Stadt Essen vorzuschlagen. Dort hatte Karajan 1962 dirigiert und nach einer herrlichen Aufführung des »Heldenleben« von Richard Strauss merkwürdigerweise nur mäßigen Beifall erhalten, worauf die Stadt mit seinem Bannstrahl belegt und aus der Reihe der Reisestädte für immer getilgt wurde.

Bei Reisen ins Ausland, insbesondere nach Paris und London, war der Chef weitaus zugänglicher, wünschte, wie er es schon bei meinem Antrittsbesuch 1959 gesagt hatte, in beiden Hauptstädten ein alljährliches Auftreten der Berliner mit ihm an der Spitze, während er andere französische oder britische Städte strikt ablehnte; Ausnahmen: einmal Straßburg, zweimal die Festspiele in Edinburgh. Als das Berliner Philharmonische Orchester 1962 die in der Tat großherzige Einladung erhielt, bei der Einweihung der neuen Kathedrale von Conventry mitzuwirken – auch an dieser Stelle Dank dem diese Einladung aussprechenden mutigen Provost Dr. Williams – dirigierten Sir John Barbirolli und Eugen Jochum. Karajan, dem zuerst, wie es auch sein Vertrag vorsah, die Leitung angeboten wurde, lehnte ab und ließ deutlich durchblicken, daß ihm solche Konzerte nicht lägen. (Die alte Kathedrale und ein großer Teil von Coventry wurden bekanntlich im Zweiten Weltkrieg durch deutsche Bomben zerstört; die Nazis drohten damals, alle englischen Städte zu »coventrisieren«.) Noch zweimal spielte das Orchester in Coventry, 1965 wiederum unter Jochum, 1972 – Jochum hatte zuvor abgesagt – unter Daniel Barenboim, der damals in London lebte.

1972 hatte es Ärger gegeben. Karajan war bereits seit Jahren dem jungen, höchst talentierten Barenboim alles andere als zugeneigt, und zwar mit der Begründung, Barenboim habe sich als zukünftiger Nachfolger Karajans ausgegeben. Barenboim bestritt dies ganz entschieden, und wahrscheinlich handelte es sich um eine Intrige oder ein Mißverständnis, dem nachzugehen sich nicht lohnt. Jedenfalls ließ ein grollender Karajan, der lange Zeit Barenboim mit seiner Abneigung (was noch eine sehr freundliche Bezeichnung ist) verfolgte, durch seinen damaligen Mitarbeiter Jucker bei mir anrufen, er, Karajan, wolle nunmehr das Konzert in Coventry übernehmen! Ich mußte dies ablehnen, denn Barenboim war verpflichtet, der übrigens, wie auch das Orchester, auf ein Honorar verzichtet hatte. Nochmaliger Anruf von Karajan, er bestehe darauf, in Coventry zu dirigieren. Nochmals negative Antwort meinerseits. Beim dritten Anruf mit gleichem Inhalt erklärte ich, daß mir dann nichts anderes übrig bleibe, als zurückzutreten; natürlich müsse ich die Gründe hierfür angeben, worauf ein weiterer Anruf von Jucker unterblieb. – Karajan hat mir später in Salzburg Vorhaltungen gemacht, man hätte doch zuvor darüber sprechen können. Zweimal habe er, deutlich mißgestimmt, Coventry abgelehnt, entgegnete ich, ein drittes Mal konnte ich ihn wirklich nicht fragen. Das wenige Minuten dauernde Gespräch unter vier Augen wurde durch den Eintritt von Jucker abgebrochen. Karajans negative Haltung gegenüber Barenboim endete ein Jahrzehnt später – typisch für den Maestro – in einer plötzlichen Zuneigung zu dem inzwischen zum Spitzendirigenten herangereiften Musiker, der, selbst erstaunt und erfreut, wohl immer noch nach den Gründen für den Gesinnungswandel des von ihm als Dirigenten stets verehrten »Meisters« sucht.

Gesinnungswandel auch bei Konzerten in Italien. Mit besonderer Freude dirigierte Karajan die Berliner in der Mailänder Scala. Konzerte in Turin, Florenz und Venedig stehen in schönster Erinnerung. Doch dann gab es Mitte der siebziger Jahre (nicht im Zusammenhang mit Konzerten der Berliner Philharmoniker) Differenzen mit der »RAI«, der staatlichen italienischen Rundfunkanstalt, worauf Karajan eine Entschuldigung von der italienischen Regierung verlangte. Als diese trotz längerer Verhandlungen ausblieb, belegte der Maestro ganz Italien mit einem Boykott, also wieder einmal eine Art Kriegserklärung wie einst nach dem Abschied von der Wiener Staatsoper. Da jedoch die Vatikanstadt als exterritorial gilt, konnte der erzürnte Meister wenigstens zweimal vor dem Papst (das zweite Mal sogar im Petersdom mit den Wienern) konzertieren, mußte sich allerdings auf dem Wege zum Heiligen Vater durch »Feindesland« bewegen. Sein letztes Konzert mit den Berlinern in Italien fand 1971 in Mailand statt.

Höchst problematisch ging es gleichfalls bei den Amerikareisen zu. Daß die beiden ersten Auftritte der Philharmoniker während der fünfziger Jahre vor allem in New York durch politisch motivierte Proteste, wie dargelegt, getrübt wurden, war verständlich. Auch wenn es Furtwängler vergönnt gewesen wäre, diese Konzerte in den Staaten zu dirigieren, es hätte an derartigen Angriffen nicht gefehlt. Als dann das Orchester 1961 und 1965 erneut über den Ozean reiste – es gab jeweils vierundzwanzig Konzerte, die ersten zwölf dirigierte Karajan, die zweiten zuerst Karl Böhm, später Eugen Jochum – blieb der

Erfolg, jedenfalls in New York, trotz ausverkaufter Häuser und eines enthusiastischen Publikums etwas beeinträchtigt, da man in einigen Zeitungen eine nach wie vor negative Einstellung in erster Linie Karajan gegenüber spürte. So war es nicht verwunderlich, daß der Maestro wenig Lust zeigte, weiterhin in Amerika zu dirigieren. »Wir sind ein europäisches Orchester, bleiben im alten Europa«, erklärte er mit Nachdruck (was ihn nicht hinderte, in Japan zu konzertieren).

Eines war sicher: Ohne Karajan wäre eine Reise in die USA damals kaum möglich gewesen. So vergingen Jahre, mein Drängen nach einer weiteren Amerikareise blieb erfolglos, Anfragen aus New York (und natürlich auch aus Südamerika) mußte ich immer wieder negativ beantworten. Um so größer meine Überraschung, als mich Karajan irgendwann 1973 bei einer Routinebesprechung über künftige Programme mit den Worten begrüßte: »Wir müssen sofort nach Amerika!« Sicherlich entdeckte er in meinem Gesicht den Ausdruck ungläubigen Erstaunens. »Ich habe mit Wilford (Präsident der allmächtigen Columbia Artists Management, Inc. [Cami], die stets zuvor die Konzerte der Berliner betreut hatte) gesprochen, und er hat mir gesagt: Wenn Sie weiter auf Ihrer Ablehnung bestehen, dann dürfen Sie sich nicht wundern, wenn es bei uns nur einen Dirigenten von Rang gibt, nämlich Solti!« – Das ging nun Karajan offensichtlich über die Hutschnur, so etwas konnte der Maestro nicht zulassen. »Wir müssen jetzt jedes Jahr hinüber«, fuhr er fort. Verhandlungen wurden eingeleitet, und 1974 und 1976 fanden wieder Amerikareisen statt, allerdings ausschließlich unter Leitung des Meisters. Zwar fühlte man noch immer bei einem Teil der New Yorker Presse eine gewisse Zurückhaltung. Aber in der Carnegie Hall von New York gab es nunmehr »standing ovations«, nicht nur am Schluß eines jeden Konzerts, sondern Karajan und die Seinen wurden in gleicher Weise bereits zu Beginn ihres Auftritts begrüßt. Wilford, Vertreter zahlreicher namhafter Dirigenten, ein Psychologe von Format, hatte ins Schwarze getroffen und wurde sehr bald zu einem der engsten Berater und Freunde des Maestro. Sir Georg Solti, nur wenige Jahre jünger als Karajan, hat nunmehr dessen Nachfolge bei den Salzburger Osterfestspielen übernommen.

Eine andere, politisch äußerst brisante Reise der Berliner Philharmoniker ist allein auf Initiative Karajans zustande gekommen, und diesmal ging es nicht darum, der (angeblichen) Alleinherrschaft eines anderen Dirigenten entgegenzuwirken. Karajan war mit der Mailänder Scala und später an der Spitze der Wiener Philharmoniker nach Moskau gereist und hatte dort die schönsten Eindrücke von der Aufnahme- und Beifallsfreudigkeit des russischen Publikums erhalten. Nun reizte es ihn, mit seinen Berlinern in Moskau und wenn möglich in Leningrad zu konzertieren. Doch der kalte Krieg war in vollem Gange, offizielle Beziehungen zwischen dem westlichen Berlin und der Sowjetunion bestanden nicht, als Vermittlerin betätigte sich damals mit Zustimmung beider Seiten die überaus geschickte, energisch zupackende Leiterin einer Konzertdirektion, Dorothea Schlösser. Diese wurde gebeten, einen Kontakt herzustellen, worauf der russische Kulturattaché bei der Sowjet-Botschaft in Ost-Berlin zu Karajan in die Philharmonie kam. »Ich habe«, so der Maestro in meiner Gegenwart, »Moskau mit der Scala besucht, dann mit den Wiener Philharmonikern, nun möchte ich Ihnen meine Familie vorstellen.« Der junge Attaché verstand zwar Deutsch, aber verstand zuerst nicht, worum es sich handelte. Schließlich gelang es, ihm den Wunsch Karajans, mit den »West-Berliner Philharmonikern« nach Moskau zu kommen, verständlich zu machen. Natürlich erklärte er sich für nicht zuständig, versprach jedoch, den Wunsch Karajans weiterzuleiten. Das fast Undenkbare geschah: Offenbar dank der weltweiten Autorität eines Karajan wagten die Sowjets nicht, dem »Meister aller Meister« seine Bitte abzuschlagen, wobei sie eine mächtige Kröte schlucken mußten. Denn die mit Moskau so eng befreundete DDR konnte sicherlich eine Einladung an ein West-Berliner Orchester nicht gutheißen, mußte sich übergangen fühlen und diesen Umstand schwer verübeln. Schließlich galt die Inselstadt, die, wie behauptet, auf dem Territorium der DDR lag, als eiternde Wunde, Sammelpunkt von Reaktionären, Spionen etc.

Es gab manche Hindernisse zu überwinden. Vor allem mußte damals der ehemalige DDR-Flughafen Schönefeld vermieden werden. Dies gelang dadurch, daß das Orchester zuerst in Prag konzertierte und im Anschluß an die Konzerte in Moskau und Leningrad nach London und dann weiter nach Paris flog, wo ebenfalls mehrere Konzerte stattfanden. Also eine neuartige Europareise (24. Mai bis 9. Juni 1969), bei der vier Hauptstädte bespielt wurden.

Kurz vor der Abreise kam ein Mitglied der Sowjet-Botschaft in Ost-Berlin zu mir, um vor einem geplanten Besuch bei der deutschen Botschaft in Moskau zu warnen, die einen Empfang für Karajan und das Orchester vorbereitet hatte. Die bekannte Begründung: Berlin-West gehöre nicht zur Bundesrepublik. Als die Warnung nichts fruchtete, ersannen die Moskauer einen Trick, erklärten, es sei zu gefährlich, daß das Orchester – wie zuvor mit »Gos-Konzert«, der allmächtigen staatlichen Agentur in Moskau, vereinbart – erst am Tage des Leningrader Eröffnungskonzertes den Flug von Moskau nach Leningrad unternehme, da um diese Zeit häufig Nebel in Leningrad herrsche. Die Enttäuschung bei verspätetem Eintreffen bzw. im Falle einer Absage des Konzerts in Leningrad würde zu groß sein! Man müsse daher am konzertfreien Tag bereits Moskau verlassen – und dies war natürlich der Tag des Botschaftsempfanges! – Große Beratung mit dem deutschen Botschafter Allardt in einem durch Eisentüren vor Spionage geschützten Raum, der wie ein riesiger Safe wirkte. Da die Sowjets mitteilten, sie hätten schon »vorsorglich« die Flugverbindungen und Hotelreservierungen (ohne unser Wissen) geändert, und da man sich in »Feindesland« befand, blieb nichts anderes übrig als einzulenken – auch mit Rücksicht auf die kommenden Konzerte in London und Paris. Doch Allardt ließ sich nicht davon abbringen, die Philharmoniker zu sich einzuladen, und verlegte den Empfang auf den Abend nach dem zweiten Konzert. Zu diesem Zweck mußte er sich von befreundeten Botschaften die notwendigen Speisen und Getränke besorgen, da die ihn sonst beliefernden Sowjet-Läden »plötzlich« keine Waren auf Lager hatten! Am Tage des Abflugs des Orchesters von Moskau nach

Leningrad gab er dann noch ein Mittagessen für die Botschafter der westlichen Alliierten, an dem Karajan und ich teilnahmen und daraufhin dem Orchester nachflogen. – Ankunft in Leningrad, natürlich bei herrlichstem Wetter. Als Karajan das Flugzeug nicht verlassen wollte und man ihm sagte, wir seien doch in Leningrad angekommen, antwortete er: »Ich habe Angst, ich verlaufe mich im Nebel!« Als wir die Moskauer Befürchtung hinsichtlich des Wetters in Leningrad erwähnten, gab es empörte Reaktionen; nur Moskauer könnten einen so ärgerlichen Unsinn verbreiten!

Daß die Sowjets die Konzerte herunterspielen würden, darüber konnte es unter den dargelegten Umständen keinen Zweifel geben. Im Programm des ersten Konzertes nannten sie die Philharmoniker »West Berliner Sinfoniker«. Als dies evident wurde, verlangte Karajan, daß die von »Gos-Konzert« als »Versehen« bezeichnete Namensänderung vor Beginn des zweiten Konzerts öffentlich richtiggestellt würde, sonst gäbe es kein zweites Konzert. So geschah es, daß eine Ansagerin unter großem Gelächter der Zuhörer das reichlich törichte »Versehen« korrigierte. – Ein ärgerlicher, einmaliger Vorfall: Während der Pause des ersten Konzerts fragte ein Journalist in einem Radio-Interview den Konzertmeister Professor Michel Schwalbé, wie er sich »Intonationsschwankungen im Orchester« erkläre!

Die Begrüßung bei diesem Konzert war ausgesprochen zurückhaltend. Schnell bemerkten wir, daß sich fast nur »amtliche« Zuhörer im Saal befanden, die offensichtlich den Auftrag hatten, den Beifall in für die DDR tolerierbaren Grenzen zu halten. Am Beginn des »All-Beethoven«-Programms stand die »Coriolan-Ouvertüre«; ihr folgte die »Pastorale« – zunächst allerdings nur wenige Takte. Denn eine Tür im Rang wurde mit lautem Krach eingedrückt, worauf Karajan abklopfte. Was war geschehen? Junge Menschen, wohl Musikstudenten, die keinen Einlaß gefunden hatten (und wohl auch nicht finden sollten), hatten sich mit Gewalt Zutritt verschafft, um dem Konzert wenigstens stehend beiwohnen zu können. Sie hinauszudrängen, war offenbar auch für Sowjet-Ordner nicht möglich. Sie wurden zur Ruhe ermahnt, und die »Pastorale« erklang aufs neue. Das Konzert endete mit der Fünften unter tobendem, sicherlich »nichtgenehmigtem« Beifall, gespendet von eben doch hingerissenen »Offiziellen«. Die Macht der Musik hatte triumphiert.

Im zweiten Konzert – Hauptwerk die zehnte Symphonie von Schostakowitsch – war der Komponist anwesend, der nur Superlative für die Wiedergabe fand und sich mit Karajan und dem Orchester auf dem Podium verneigte, ein unvergeßliches Erlebnis. Nie hat die Symphonie – ein Gleiches galt für die »Pastorale« – schöner, überzeugender geklungen.

»Am Mittag des gleichen Tages gab die Kulturministerin, Frau Furzewa, für Karajan und die Philharmoniker einen Empfang, bei dem es äußerst protokollarisch zuzugehen hatte. Denn – so wurde mir bedeutet – Frau Furzewa und Karajan mußten zur gleichen Zeit erscheinen, was auch tatsächlich gelang. Bei dieser Gelegenheit fragte Karajan seine Gastgeberin, warum man sein Angebot, einen Dirigentenkurs in Leningrad abzuhalten, nicht beantwortet habe. Großes Erstaunen, denn Frau Furzewa wußte nichts davon und fragte sogleich, welches Honorar Karajan hierfür wünsche. Als Karajan sagte, er tue dies selbstverständlich ohne Honorar, es sei ihm ein großes Vergnügen, jungen russischen Dirigenten bei ihrer Arbeit zuzusehen und ihnen Ratschläge zu erteilen, konnte man eine höchst verblüffte Kulturministerin beobachten, die sicherlich in ihr Büro mit einem Donnerwetter zurückkehrte. Die Russen genießen nicht gerade den Ruf tüchtiger Organisatoren. Doch als Karajan am Vormittag des ersten Leningrader Konzerts (draußen herrschte natürlich schönstes Juni-Wetter mit tiefblauem Himmel!) eintraf, fand er das zweite, hervorragende Leningrader Orchester versammelt, dazu eine große Reihe junger Dirigenten, von denen einer sogar aus Sibirien angereist war. Karajan war in seinem Element. Einer der hervorragend ausgebildeten, auch sprachlich versierten Dirigenten wurde alsbald nach Berlin zu den Philharmonikern eingeladen.

Übrigens war auch beim ersten Leningrader Konzert ein »Einbruch« zu verzeichnen, der jedoch für den Verlauf des

Abends keine Bedeutung hatte. Auch hier viele stehende junge Zuhörer. Wie später erzählt wurde, hatten sie sich vom Dach aus Einlaß verschafft. Unter ihnen Semyon Bychkov, seit September 1989 Chefdirigent des Orchestre de Paris. Allerdings konnte er dem Konzert nicht beiwohnen. Denn er war, so erzählte er Karajan noch persönlich, bei seinem Abstieg vom Dach in der Damentoilette gelandet und prompt verhaftet worden!

Zu einem bei Reisen üblichen Zusammentreffen der Berliner Philharmoniker mit ihren russischen Orchesterkollegen in Leningrad oder Moskau kam es nicht. Die »Leningrader« waren tatsächlich auf Tournee; ihr Chef Jewgeny Mawrinsky sandte ein Grußtelegramm an Karajan, in dem er sein und des Orchesters Fernbleiben bedauerte. Von den angeblich auch auf Tournee befindlichen Mitgliedern des Moskauer Staatsorchesters verabredeten sich verschiedene heimlich mit ihren philharmonischen Kollegen. – Hoffentlich für immer: tempi passati!

Zuletzt eine andere, damals ebenfalls politisch heikle Reise. 1978 war es nach längeren Verhandlungen gelungen, eine Reise der Berliner Philharmoniker zu den Festspielen nach Dresden und anschließend nach Leipzig zu arrangieren. Karajan freute sich besonders auf Dresden, hatte er doch einige Jahre zuvor mit der Dresdner Staatskapelle die »Meistersinger« aufgenommen und berichtete mit vollauf berechtigter Begeisterung vom Niveau und der Disziplin des Orchesters, wie auch von der »fürstlichen« Behandlung, die ihm in der ehemaligen – und heute wieder – sächsischen Hauptstadt zuteil geworden war.

Natürlich galt es wiederum, die üblichen Hindernisse einigermaßen taktvoll zu überwinden; wie konnte man vor allem den (angeblich nicht zuständigen) Bonner Vertreter in der DDR, Staatssekretär Günter Gaus, in das Dresdner Konzert, für das er sich vergeblich um Karten bemüht hatte, sowie in den anschließenden Empfang bringen? Nun, Gaus' Teilnahme am Konzert wurde ermöglicht, indem er und Mitglieder der Vertretung die Karten des Intendanten erhielten. Der offizielle Empfang wurde auf meine Anregung in ein neutrales Orchestertreffen Dresdner Staatskapelle–Berliner Philharmoniker

»umfunktioniert«, bei dem jeder, auch Gaus und Umgebung, »unter Wahrung des Gesichts« erscheinen konnten. So verlief das Gastspiel ohne politisch relevante Zwischenfälle, es gab auch keine versehentlichen Namensverwechslungen, und die uns betreuenden Abgesandten der staatlichen Konzertagentur, die während der Eisenbahnfahrt nach Dresden über die Errungenschaften der DDR mit nicht allzu großer Emphase (unerbetenen) Aufklärungsunterricht erteilten, freuten sich beim Abschied sehr, als ihnen einige im Intershop eines Leipziger Hotels erworbene Gegenstände als Geschenke überreicht bzw. zugesteckt wurden. Schnee von gestern. Daß Karajan und die Seinen mit Begeisterung empfangen und mit Ovationen verabschiedet wurden, verstand sich fast von selbst.

Der Maestro wollte so bald wie möglich auch nach Ost-Berlin, zeigte mit bekannter Ungeduld wenig Verständnis für die sattsam bekannten Schwierigkeiten und erwies sich – ich glaube es beurteilen zu können – doch als ein sehr unpolitischer Mensch, zumindest was die Vorgänge im westlichen Berlin und in der Bundesrepublik bis weit in die achtziger Jahre betraf.

Sein besonderer, durchaus verständlicher Ärger: Er konnte nicht mit seiner (stets gemieteten) Privatmaschine in Tempelhof oder Tegel landen, da diese nicht bei einer der alliierten Mächte, sondern in der Schweiz registriert war. Mitte der achtziger Jahre bot ihm die DDR die Landeerlaubnis in Schönefeld zu jeder Zeit an und sagte ihm freie Fahrt ohne Kontrolle in den westlichen Teil der Stadt zu. Karajan war drauf und dran, dieses Angebot anzunehmen, das unzweifelhaft für die DDR eine gewisse Publicity, für das westliche Berlin und vor allem für Karajan selbst eine sehr negative Publikumswirkung gehabt hätte, da die Benutzung von Schönefeld für Reisende von und nach dem westlichen Berlin höchst unerwünscht war. Ich erfuhr noch rechtzeitig von Karajans geplanter Extratour, ein warnender Anruf des Senatsdirektors von der Kulturbehörde brachte zwar Karajan in große Erregung, aber bewirkte, daß er grimmig, jedoch »legal«, wie zuvor, in Berlin eintraf. Vergeblich versuchte ich, ihm jene Imponderabilien aufzuzeigen, die sich nun einmal aus der damaligen Insellage der Stadt und der trotz aller Verträge immer wieder umstrittenen Rechtslage der Stadt und ihrer Institutionen ergaben. Der neutrale Österreicher zeigte hierbei wenig Einsicht.

Weniger »neutral« hatte er sich einst verhalten, als er, noch jung an Jahren, bereits in Salzburg der NSDAP beitrat, wie dies erst vor nicht allzulanger Zeit bekannt wurde. Persönlich glaubte ich, daß ihm in Aachen der Eintritt in der Partei wohl angeraten wurde, um seine Ernennung zum Generalmusikdirektor nicht zu gefährden. In einem Interview anläßlich seines achtzigsten Geburtstages versuchte der Maestro, diesen heiklen Punkt mit der reichlich naiven Bemerkung zu bagatellisieren, seiner Zugehörigkeit zur NSDAP käme ungefähr eine ähnliche Bedeutung zu, wie wenn ein Bergsteiger Mitglied des Alpenvereins würde! – Wir haben übrigens niemals über dieses Thema gesprochen. Es bestand hierzu kein Anlaß, da alle damaligen Berliner Parteien Karajan, dem späteren Ehrenbürger der Stadt, huldigten, ihn mit Recht als unersetzlich, seine Parteizugehörigkeit sicherlich als unerheblich ansahen.

In dieses Kapitel gehören schließlich einige Betrachtungen über Karajans Verhältnis zu seinem zweiten Intendanten. Ich erinnere mich noch, wie mein Vorgänger, der mir befreundete Gerhart von Westerman, sagte, er habe Karajan seit längerer Zeit überhaupt nicht mehr gesprochen und alle anstehenden Fragen über dessen Mitarbeiter, André von Mattoni, geleitet und auch auf diesem Wege des Maestros Antworten erhalten. Entfremdung zwischen Westerman und dem »ständigen Dirigenten«? Wohl kaum. Karajan, der Vielbeschäftigte, hatte vermutlich wieder einmal wenig Zeit, traf für seine Konzerte im Hochschulsaal kurz vor den Proben ein und mußte damals nach dem letzten Wiederholungskonzert noch den Zug nach Wien erreichen. Oder hatte Westerman möglicherweise seine Absicht, alsbald zurückzutreten, schon mitgeteilt und befand sich bereits auf dem »Abstellgleis«? Aufkommendes Mißtrauen? Anlaß zum Mißtrauen gab es sicherlich nicht, obwohl Westerman – als Intendant seinerzeit von Furtwängler gegen ein widerstrebendes Orchester durchgesetzt – ein Gefolgsmann Furtwänglers gewesen sein mußte. Doch mein Vorgänger hat es bestimmt nicht an jenen Worten des Lobes und der Ergebenheit fehlen lassen, die ein jeder, auch ein Karajan, gerne hört (eine Gabe, die mir fehlt), und schließlich war er es, der Karajan die Nachfolge Furtwänglers antrug, ihn auf den beiden ersten Amerikareisen begleitete und dort zusammen mit ihm den bekannten Angriffen ausgesetzt war. Vielleicht, daß Westerman nach vierjähriger Tätigkeit als Intendant für Karajan nichts Neues mehr darstellte, »he was taken for granted« (er wurde als selbstverständlich angenommen), ein schwer zu übersetzender englischer Ausdruck, der die Sache trifft.

Ging es mir ähnlich? Schwer zu sagen. Solange Mattoni an der Seite seines Meisters und Freundes wirkte, bestand ein alles in allem freundlich-positives Verhältnis, das kann ich im Rückblick guten Gewissens sagen, wenn dieses auch bisweilen leicht, aber nie dauernd getrübt war durch einige Wutanfälle des Maestros, von denen ich bereits berichtet habe. Dankbar darf ich anmerken, daß er fast immer seine Programme mit mir besprach, auf Anregungen und Bitten, zum Beispiel, möglichst oft moderne Werke in sein Repertoire aufzunehmen, einging, Programmänderungen zumindest erörterte und keineswegs kritische Anmerkungen ablehnte, mich im Gegenteil aufforderte, ihm zu sagen, wenn mir etwas nicht gefiele. Ich habe hiervon nur sehr selten Gebrauch gemacht, einmal weil es fast immer an Zeit mangelte, dann aber auch, weil bei aller Bewunderung für das Dirigentengenie Karajan doch oftmals andere Vorbilder in meiner Erinnerung einen festen Platz einnahmen.

Daß mich musikalisch ein Karajan doch weit entfernter Bruno Walter stark geprägt hatte, war dem Maestro bekannt, nie habe ich hieraus ein Hehl gemacht. Um so tiefer eingeprägt blieb in meinem Gedächtnis, wie Karajan bei einem Abendessen nach einem Konzert plötzlich sagte, er habe sich die neuesten Aufnahmen der Brahms-Symphonien von Walter angehört, die alles andere als gut seien, sogar Auslassungen enthielten. Ich konnte wahrheitsgemäß nur erwidern, daß ich die Platten noch nicht gehört habe, war allerdings verwundert, da Bruno Walter schon zwischen den beiden Weltkriegen und später in New York gerade als Brahms-Interpret stets höchste

Anerkennung fand und bei Aufnahmen – vielen wohnte ich bei – nur nach sorgsamster Prüfung sein Placet erteilte. Was bezweckte Karajan? Stichelei oder (un)sanfter Hinweis auf das erste Gebot?

Aber ich erinnere mich auch, wie er mir einmal seinen Arm um die Schulter legte, als ich ihm eine von mir angeregte Erhöhung seines Honorars – es war die erste – mitteilte!

Im allgemeinen galten spätabendliche Zusammenkünfte grundsätzlich der Entspannung, kaum dem Gespräch über das zurückliegende Konzert, mochte es noch so triumphal verlaufen sein. Durch Karajans jahrzehntelange Beschäftigung mit Yoga vermochte er nach Konzertende sogleich abzuschalten; hatte er sich erfrischt und kam zum Abendessen, beschäftigten ihn bereits andere Themen. Über die jeweils politische Lage in Berlin und Bonn ließ er sich gerne von mir informieren, Erinnerungen an die Zeiten meines Vaters fanden bisweilen sein Interesse, auch Gespräche über andere Dirigenten, insbesondere Anekdoten, wurden von ihm nicht ohne genußvollen Bedacht geführt oder erzählt, wobei noch jahrelang der Name von Furtwängler schattenhaft auftauchte. – Daß ich als Gesprächspartner für neue Flugzeuge, neue ärztliche Erkenntnisse und Methoden – seine besonders beliebten Themen – reichlich blaß blieb, sei der Vollständigkeit halber erwähnt.

Als Mattoni mehr in den Hintergrund trat und durch Emil Jucker, Leiter einer Züricher Konzertdirektion, in vielen Bereichen mindestens teilweise ersetzt wurde, ergab sich von vornherein eine etwas mißliche Situation, weil Jucker neben seiner Tätigkeit für Karajan auch noch eine Reihe von Künstlern vertrat, von denen sich die meisten der Gunst des Meisters erfreuten. Jucker selbst erfreute sich auf Grund seines wenig freundlichen Benehmens keiner großen Beliebtheit, schirmte Karajan unnötig ab und vermochte nicht, die Atmosphäre um den Maestro auf jenem auch menschlich angenehmen Niveau zu halten, um das Mattoni stets bemüht war. Hierdurch litt auch die persönliche Verbindung zu Karajan, ohne daß er dies gewollt hätte. Immerhin, unsere Beziehungen blieben lange (von dem Coventry-Vorfall abgesehen) störungsfrei, und sicherlich hätte ein in der Tat unentbehrlicher Karajan mir wie jedem anderen Intendanten Schwierigkeiten bereiten können, wenn es ihm auf einen Wechsel oder eine Ablösung angekommen wäre.

Ähnliches gilt für die Auswahl der Gastdirigenten. Nach der Verwaltungsordnung lag die Verantwortung hierfür ausschließlich beim Intendanten, eine Bestimmung, die Karajan offensichtlich nicht kannte. Dies entnahm ich seiner Bemerkung, er habe volles Vertrauen zu mir und überließe mir diese immerhin sehr wichtige Entscheidung, die den Großteil der philharmonischen Konzerte betraf. Hätte Karajan ein Mitspracherecht gewünscht, so wäre es ihm ein leichtes gewesen, dieses auch durchzusetzen. Selbstverständlich habe ich einige wenige Anregungen von ihm stets berücksichtigt, ohne daß diese immer beim Orchester (und auch bei mir nicht) auf enthusiastische Zustimmung gestoßen wären. Diese seine Wünsche stammten meistens aus seiner engsten Umgebung und dienten in der Regel geschäftlichen Interessen. Daß ich selbst nicht zu dieser engsten Umgebung gehörte, ergab sich schon aus dem Fehlen jeglicher geschäftlicher Interessen, aber auch aus der seltsamen, nie ganz zu durchschauenden Persönlichkeit des Meisters, seiner immer wieder Rätsel aufgebenden Denkweise, seiner schwankenden, von Zornesausbrüchen bis zur Sentimentalität reichenden Gefühlswelt.

Gerne hätte ich mir eine wirklich fundierte Vertrauensbasis gewünscht, auf die ich stets hingearbeitet habe. Daß dies nur bedingt gelang, lag vielleicht auch an mir, der ich selbst gleichfalls zur Zurückhaltung neige, mich kaum auf jene großartigen Lobeshymnen verstehe, die Karajan sicherlich gewohnt war. Aber wahrscheinlich war eine echte Vertrauensbasis schon wegen des tief sitzenden Mißtrauens nicht möglich, das nun einmal zum Charakterbild Karajans gehörte. »Er betrachtet mich mit wohlwollendem Mißtrauen«, so mein Vater, als ich mich nach der Einstellung des Reichspräsidenten von Hindenburg zu ihm, dem langjährigen Außenminister der Weimarer Republik, erkundigte, Worte, die mir in diesem Zusammenhang immer wieder eingefallen sind. Lange überwog das »Wohlwollen«.

Ich war bereits über siebzig Jahre alt, der Senat von Berlin, Karajan, das Orchester und viele andere machten sich Gedanken über die Nachfolge, als der Maestro nach einer Probe während der Pfingstkonzerte in Salzburg Vorstand, Fünferrat und weitere Vertreter der Philharmoniker zu sich rief. Ich hörte hiervon zufällig und fand mich, in der Annahme, es handle sich um einen Zwischenfall oder eine sonstige wichtige Angelegenheit, ebenfalls im Zimmer von Karajan ein. Verlegenes Lächeln des Meisters, man hatte mich bewußt nicht unterrichtet: »Dieses Mal wollen wir Sie gerade nicht . . .« Ich enteilte und hörte später, daß sich Karajan und die Orchestergremien über die Nachfolger-Frage unterhalten wollten. Wie mir glaubhaft berichtet wurde, habe Karajan erklärt, das Alter spiele keine Rolle, ich wäre ihm auch noch mit achtzig Jahren willkommen! (Wie unwillkommen ich dann tatsächlich war, hierüber später.) Die Orchestervertreter, so der Bericht, hätten Karajan zugestimmt.

Doch bald ging es mit dem »Wohlwollen« rapide bergab. Einmal wurde ich vom Standpunkt des Senats aus Altersgründen »überfällig«, der Druck seitens des Kultursenators wuchs, gleichzeitig die Zahl der Kandidaten, die er Karajan sandte, an denen der Maestro allerdings wenig Gefallen fand. Aber nun kam es zusätzlich zu einer erneuten Verstimmung wegen Barenboim, dessen Name als Gastdirigent wiederum in der alljährlichen Vorschau auftauchte und Karajans (völlig unbegründetes) Mißtrauen verstärkte, daß ich dabei sei, diesen hochbegabten Musiker als Nachfolger des Meisters aufzubauen. Emil Jucker nahm mich beiseite und sagte mir, Karajans Groll gegen mich nähme zu, dies sei natürlich eine streng vertrauliche Information, und er, Jucker, würde alles leugnen, sollte ich ihn als Informanten nennen – was ich natürlich nicht tat. Doch dann kam es auch zu einer direkten Auseinandersetzung zwischen Karajan und mir, die ergebnislos verlief und die Verärgerung – nicht auf meiner Seite – erhöhte. Ich hatte ein gutes Gewissen, war der Überzeugung, daß bei der Vielzahl der Gastdirigenten ein allgemein anerkannter Künstler wie Barenboim nicht dauernd vom Pult der Philharmoniker ferngehalten werden dürfe.

(Übrigens war mein Nachfolger derselben Ansicht und setzte sie bei Karajan durch!)

Ich gestehe, ich wäre gerne insgesamt zwanzig Jahre bis zur Erreichung meines fünfundsiebzigsten Lebensjahres im Amt geblieben, habe dies auch dem Senator wie Karajan schriftlich dargelegt. Der Maestro ließ sich kaum noch sprechen, so daß ich mit ihm teilweise auch in anderen Angelegenheiten brieflich verkehren mußte, hüllte sich in das bei ihm übliche Schweigen, wenn es galt, dem Unangenehmen auszuweichen, sich aus Entscheidungen herauszuhalten, falls diese ihm Ärger oder Verlegenheit eintragen könnten. Kein erfreulicher Zustand, der kränkte und mir zeigte, daß ich bei Karajan abgemeldet war.

Schließlich gelang es, einen »genehmen« Nachfolger zu finden, und zwar in der Person des fünfunddreißigjährigen Dr. Peter Girth, Freund von Emil Maas, einem Mitglied des Orchestervorstandes. Karajan, von der Persönlichkeit des damaligen Vertreters der Musikergewerkschaft angetan, alsbald begeistert, ließ den Kultursenator wissen: »Diesen oder keinen«, und so trat Girth, der zuerst persönliche Bedenken äußerte, die aber wohl bald durch Maas und Karajan zerstreut wurden, sein Amt am 1. September 1978 an.

Am Tage zuvor wurde ich in Luzern, wo Karajan und die Philharmoniker konzertierten, nach der Vormittagsprobe verabschiedet. Die Zeremonie dauerte nicht lange, Karajan hob hervor, daß ich stets darauf geachtet habe, seine Programme rechtzeitig fertigzustellen (!), Frau von Karajan ließ Rührung erkennen und verließ vorzeitig den Raum, vom Vorstand erhielt ich die Bülow-Medaille, dann einige Worte meinerseits, ich glaubte zu hören, daß die Mägen der Orchestermitglieder knurrten – die Verabschiedung so kurz wie die Vorstellung vor rund neunzehn Jahren.

Zuvor noch eine überraschende Einladung von Karajan und seiner Frau, mit ihnen abends zusammenzusein, wohl ein plötzlicher Einfall, nachdem ich den Maestro während der letzten Jahre fast nur noch »amtlich« gesehen und gesprochen und, wie gesagt, oftmals nur noch schriftlich mit ihm verkehrt hatte.

114

So war es für mich eine kleine Genugtuung, diese sogar mehrfach von beiden ausgesprochene Einladung ablehnen zu können mit dem Hinweis, daß ich bereits eine andere Einladung angenommen habe; der Zufall wollte es, daß meine Gastgeber mich in das gleiche Hotel gebeten hatten, in dem Karajan mit seiner Frau und Herrn Jucker aßen, nicht weit von unserem Tisch.

Happy-End? Am 23. September 1978 wurde ich offiziell in der Philharmonie im Rahmen eines Festwochenkonzerts verabschiedet, das von Karajan geleitet werden sollte. Kurz zuvor während einer Probe entglitt dem Maestro, der, wie immer, entspannt dirigierte, der Taktstock. Als er sich herunterbeugte, verlor er plötzlich das Gleichgewicht, stürzte zu Boden, wurde schnell ins Urban-Krankenhaus gebracht, wo die Ärzte, wie glaubhaft berichtet, trotz aller nur möglichen Untersuchungen keinen Krankheitsbefund feststellen konnten. Ich fühlte trotz allem den Wunsch, Karajan aufzusuchen oder wenigstens an Ort und Stelle herauszufinden, wie es ihm ginge. Mein Besuch am Vormittag des Tages nach seinem Sturz war ohne Erfolg, da der Maestro sich nicht sprechen ließ oder vielleicht nicht ansprechbar war. Nachmittags kam Dr. Girth und hatte mehr Erfolg, allerdings einen völlig unerwarteten. Der Meister – so Girth, der mir dies völlig verblüfft erzählte, tobte, war außer sich, daß an seiner Stelle ausgerechnet Barenboim dirigieren sollte, der vom Leiter der Festwochen, Dr. Eckhardt, kurzfristig engagiert werden konnte, sicherlich mit Zustimmung von Dr. Girth, den ich in Sachen Barenboim noch in Salzburg bei einer überlangen Informationsbesprechung vorgewarnt hatte. Karajan fand diese Wahl »unerhört« und meinte, man hätte einem jungen Dirigenten, wie dem Bulgaren Emil Tchakarov, eine Chance geben sollen. – Der Wutausbruch des Meisters zeigte, daß in der Tat nichts Ernstliches vorlag, wenn auch manche Ärzte, die von dem Vorfall hörten, sich nachdenklich äußerten. Ich freute mich natürlich besonders, daß der mir befreundete Daniel Barenboim gerade dieses Konzert dirigierte.

Dann – einige Wochen später – klingelte bei mir zu Hause das Telefon: »Hallo«, ich fragte, wer am Apparat sei. »Erken-

nen Sie meine Stimme nicht?« Sie klang mir fremd. Es war –
Karajan, tatsächlich, der erste und einzige private Anruf, den
ich von ihm jemals erhalten habe. Karajan erzählte eingehend
von seinem Unfall bei der Probe, berichtete, wie ihm öfters der
Stab aus der Hand gefallen sei, worauf sich die Philharmoniker
stets ein besonderes Vergnügen gemacht hätten, indem sie so
taten, als ob sie alle nach vorne liefen, um ihm beim Aufheben
des Taktstockes zu helfen. Doch diesmal seien sie entsetzt gewesen, als sie zusehen mußten, wie er auf den Boden fiel. Ich
beglückwünschte Karajan zu seiner schnellen Genesung, er-
mahnte ihn, sich eine hinreichende Schonzeit zu gönnen, und
das lange Telefonat endete positiv und versöhnlich. Als meine
Frau und ich ihn bei seinem nächsten Konzert in der Philharmonie »backstage« begrüßten, umarmte er uns beide, als ob
wir uns seit vielen Jahren nicht mehr gesehen hätten. Wir waren völlig überrascht über diese – übrigens einmalige – Geste... Wie hatte doch Bruno Walter gesagt: »Ein seltsamer
Mann.«

Noch einmal in die Philharmonie

Der langjährige Zwist zwischen Karajan und den Berliner Philharmonikern (1982–1984), auf Grund dessen ich noch einmal
in die Philharmonie berufen wurde, hatte möglicherweise eine
tieferliegende Ursache, auch wenn der sie auslösende Vorfall
einige Zeit zurückliegt.

Mitte der siebziger Jahre verabredeten sich Karajan und der
damals amtierende Kultursenator Professor Stein zu einem
Abendessen, an dem ich ebenfalls teilnahm. Es handelte sich
um ein Routinetreffen, kritische Punkte waren nicht zu besprechen. Im Laufe des Abends fragte Professor Stein den Maestro
ganz allgemein, wie es mit den Philharmonikern stünde. Die
unerwartete Antwort: »Die warten auf meinen Tod!« Professor
Stein war – genau wie ich – völlig konsterniert. Karajan berichtete, daß philharmonische Vertreter für die Privatgeschäfte bei
ihm angefragt hätten, was wohl aus den – bekanntlich lukrativen – Grammophon-Aufnahmen würde, falls er erkranke und
auf längere Zeit ausfalle. Wäre es nicht ratsam, so die Vertreter,
einem solchen Fall vorzubeugen, insbesondere einen oder
mehrere Ausnahmedirigenten ins Auge zu fassen und eine solche Möglichkeit auch bei neuen vertraglichen Bindungen fest-
zuschreiben? Karajan klang bitter, und man konnte seine Gefühle nur allzugut verstehen.

Da es sich bei besagten Aufnahmen um Privatangelegenhei-
ten des Orchesters während der Freizeit handelte, aus denen
ich mich grundsätzlich fernhielt (weder Karajan noch die Philharmoniker hätten eine Einmischung des Intendanten gewünscht), war ich über diesen Vorgang nicht informiert und
sprach hierüber später sehr eindringlich mit einem der beiden
Orchestervertreter. Diesem legte ich dar, wie wenig taktvoll
Karajan gegenüber dieser Schritt gewesen sei, daß es im Leben

ohnehin keine absolute Sicherheit gäbe und daher jeder Versuch, sich gegen eine eventuelle Erkrankung des Chefdirigenten vertraglich abzusichern, mir weder sinnvoll noch überdies ethisch verantwortbar erscheine. Der damals noch recht junge Philharmoniker wurde nachdenklich und meinte, es wäre vielleicht besser gewesen, wenn er diesen Punkt nicht nur mit den Philharmonikern diskutiert hätte.

An jenem Abend konnten Professor Stein und ich nur den Kopf schütteln, und das Gesprächsthema wurde alsbald gewechselt. – Doch Karajans Verstimmung – dies glaube ich heute noch – saß tief. Ein Stachel war zurückgeblieben in ihm, der niemals Kränkungen, erlittenen Unbill – gleichgültig ob beabsichtigt zugefügt oder nur als solche empfunden – vergaß. Und welcher Chef hört es gern, wenn sich Umgebung oder Gefolgsleute Gedanken machen über seine vorübergehende, möglicherweise dauernde Arbeitsunfähigkeit und sogar über Ersatz nachdenken? – Gerade in dieser Beziehung erwies sich der Maestro als besonders verletzlich. »Ich schwöre mir ewige Jugend«, Titel einer Biographie des unserer Familie befreundeten Dresdner Hofpredigers Kessler, hätte auch für einen Lebensbericht Karajans als Leitspruch gelten können. Von Alter und Altwerden wollte er nichts wissen, »Altersweisheit« wertete er als »faule Ausrede« für eingeschränkte Aktivitäten oder Nichtstun. Mit unerbittlicher Strenge hielt er bis zuletzt an seinem gewohnten, auch für Jüngere anstrengenden Arbeitsrhythmus fest, bezwang immer wieder seinen sich ihm zusehends verweigernden Körper, wünschte im Goetheschen Sinne tätig zu sein bis zum letzten Atemzug.

Um so schwerwiegender die Anfrage der Philharmoniker und ihre Deutung durch den Chef, der sich damals trotz mancher Grippe und anderer Erkrankungen auf der Höhe seines Könnens, seines Ruhmes befand. – Beweisen läßt sich nichts. Doch ich könnte mir vorstellen, daß die Karajan in aller Klarheit vorgetragene Besorgnis der Philharmoniker möglicherweise eine Art Präludium darstellte für jene, sich bereits im Jubiläumsjahr 1982 abzeichnende Krise im Verhältnis des Chefdirigenten zu seinem Orchester, mit der sich der folgende Bericht beschäftigt.

Berliner Festwochen 1982. Sie standen ganz im Zeichen des hundertjährigen Geburtstages des Berliner Philharmonischen Orchesters. Höhepunkt wie gewohnt: die Philharmoniker unter Karajan, der Maestro zusammen mit den Seinen in großer Form. Während der Konzertpause Besuch Richard von Weizsäckers, damals Regierender Bürgermeister von Berlin, in Karajans Privatzimmer. Am Ende der Unterhaltung Verabschiedung in dem sonst als Gastdirigentenraum dienenden Vorzimmer, dessen Tür zum Weg ins Hauptfoyer offenstand. Der Zufall wollte es, daß ich, vom Orchesterfoyer kommend, noch hörte, wie Karajan etwas von Differenzen in der Beurteilung einer Klarinettistin sagte und eine Bemerkung wie – dem Sinne nach – »denen werde ich es noch zeigen« machte.

Ich bin sicher, daß Herr von Weizsäcker dieser Angelegenheit damals keine entscheidende Bedeutung beimaß. Auch ich wußte nichts von einem sich anbahnenden oder bereits schwelenden Konflikt zwischen dem Orchester und seinem Chef. Oft genug wurde ich, als ich längst nicht mehr Intendant war, nach dem Stand der Dinge im philharmonischen Bereich gefragt in der Annahme, ich sei weiterhin laufend informiert, was damals nicht zutraf und auch heute nicht der Fall ist. Mein steter Grundsatz: Nach dem Ausscheiden aus einer Position, auch wenn man sie neunzehn Jahre lang innehatte, bleibe man außerhalb des weiteren Geschehens. Nichts ist mißlicher als der Versuch, noch hinter den Kulissen weiterhin Einfluß nehmen, sich Informationen beschaffen zu wollen, die noch dazu sehr oft nicht zutreffen oder sich nur als Halbwahrheiten herausstellen.

Doch die volle Wahrheit gelangte sehr bald an die Öffentlichkeit. »Philharmonischer Konflikt«, »Philharmoniker und Karajan gehen auf Kollisionskurs«, so die Überschriften führender Berliner Zeitungen vom 6. Januar 1983; auch der »Spiegel« berichtete einige Tage später von einem »Schlag ins Konto«. – Was hatte sich ereignet?

Der erste Solo-Klarinettist Ulf Rodenhäuser war mit Ende der Spielzeit 1979/80 aus dem Orchester ausgeschieden, und die Vakanz konnte trotz verschiedentlicher Vorspiele nicht ausgefüllt werden. An einem der Vorspiele – so berichtete die Presse – nahm eine dreiundzwanzigjährige, beim Bayerischen Rundfunk-Orchester tätige Klarinettistin, Sabine Meyer, teil, von deren Spiel Karajan sofort begeistert war, während im Orchester – und vermutlich bei der Klarinettengruppe – die Begeisterung des Chefs nicht geteilt wurde. Karajan, unberührt, probierte Sabine Meyer als Aushilfe bei seinen Konzerten in Berlin, Salzburg, Luzern und vor allem während der triumphalen Herbstreise des Orchesters in Amerika aus, gelangte zu der Überzeugung, man habe in der jungen Künstlerin die »Richtige« für die Position der ersten Solo-Klarinette endlich gefunden – die andere hatte der bewährte Karl Leister seit 1959 inne – und ließ hierüber die Philharmoniker mit gewohnter Beredsamkeit in keinem Zweifel.

Doch diese blieben abwartend und konnten sich bei einer Orchesterversammlung im November 1982 für ein Probejahr für Sabine Meyer nicht entschließen. Karajan »auf der Palme«! Nichts konnte ihn so erregen wie Zweifel an seinem Urteilsvermögen. Er hatte sich mit all seiner Überzeugungskraft für die junge Klarinettistin eingesetzt, sie in wichtigen In- und Auslandskonzerten gehört und als würdig befunden, und nun wagten die Philharmoniker, ihm zu widersprechen! Ein tief verletzter Maestro, der überdies Intrigen witterte, sann auf Rache, Bestrafung. Sie ließ nicht lange auf sich warten. In einem Brief, der jedem einzelnen Philharmoniker zugestellt wurde, »sistierte« der erboste Chef sämtliche Aufnahmen aller Art (daher die »Spiegel«-Überschrift »Schlag ins Konto«) sowie alle Tourneen, unter anderem die Mitwirkung der Berliner Philharmoniker bei den Salzburger und Luzerner Festspielen; seinen Berliner Verpflichtungen, also den vertraglich festgelegten sechs Programmen, wollte er nachkommen. Diese Mitteilung vom 3. Dezember 1982 wurde unter anderem im »Tagesspiegel« vom 18. Januar 1983 wörtlich abgedruckt. Schon während der Weihnachtsfeier der Philharmoniker erwähnte der Leiter der veranstaltenden »Kameradschaft der Berliner Philharmoniker«, Alexander Dietrich, den »sistierenden« Maestro, wenn auch nur am Rande, und niemand ließ sich hierdurch die Stimmung trüben. Doch das Thema Sabine Meyer blieb im Raum.

Ich habe die junge Künstlerin in Konzerten unter Karajan und anderen Dirigenten gehört, vermochte jedoch Karajans Beurteilung nicht ganz zu folgen. Allerdings durfte man das große Handikap der jungen Klarinettistin nicht außer acht lassen; sie besaß kaum hinreichende Erfahrung als erste Solo-Klarinettistin, spielte in einer ihr fremden, möglicherweise nicht zugeneigten Umgebung. Man hatte den Eindruck, daß sie sich dem Bläserensemble der Philharmoniker nicht (oder noch nicht) hinreichend anpaßte, ihr Ton blieb oftmals klein, wenig leuchtend. Immerhin – bei einigen Solo-Passagen vermochte man Individualität, bemerkenswertes Legato-Spiel und kunstvolle Phrasierung zu entdecken. Ob die Berliner Philharmoniker nicht besser beraten gewesen wären, dem Drängen Karajans nachzugeben und Sabine Meyer ein Probejahr zu geben, steht dahin.

Inzwischen hat die Künstlerin als Solistin und Kammermusikerin eine große Karriere gemacht. Ihre technische Brillanz, echte Musikalität sowie eine bedeutende Ausstrahlungskraft werden allgemein anerkannt. Hatten die Philharmoniker also unrecht? Nicht unbedingt. Wie das Geigenphänomen Anne-Sophie Mutter, auch eine Entdeckung Karajans, den Philharmonikern als Konzertmeisterin, geschweige denn als Mitglied der ersten Violinen, wenig genutzt hätte, so gilt ein Gleiches für Sabine Meyer. Sie ist von Natur aus Solistin, gehört nicht – zumindest nicht auf Dauer – in ein Orchester, bei dem tonliche Anpassung, Ensemblespiel, Unterordnung gegenüber dem Dirigenten gefordert sind. Auch als Kammermusikerin spielt Sabine Meyer (vermutlich ohne es zu wollen) fast immer eine führende Rolle, dominiert auch in diesem Rahmen, ohne ihn jedoch zu sprengen. Fast möchte man sagen, »mit der Klarinette« geboren, wie die Mutter mit der Violine oder Martha Argerich mit dem Klavier, gehört Sabine Meyer als eigenständige Künstlerin auf das Konzertpodium, nicht aber als Mitglied eines noch so großartigen Orchesters.

Zurück zur Krisensituation, wie sie sich aus dem Karajan-Brief ergab. Dieser Brief war psychologisch denkbar ungeschickt und stellte im übrigen, was die »Sistierung« der Tourneen betraf, zumindest die Androhung eines Vertragsbruchs gegenüber dem Senat von Berlin dar; denn in seinem Vertrag hatte sich Karajan zu Konzertreisen in einer bestimmten Anzahl verpflichtet. Und glaubte er wirklich, die Philharmoniker seien käuflich, würden nachgeben, wenn er ihnen den Geldhahn für ihre sogenannten Nebengeschäfte abdrehte? Die Musiker, in ihrem Stolz verletzt, kamen am 4. Januar 1983 zusammen und bestätigten ihren Beschluß vom 16. November 1982, Sabine Meyer kein Probejahr einzuräumen.

Nun waren die Türen zu einer Einigung zugeschlagen und der Senat bzw. der zuständige Senator Professor Wilhelm Kewenig gefordert. Welche Rolle der Intendant Dr. Girth zuvor und während dieser Zeit gespielt hat, ist mir nicht bekannt. Allerdings hörte ich seit längerer Zeit, daß sich die anfänglich guten Beziehungen zwischen ihm und dem Orchester abgekühlt hätten und es zu Spannungen gekommen sei; auf der anderen Seite, so hieß es, wäre der Maestro nach anfänglichem Mißbehagen nunmehr mit dem Intendanten und seiner Tätigkeit hochzufrieden und wünsche die bald anstehende Vertragsverlängerung für Dr. Girth. – Nach längeren Verhandlungen schlug Senator Kewenig einen Kompromiß vor: Das Orchester solle Sabine Meyer als eine Art ständige Aushilfe, insbesondere für Karajan-Konzerte, akzeptieren (hiermit wäre die Klarinettistin einverstanden gewesen) und – als »Bonbon« für den Maestro gedacht – eine zweijährige Verlängerung des Vertrages von Dr. Girth. Doch Kewenig vermochte seinen Kompromißvorschlag nicht durchzusetzen, die Fronten verhärteten sich. Karajan weiterhin »sistierend« und sicherlich auch instistierend. – Was tat Intendant Girth? Er durchschlug den »Gordischen Knoten«, indem er kurzerhand von sich aus Sabine Meyer für ein Probejahr, beginnend am 1. September 1983, engagierte und sich damit über den gegenteiligen Orchesterbeschluß hinwegsetzte.

Daß dieses Engagement wie eine Bombe einschlug, braucht nicht betont zu werden. Sturm im Orchester, dem erstmalig ein neues Mitglied aufoktroyiert wurde; Aufregung in der Presse.

Girth, der möglicherweise auf Grund von Drohungen Karajans handelte – wie oft hatte der Maestro während meiner Intendantenzeit seine Wünsche mit Drohungen aller Art verbunden –, berief sich auf den bereits erwähnten Wortlaut des Paragraphen 5 der Verwaltungsordnung, wonach »neue Mitglieder nach einem Probespiel vor dem Orchester auf eine zu vereinbarende Probezeit vom Intendanten verpflichtet werden«. Nur dies, so führte der Intendant an, habe er getan, und zwar »im wohlverstandenen Interesse des Orchesters« sowie als Beitrag für »die erfolgreiche Zusammenarbeit mit seinem künstlerischen Leiter Herbert von Karajan«. Rein juristisch mag Girth Recht gehabt haben. Aber mit Jurisprudenz allein ist es nicht getan. Seit Jahrzehnten war niemand nach einem negativ verlaufenen Probespiel gegen den Willen einer Orchestermehrheit bei den Philharmonikern eingestellt worden; es hatte sich inzwischen zumindest ein Gewohnheitsrecht herausgebildet, das selbst in einer kritischen Lage nicht unbeachtet bleiben durfte. Kein Wunder also, daß sich Empörung im Orchester breitmachte und die sofortige Abberufung des Intendanten Girth gefordert wurde, der übrigens auch nicht den Personalrat vor dem Engagement von Sabine Meyer gefragt hatte, wie es das Gesetz vorschreibt.

Doch nun erschien der Meister in persona, um eines seiner sechs Programme zu proben, und siehe da, er zeigte sich kompromißbereit. Mit Hilfe von Kewenig kam es zu einer Einigung: Der zweifellos rechtswirksame Vertrag mit Sabine Meyer wurde anerkannt, ein Probejahr – aber nur dieses – durfte sie absolvieren und mußte sich dann erneut dem Votum des Orchesters stellen. Andererseits war nunmehr von einer Verlängerung des Vertrags mit Dr. Girth nicht mehr die Rede, ein Zugeständnis, das Karajan sicherlich mit einer »reservatio mentalis« gemacht hatte (tatsächlich verlangte er später mit Rücksicht auf sein Alter erneut eine Vertragsverlängerung).

Nachdem Sabine Meyer nunmehr Orchestermitglied war, wenn auch nur für ein Probejahr, nahm der Chef seine »Sistierungen« zurück, und die Friedensglocken läuteten. Doch sie klangen nicht rein. Zu groß war die Verärgerung im Orchester über den eigenwilligen Schritt seines Intendanten, der nun definitiv, nicht schon früher, auf die Seite Karajans gedrängt, in den Philharmonikern eher Feinde als Freunde erblickte, ein ungesunder Zustand. Als ich mein Buch ».. . und abends in die Philharmonie« schrieb, fügte ich ein Schlußkapitel ».. . und morgens in die Philharmonie« an, in dem ich mich unter anderem mit den Aufgaben des Intendanten befaßte, der vor allem auf Harmonie und Ausgleich im philharmonischen Betrieb, insbesondere auch bei Diskrepanzen zwischen Chefdirigent und Orchester, bedacht sein muß. Frau Girth, die dieses Buch ihrem Mann zu Weihnachten schenkte, sagte ich, daß ich das letzte Kapitel besonders ihres Mannes wegen geschrieben hätte. Leider hat es nicht viel genutzt.

Daß die Affäre auch ein parlamentarisches Nachspiel haben würde, war klar. Kewenig wies auf den Widerspruch zwischen dem Paragraphen 5 der Verwaltungsordnung und den »gewachsenen Rechten« des Orchesters bei der Einstellung neuer Mitglieder hin und meinte, es sei wichtig, die Verwaltungsordnung für die Zukunft zu einem brauchbaren Instrument zur Vermeidung von Konflikten wie im vorliegenden Fall zu machen.

Leider ist dies bis zum heutigen Tage nicht geschehen. Anzustreben wäre: Keine Neueinstellungen für das übliche Probejahr durch den Intendanten ohne Zustimmung des Orchesters »und« des Chefdirigenten, die sich eben bei divergierenden Ansichten »zusammenraufen« müssen, wie es Jahrzehnte hindurch vor dem Fall Sabine Meyer zwischen Karajan und seinen Berliner Philharmonikern geschah. – Doch – noch einmal sei es betont – was nützen alle Paragraphen? Besitzt der Chefdirigent hinreichend Autorität, so wird er sich ohne Drohungen oder »Sistierungen« durchsetzen, wenn er psychologisch vorgeht und Gegenargumente einer etwaigen Orchestermehrheit oder maßgeblicher Orchestermitglieder – siehe Karajans Verhalten im Falle der jungen Flötistin (S. 83/84) – berücksichtigt. Vertrauensvolles harmonisches Zusammenwirken zwischen dem Chef und seinen Musikern ist viel wichtiger als irgendwelche Paragraphen.

Die »legale Nacht- und Nebelaktion« von Girth, wie es in

der »Berliner Morgenpost« vom 20. Januar 1983 hieß, und die anschließenden Auseinandersetzungen zwischen den Philharmonikern und ihrem Intendanten hatten, wie nicht anders zu erwarten, das philharmonische Klima beeinträchtigt mit der Folge, daß sich das alte Vertrauensverhältnis im Spannungsfeld Chefdirigent–Intendant–Orchester nicht mehr bilden konnte. Statt dessen bildeten sich zwei Fronten: Karajan und »sein« Intendant gegen die Mitglieder des Berliner Philharmonischen Orchesters. Eine solche Konstellation mußte zu weiteren Störungen führen, zumal Karajan von einem nach all den Reibereien verständlicherweise feindselig eingestellten Dr. Girth ständig negative Berichte über interne Vorgänge bei den Philharmonikern erhielt, wie dies von führenden Orchestermitgliedern immer wieder behauptet wurde. Dabei ging es um die sogenannten Nebentätigkeiten der Philharmoniker, die laut Tarifvertrag der Genehmigung durch den Intendanten bedürfen und auch genehmigt werden müssen, es sei denn, daß berechtigte Interessen des Arbeitgebers, also des Landes Berlin, berührt werden.

Diese Nebentätigkeiten – hier seien Platten- und andere Aufnahmen ausgeklammert – setzen sich aus Lehrtätigkeit und vor allem aus kammermusikalischen Aktivitäten zusammen; hinzu kommt die Mitwirkung bei besonderen Anlässen wie Konferenzen, Feierlichkeiten und, begrenzt, bei anderen Orchestern, etwa beim Orchester der Deutschen Oper Berlin, gerade in Notsituationen. Daß ein »Zuviel« beanstandet werden kann, liegt auf der Hand. Andererseits sei nicht vergessen, daß Orchestermusiker, die ex officio berechtigte wie unberechtigte Wünsche des jeweiligen Dirigenten zu erfüllen haben, den Wunsch hegen, ab und zu eigenständig zu musizieren, um ihrem eigenen Musikverständnis Ausdruck zu verleihen und nicht dauernd am Gängelband des Dirigenten zu hängen. Und in welch hohem Maße kammermusikalisches Musizieren dem Ensemblespiel des Gesamtorchesters auf Dauer zugute kommt, kann nicht oft genug betont werden.

So far, so good. Die kammermusikalischen Nebentätigkeiten der Berliner Philharmoniker florierten (wie dies übrigens auch bei anderen Spitzenorchestern der Fall ist), nahmen an Umfang zu, insbesondere während der Salzburger Osterfestspiele, wo eine Reihe von Extra-Konzerten philharmonischer Kammergruppen stattfand und sicherlich auch in Zukunft stattfinden wird. Der Gründer der Festspiele, der die bereits im zweiten Jahr entstandenen und sich später ständig vergrößernden Finanzlücken irgendwie zu schließen hatte, verfolgte diese kammermusikalischen Aktivitäten und ihre Ausdehnung mit mehr oder weniger deutlich erkennbarem Mißbehagen, konnte aber nichts unternehmen, da das Orchester durch geschickte Einteilung stets die von ihm gewünschten Besetzungen für Oper und Konzerte zur Stelle hatte. Und sein Mißbehagen wuchs, als die Spannungen zunahmen. Ich habe seinerzeit angeregt, mit Karajan im voraus Salzburger Extra-Konzerte zu besprechen und seine – juristisch nicht notwendige – Zustimmung einzuholen, die er, soweit kannte ich ihn, nie versagt hätte.

Daß er auch bei Reisen nach Japan oder in die USA über solche Extra-Aktivitäten alles andere als glücklich war, soll in diesem Zusammenhang erwähnt sein. Einmal wollten die »Zwölf Cellisten« nach einem letzten New Yorker Karajan-Konzert mit dem Gesamtorchester, das nachmittags in der Carnegie Hall stattgefunden hatte, im gleichen Saal ein Abendkonzert geben, für das bereits alles von der die Berliner Philharmoniker stets betreuenden Columbia Artists Management, Inc. (Cami) vorbereitet war. Relativ kurzfristig ließ die Cami den Geschäftsführer der »Zwölf«, Rudolf Weinsheimer, wissen, sie könne das Konzert seiner Gruppe aus Gründen von »Arbeitsüberlastung« nicht durchführen! Wer die Cami kennt, weiß, daß eine solche Begründung nicht stichhaltig sein konnte. Und wer mit den engen Beziehungen zwischen Karajan und dem Präsidenten der Cami, Mr. Wilford, vertraut war, mußte vermuten, daß die plötzliche Absage vom Maestro veranlaßt worden war! Die »Zwölf« führten übrigens das Konzert dennoch, allerdings in einem kleineren Saal, durch.

Daß Karajan nach der »Klarinetten-Krise« die Nebentätigkeiten von Orchestermitgliedern mit ständig wachsendem Unmut betrachtete, wobei er sich wahrscheinlich auf Dauer-Informationen aus dem Intendantenzimmer der Philharmonie stützen konnte, kam nicht überraschend. Als sich nun noch ein philharmonisches Kammerorchester unter Leitung des Vorstandsmitgliedes Professor Zepperitz bildete, sich anschickte, auf Tournee zu gehen, auch mit von Karajan einstudierten Werken, kam es zu einem neuen Eklat. Karajan verlangte die Auflösung des Kammerorchesters, verwahrte sich dagegen, daß das neue Ensemble von seiner Arbeit profitiere, äußerte prinzipielle Bedenken gegen dessen Aktivitäten, die sich auch auf das Ausland erstreckten. Der neuernannte Senator für Kulturelle Angelegenheiten, Dr. Volker Hassemer, wurde eingeschaltet und entschied mit vollem Recht, daß ein solches Kammerorchester nicht zulässig sei.

Ein neues Ärgernis, wiederum ernstliche Spannung und Unruhe, Krisenstimmung, die sich natürlich in den Medien widerspiegelte, keine Möglichkeit, die Frage des Kammerorchesters intern – diesmal im Sinne Karajans – zu lösen. Hassemer hatte mich übrigens vor seiner Entscheidung zu einer Unterredung gebeten; mein Standpunkt: Ich hielt ein Kammerorchester für undenkbar und hätte keine Genehmigung gegeben. Ich erzählte ihm, wie ich selbst Karajan gewarnt und beschworen habe, von seiner Idee, mit einem philharmonischen Kammerorchester Bach-Konzerte zu geben, Abstand zu nehmen. – Unsere Besprechungszeit war auf etwa 45 Minuten angesetzt. Der Zufall wollte es, daß der Senator ans Telefon gerufen wurde und für mindestens eine Viertelstunde verschwand. Als er zurückkam, sagte er: »Karajan war am Telefon, ich habe den Eindruck, er will auf einen Bruch mit den Philharmonikern hinaus!«

Daß dem so war, ergab sich auch aus seinen intensiven Bemühungen, die Salzburger Osterfestspiele 1983 erstmals ohne die Berliner Philharmoniker durchzuführen. Die Spatzen pfiffen es schon von den Dächern, wieviel Absagen der Maestro erhielt: von den Wiener Philharmonikern, dann von der Dresdner Staatskapelle, dem Orchester des Leipziger Gewandhauses und anderen führenden Ensembles; dies keineswegs mit Rücksicht auf die Berliner Philharmoniker, sondern wegen längst eingegangener Verpflichtungen, Konzerte, Opernaufführungen, Aufnahmen etc. Schließlich soll die mit entsprechenden Recherchen beauftragte Geschäftsführerin der Osterfestspiel G.m.b.H. ein Orchester aus – Straßburg ausfindig gemacht haben, das aber verständlicherweise dem Meister nun doch nicht genügte, worauf er sich – sicherlich widerwillig – mit seinen Berliner Musikern abfinden mußte.

Immerhin hatte er die Genugtuung, daß Hassemer in Sachen Kammerorchester eine äußerst vernünftige, seinen eigenen Wünschen entsprechende Entscheidung traf, indem nur noch Gruppen von höchstens dreizehn Philharmonikern (die Zahl ergibt sich, wenn ein Bläserensemble konzertiert) erlaubt wurden, und diese Entscheidung konnte der verärgerte Chef als Sieg verbuchen.

Doch es kam immer wieder zu neuen Differenzen, im österlichen Salzburg wegen der Besetzungsfrage der Klarinetten sogar zu einem solchen Eklat, daß Hassemer einschreiten mußte, der mir Einzelheiten bei einem Empfang in Berlin erzählte. Jedenfalls eines stand fest: Die Unruhe hielt an, es gärte im Orchester, dem das »Bündnis« Chefdirigent–Intendant gegenüberstand. In einer solchen Atmosphäre mußte nun die Endabstimmung über Sabine Meyer stattfinden, deren Probejahr zu Ende ging. Mehrfach wurde die Abstimmung, wie es hieß, wegen Orchesterreisen verschoben, nun war ein neuer Termin für die zweite Maihälfte angesetzt.

Dann klingelte bei mir das Telefon, ein Berater der jungen Klarinettistin war am Apparat und wünschte, mit mir die Frage zu besprechen, ob es Sabine Meyer auf eine ihr möglicherweise ungünstig verlaufende Abstimmung ankommen lassen oder freiwillig verzichten solle. Nach philharmonischem Brauch bedurfte es einer Zweidrittelmehrheit, um das Probejahr erfolgreich abzuschließen und im Orchester endgültig eingestellt zu werden, und diese qualifizierte Mehrheit, so der Berater, würde wohl kaum zu erreichen sein. In der Tat, nach allem, was vorgefallen war, bestand sicherlich die Gefahr, daß manch ein Philharmoniker – vielleicht unbewußt – das Abstimmungsergebnis als Sieg oder Niederlage Karajans bewerten würde. Sa-

Herbert von Karajan um 1950

Karajan dirigiert das Berliner Philharmonische Orchester im
Saal der Hochschule für Musik, um 1955

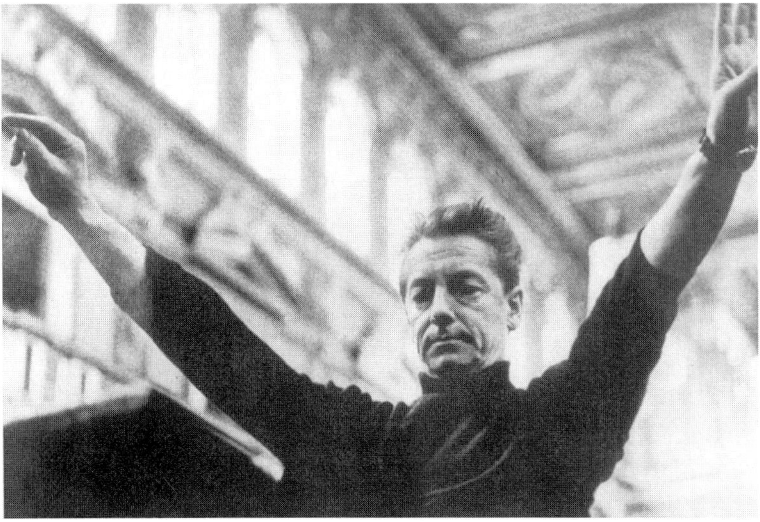

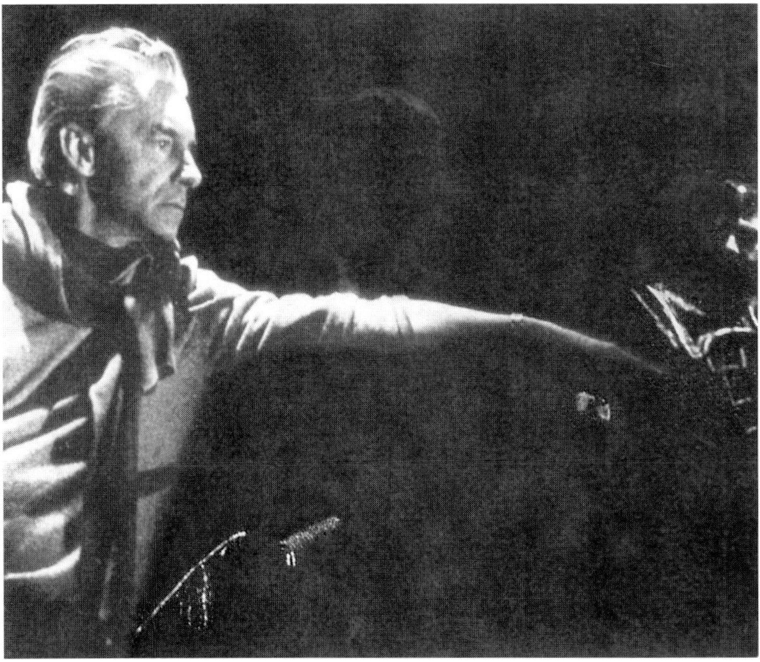

Salzburg 1968: Ein bewegter, nachdenklicher Karajan erhält anläßlich seines 60. Geburtstages die Ehrenbürgerschaft der Stadt

1971 beim internationalen Dirigentenwettbewerb mit dem
Leiter Prof. Ahlendorf und den Preisträgern Gabriel Chmura,
Antoni Witt, Maris Janson und Emil Tchakarov

29. September 1984: Karajan wieder an der Spitze des Berliner
Philharmonischen Orchesters nach Beilegung der Differenzen

Mit seinen Philharmonikern 1987

Leere Philharmonie: Karajan dirigiert eine Video-Aufnahme
für sein »Vermächtnis«

»Ein seltsamer Mann …«

bine Meyer hatte unter den vorgefundenen Bedingungen sicherlich nicht immer ihr Bestes gegeben bzw. auch nicht geben können. Unter normalen Umständen wäre möglicherweise ein zweites Probejahr die richtige Lösung gewesen. Was sollte sie tun? Eine Ablehnung durch das Orchester hinnehmen, wie dies ihre Hannoveraner Vertretung anriet (so mein Telefonpartner), oder vorzeitig das Handtuch werfen? Sabine selbst schwankte.

Der Anruf traf mich völlig unvorbereitet, ich wußte im Augenblick auch nicht, was anzuraten sei, und fragte schließlich den Berater, ob denn die Klarinettistin ernstlich beabsichtige, im Falle einer Einstellung bei den Philharmonikern bis zur Erreichung des fünfundsechzigsten Lebensjahres zu bleiben oder zumindest die nächsten zwei Jahrzehnte. Die doch etwas überraschende Antwort: »Sie denkt nicht dran«, worauf ich spontan riet, dann doch gleich zu verzichten. Sabine Meyers Name war bereits weltbekannt. Ein neuer Skandal um sie – Karajan, so hieß es, habe die Absicht gehabt, im Falle einer negativen Abstimmung das Orchester im Fernsehen zu denunzieren – hätte allen Teilen geschadet, eine Begabung wie die junge Klarinettistin würde auch ohne weitere Publizität ihren Weg gehen, eine öffentliche, von Karajan geplante Auseinandersetzung hätte möglicherweise zum Bruch mit den Philharmonikern geführt.

Ich weiß nicht, ob dieses Telefonat mit zur Verzichtsentscheidung von Sabine Meyer beigetragen hat. Jedenfalls schrieb sie dem Orchester, sie stehe nicht weiter zur Verfügung, sicherlich ein schwerer Schlag für Karajan, der natürlich vermutete, das Orchester habe die Klarinettistin »hinausgeekelt«. Die Folge: Seine Mißstimmung wuchs weiter an.

Tatsächlich tat Sabine Meyer das einzig Richtige und verhielt sich fair gegenüber einem Orchester, das sich für solche Solo-Positionen grundsätzlich keine Musiker »auf Zeit« leisten kann, mögen sie noch so begabt sein. Karajan, so hieß es, habe mehrfach mit Sabine Meyer telefoniert und sie aufgefordert, nicht nachzugeben. Er soll auch mit seinem Rücktritt gedroht haben, falls das Orchester negativ entscheide. Wie dem auch sei, der Künstlerin gebührt Dank für ihren Entschluß, freiwillig das Orchester zu verlassen, auch wenn sie dem Maestro, dem sie viel verdankte, eine Niederlage zufügte. – Dank sprach auch der Orchestervorstand aus, der in einem versöhnlich gehaltenen Brief ein späteres gemeinsames Musizieren – gemeint war sicherlich ein Engagement von Sabine Meyer als Solistin etwa in einem Mozart-Konzert – in Aussicht stellte. Mehrere Monate später: In Erinnerung steht mir ein erneut erboster Karajan, der diesen Brief als »scheinheilig« und – ich glaube mich nicht zu irren – als »niederträchtig« bezeichnete und zugleich, wieder in Wut geratend, erklärte, er werde einem neuen Solo-Klarinettisten nur zustimmen, der mindestens so gut wie Sabine Meyer sei. Der neue Mann, der schließlich die Vakanz schloß, Alois Brandhofer, zuvor Solo-Klarinettist bei den Wiener Symphonikern, fand die Gnade des Maestro und das für alle recht unrühmliche Kapitel Sabine Meyer damit seinen Abschluß.

Eine höchst gespannte Lage. Karajan hatte eine Schlacht verloren, die ungewohnte Niederlage mußte in ihm Revanche-Gefühle hervorrufen, ihn aufs äußerste reizen. In diesem Reizzustand fragte, wenn ich richtig informiert bin, die Deutsche Grammophon Gesellschaft bei ihm an, ob und was sie für ein im Herbst angesetztes philharmonisches Kammerkonzert in New York tun solle. Laut »Berliner Morgenpost« vom 2. Juni 1984 handelte es sich um ein Konzert eines »Geisterorchesters«, das sich »Berliner Kammermusikensemble« nannte und aus »34 Solisten und Mitgliedern des Berliner Philharmonischen Orchesters« bestehe. Ein entsprechendes Plakat – so die Zeitung – hänge an der Avery Fisher Hall, Heim der New Yorker Philharmoniker, Konzertdatum: 7. Oktober, 3 Uhr nachmittags, Programm: Griegs »Holberg-Suite«, Mozarts »Kleine Nachtmusik« sowie eine Symphonie von Joseph Haydn. Die »Berliner Morgenpost« drückt die Vermutung aus, daß es sich hierbei um eine Umgehung von Hassemers Verfügung handele, wonach ein philharmonisches Ensemble nur mit maximal dreizehn Mitgliedern gastieren dürfe; das genannte Berliner Kammermusikensemble setze sich aus dreizehn Philharmonikern und 21 Mitgliedern anderer Orchester oder eigenständigen Solisten zusammen.

Den Dingen hier im einzelnen nachzugehen erübrigt sich, da das Konzert nie stattgefunden hat. Jedenfalls kann bei Karajan angesichts dieser Nachricht, wie der Berliner sagt, »der Papierkragen geplatzt« sein. Denn er tat einen selbst für ihn außergewöhnlichen Schritt. Er ließ »sein« Orchester, die Berliner, wissen, daß er das von ihm zu leitende Salzburger Pfingstmontagskonzert – die beiden vorangehenden hatte er Ozawa und Maazel anvertraut – nicht mit ihnen, sondern mit den Wiener Philharmonikern (!) dirigieren werde. Eine Begründung gab er nicht, bezog sich nicht etwa auf das in New York angezeigte Kammerkonzert, und gab auch keine Erklärung ab, als die völlig verblüfften Berliner ihn darum baten. Diese Ausladung verursachte selbstredend bei den Mitgliedern des Berliner Philharmonischen Orchesters einen Sturm der Entrüstung und wurde in der ganzen Musikwelt als Sensation empfunden, wie man sie sich nicht größer hätte vorstellen können.

Die Ohrfeige, die Karajan, Berliner Ehrenbürger, seinem Orchester versetzte, konnte nicht lauter schallen, zumal sie für die Öffentlichkeit wie ein Blitz aus heiterem Himmel kam. Wahrscheinlich handelte es sich im Grunde um eine verspätete Reaktion des Maestro auf den Fall »Sabine Meyer«. Jedenfalls konnte man das Verhalten Karajans nur als schwerste Brüskierung, wenn nicht als eine Art »Kriegserklärung«, auffassen, ohne daß er allerdings irgendwelche Konsequenzen gezogen hätte. Diese hätten angesichts seines in der Tat unerhörten, einmaligen Verhaltens der Rücktritt von der künstlerischen Leitung des Berliner Philharmonischen Orchesters sein müssen. Schwer nachvollziehbar, daß ein »ständiger Dirigent« das eigene Orchester vor der gesamten Öffentlichkeit aufs schwerste desavouiert, um dann später mit ihm weiter zu musizieren, wozu – und das mußte auch Karajan wissen – Harmonie und gegenseitiges Verständnis gehören. Wie konnte er sich überhaupt ein künftiges Zusammenwirken nach dieser »Bombe« vorstellen?

Die Reaktion im Orchester war daher durchaus folgerichtig: Man bat Karajan, »seine Einstellung zu der Position eines künstlerischen Leiters zu überprüfen«, mit anderen Worten, von der Leitung zurückzutreten. Schließlich, so der Vorstand laut »Tagesspiegel« vom 5. Juni 1984, »hat uns Karajan vor die Tür gesetzt«. In der »BZ« vom gleichen Tage nannte man den Brief »den größten Paukenschlag in der Geschichte der Philharmoniker«, die dem sechsundsiebzigjährigen Chefdirigenten nach fast dreißigjähriger Tätigkeit Pflichtverletzung vorwarfen. »So etwas hat es in hundert Jahren nicht gegeben«, dies die Meinung des gemäßigten, »karajanfreundlichen« Vorstandsmitgliedes Rudolf Weinsheimer.

Daß sich die Empörung nun noch verstärkt gegen Karajans »Bundesgenossen«, den Intendanten Girth, richtete, verstand sich von selbst. Viele vermuteten in ihm den Ratgeber für diesen wirklich unglaublichen Schritt.

Weitere Reaktionen blieben nicht aus. Die wichtigste: Die »Berliner Philharmoniker«, d. h. die Orchestermusiker, die auf privatrechtlicher Basis mit Karajans Firma Telemondial, Sitz Monaco, einen langfristigen Exklusivvertrag für Aufnahmen, insbesondere Videokassetten, abgeschlossen hatten, kündigten fristlos diesen Vertrag und verharrten hartnäckig auf diesem Beschluß trotz angedrohter Klage und hohen Schadensersatzforderungen. Inwieweit sie in einem langjährigen Prozeß durchgekommen wären, der erst einmal zu einer »Sistierung« der Aufnahmen geführt hätte, braucht nicht untersucht zu werden, da man sich später auf Einzelaufnahmen mit dem Maestro bzw. seiner Firma einigte und die Klage schließlich zurückgenommen wurde.

Weitere »Kündigungen« oder andere Maßnahmen erfolgten jedoch nicht. Weder der Senat noch das Berliner Philharmonische Orchester reagierten zusätzlich auf die Herausforderung und verzichteten darauf, Öl ins Feuer zu gießen. Vor allem beschloß man, die beiden Pfingstkonzerte unter Ozawa und Maazel zu spielen, um »unser Publikum nicht zu enttäuschen«, wie mir dies Rainer Zepperitz, der damals zu den ausgesprochenen Karajan-Gegnern gehörte, erklärte. Dann ließ kein Geringerer als der Regierende Bürgermeister von Berlin, Eberhard Diepgen, den erzürnten Meister wissen, er, Diepgen, sei bereit, zu einem Gespräch nach Salzburg zu kommen. Karajan hatte seinerseits nach der Bitte des Orchesters um »Überprüfung« seiner Position an Diepgen telegrafiert, er bäte um Präzisierung der Rechte und Pflichten des »künstlerischen Leiters« sowie Feststellung, inwieweit das Verhalten der Philharmoniker während der letzten zwei Jahre mit der Wahrnehmung ihrer Pflichten vereinbar sei – also Gesprächsthemen in Hülle und Fülle. Kurz vor der Abreise des Regierenden Bürgermeisters wurde ich ins Rathaus Schöneberg gebeten, um Diepgen, der die Nachfolge Weizsäckers angetreten hatte und Karajan noch nicht näher kannte, ein wenig über dessen Persönlichkeit, Charakter, Verhandlungsstil etc. zu informieren. Viel konnte ich nicht sagen. »Karajan ist wie das Wetter. Beide ein Gesprächsthema, ohne daß man an ihnen etwas zu ändern vermag. Beide schwer voraussehbar . . .«, so hatte ich zuvor den Maestro in meinem Buch ». . . und abends in die Philharmonie« charakterisiert, und daß ein seit Jahren dem Orchester gegenüber schwer gereizter Karajan sich nicht viel anders, eher noch »stürmischer« geben würde, brauchte ich Diepgen gegenüber nicht darzulegen.

Diepgens Reise nach Salzburg war zwar kein »Gang nach Canossa«, wurde aber sicherlich von Karajan als Appeasement-Versuch gedeutet, was ich dem Regierenden nicht sagen konnte. Wie ich überhaupt damals wohl als einziger der Ansicht war, man solle sämtliche Pfingstkonzerte rundweg absagen. Dies kam übrigens Girth zu Ohren, der meine Haltung als Zeichen der allgemeinen Verwirrung und Unkenntnis über die Vorgänge wertete. Ich hätte es in der Tat lieber gesehen, wenn man die offensichtlich beabsichtigte Beleidigung mit gleicher Münze zurückgezahlt hätte, zumal Karajan, wie ich wußte, bis Sonnabend vor Pfingsten Aufnahmen und Konzerte mit den Wiener Philharmonikern zu absolvieren hatte, die somit gegebenenfalls gar nicht in der Lage gewesen wären, alle drei Salzburger Pfingstkonzerte zu bestreiten. Und vielleicht hätte einer Verweigerung der Berliner dem Chef seine Grenzen aufgezeigt, ein »Bis-hierhin-und-nicht-weiter« ihn zum Einlenken bewogen, zumal er doch keineswegs beabsichtigte, das oberste Kommando beim Berliner Philharmonischen Orchester niederzulegen.

Zurück zu Diepgens Reise. Er, der Aufenthalt im benachbarten Bad Reichenhall nahm, fand sich bei beiden Konzerten der Berliner in Salzburg ein, konnte sich freuen, welch demonstrative Ovationen ihnen zuteil wurden – natürlich gaben sie diesmal ihr »Allerbestes«, um allen, indirekt auch ihrem Maestro, zu zeigen, was er zu verlieren drohte. Doch auch Diepgen konnte bei Karajan in allen entscheidenden Punkten nicht viel ausrichten und brachte trotz eines langen Gesprächs lediglich die Gewißheit mit zurück, daß Karajan Chef bleiben wolle, womit den »vor die Tür gesetzten« Philharmonikern wenig gedient war. Auch die Nachricht, daß Karajan am Ende seines Konzerts mit den Wienern diese mit Rosen überschüttete, konnte nur den tiefen Riß verdeutlichen, der sich trotz aller redlichen Bemühungen Diepgens, aber auch des Kultursenators und letzten Endes der Berliner Philharmoniker gebildet hatte, die trotz des Affronts in Salzburg konzertierten, ohne daß es zu irgendwelchen vom Orchester erbetenen Kontakten mit ihrem künstlerischen Leiter gekommen wäre.

Karajan hatte verschiedentlich deutlich gemacht, daß Girth sein Vertrauen besitze und dessen weitere Tätigkeit »unverzichtbar« sei. Girth seinerseits erklärte jedem, der es hören wollte, Karajan würde, falls er, Girth, aus seinem Amt ausscheiden müsse, gleichfalls gehen. – Bei dem Salzburger Treffen mit Diepgen lehnte der Maestro, wie er später in Wien öffentlich sagte, eine vorzeitige Beurlaubung Girths »mit voller Klarheit« ab und schlug als Kompromiß die Einschaltung einer »Vermittlerperson« zwischen Intendant und Orchester, denkbarerweise das Vorstandsmitglied Rudolf Weinsheimer, vor, ein völlig unrealistischer Gedanke, weil dadurch nur noch mehr Verwirrung und vermutlich noch größere Entfremdung im Verhältnis zwischen Karajan und dem Orchester eingetreten wäre.

Wie Diepgen auf Karajans Vorschlag reagierte, ist mir nicht bekannt. Jedenfalls stand sehr bald nach der Rückkehr des Regierenden die Frage einer Beurlaubung von Girth im Raum, allerdings sollte ein Nachfolger, so Diepgen laut »Berliner Morgenpost« vom 13. Juni 1984, nicht nur im »Benehmen« mit Karajan, wie es der Karajan-Vertrag vorsah, sondern »im Einverständnis« mit dem Maestro ernannt werden, an sich eine Selbstverständlichkeit. Diepgen weiter: Girth habe sich angesichts des Streits zwischen Karajan und dem Orchester »nicht als Vermittler, sondern als Problemvermehrer betätigt«.

Schon wenige Tage später rief Senatsdirektor (später Staatssekretär) von Pufendorf vom Senator für Kulturelle Angelegenheiten bei mir an, um mit äußerster Vorsicht vorzufühlen, ob ich, falls es etwa zu einer »Beurlaubung« von Dr. Girth käme, bereit sei, kommissarisch noch einmal die Position des Intendanten zu übernehmen. Ich regte an, ob nicht von Pufendorf selbst vorübergehend als Intendant fungieren könne, in der Annahme, daß er als Senatsvertreter Rückhalt beim Orchester und bei Karajan als quasi unbeschriebenes Blatt Zugang und Respekt finden würde. Doch sehr bald ließ mich von Pufendorf wissen, daß sich mein Vorschlag nicht realisieren lasse, da er als Senatsdirektor nicht auch den Intendantenposten, auch nur kommissarisch, ausfüllen könne. (Ich war bei meinem Vorschlag allerdings davon ausgegangen, daß von Pufendorf seine Arbeit beim Senator für Kulturelle Angelegenheiten einige Monate ruhen lassen könne.) So erneuerte der Senatsdirektor, diesmal offiziell, seine Anfrage; ich bat um Bedenkzeit. Nach eingehender Rücksprache mit meiner Frau sagte ich zu.

Angesichts der offensichtlichen Notsituation empfand ich es als meine Pflicht einzuspringen, da ich mich körperlich und geistig zu einer vorübergehenden, sicherlich nicht ganz leichten Arbeit imstande fühlte. Mit Karajan oder der Orchestervertretung sprach ich zuvor nicht, weil ich annehmen mußte, daß die Anfrage von Pufendorfs mit dem Orchester vorbesprochen war und daß mit einem Ja von Karajan im Hinblick auf seine, wie man mir sagte, mehrfach bekundete »Männertreue« zu Girth sowieso nicht zu rechnen wäre. Der Maestro, wie ich ihn kannte, glaubte, in dem sich so lange hinziehenden Streit vollkommen im Recht zu sein, begriff weder Argumente noch Mentalität der anderen Seite, fühlte sich von ihr verkannt, wenn nicht sogar als Opfer niedriger Intrigen. Das Ergebnis eines Vermittlungsversuchs, an den ich mehrfach gedacht habe, wäre lediglich ein überlanger Monolog des Meisters gewesen. –

Alljährlich wünschte ich ihm und seiner Familie alles Gute zum Weihnachtsfest und zum neuen Jahr. 1982 fügte ich ein »P. S.« bei, in dem ich anmerkte, daß bei einer solchen Krise erfahrungsgemäß niemals *eine* Seite allein die Schuld trage. 1983 beschwor ich ihn, zur Wiederherstellung der Harmonie beizutragen, wie es der tieferen Bedeutung der Musik entspräche ... Vergebens.

Dr. Girth wurde, wie die Zeitungen vom 20. Juni 1984 berichteten, beurlaubt, ohne daß sich aus Salzburg etwas regte. Zusammen mit von Pufendorf trafen wir uns alsbald im Intendantenzimmer, um Einzelheiten des Wechsels zu besprechen. Girth wünschte noch zwei Tage, um seine Arbeit abzuschließen. An einem Freitag – es war der 22. Juni – übernahm ich, wie es so schön heißt, die »Amtsgeschäfte« von meinem Vorgänger und Nachfolger, mußte noch in dessen Gegenwart schleunigst »nach oben« zum Orchester, weil sich dort eine Krise anbahnte. Seiji Ozawa, mit Proben zu Mendelssohns »Elias« beschäftigt, fand den ihm zur Verfügung gestellten Chor qualitativ nicht ausreichend, wollte das abendfüllende Chorwerk absetzen und an seiner Stelle ein reines Orchesterprogramm mit einer der bekanntesten Tschaikowsky-Symphonien als Hauptwerk dirigieren. Daß es mit Hilfe zusätzlicher Berufssänger aus Stuttgart und Umgebung in letzter Minute gelang, das vorgesehene Programm zu halten, sei am Rande erwähnt.

Bereits am 20. Juni traf ich in Anwesenheit von Pufendorfs während einer Aufnahmepause mit den Mitgliedern des Orchesters zusammen. Girth war auf meinen ausdrücklichen Wunsch ebenfalls anwesend, obwohl sich hiergegen im Orchester Widerstand bemerkbar machte. Doch friedliches Auseinandergehen erschien mir das richtige. Von Pufendorf unterrichtete das Orchester vom Intendantenwechsel, Girth verabschiedete sich in durchaus würdiger Weise und ließ erkennen, daß er möglicherweise in zu jungen Jahren das Intendantenamt übernommen habe. Die Philharmoniker hörten sich schweigend die Worte Girths an, am Schluß keinerlei Beifall. Man spürte nur allzu deutlich: Das Tischtuch zwischen ihm und dem Orchester war zerschnitten, sein Erscheinen in der Philharmonie nicht mehr gewünscht.

Mir hingegen wurde ein überaus freundlicher Empfang bereitet. Vorstandsmitglied Rainer Zepperitz überreichte mir einen großen Blumenstrauß, die Orchestermitglieder begrüßten mich mit Beifall, worauf ich eine improvisierte Ansprache hielt. »Stresemanns feuriger Einstand«, so die Überschrift der »Berliner Morgenpost« vom 21. Juni. Das offizielle Wiedersehen mit den Philharmonikern bedeutete Freude und Inspiration. Die in der Tat gröblich verletzten Rechte des sich künstlerisch selbstverwaltenden Orchesters wiederherzustellen, zu verteidigen, ihnen Respekt zu verschaffen, betonte ich als wichtigstes Anliegen im ersten Teil meiner kurzen Rede und fühlte, wie sehr ich den Mitgliedern aus dem Herzen sprach. Im zweiten Teil verschwieg ich nicht, daß Herr von Karajan vom Senat einen Vertrag auf Lebenszeit erhalten habe, den es ebenfalls zu respektieren gelte. Eine Lösung dieses heiklen Problems vermochte ich natürlich nicht in Aussicht zu stellen. Das Orchester nahm meine diesbezüglichen Bemerkungen mit deutlicher Zurückhaltung auf; noch gab es keine Proteste, aber ich spürte, entgegen meinen Vermutungen, eine viel tiefer sitzende Abneigung gegen den Maestro, die nun durch die Salzburger Ausladung ganz offen zutage trat. Wie ließ sich diese negative Einstellung dem »ständigen Dirigenten« zur Kenntnis bringen, von dem ich den Eindruck hatte, daß er trotz der höchst ungewöhnlichen Bitte des Orchesters, seine Chefposition zu überdenken, den Ernst der Situation verkannte?

Nach einigen Tagen im Amt rief ich ihn an, besser, ich versuchte, ihn telefonisch zu erreichen. Doch der Maestro – ich hörte später, er habe sich über meine Bereitwilligkeit, noch einmal in die Philharmonie zurückzukehren, geärgert – ließ sich offensichtlich nicht sprechen! Bei ihm zu Hause in Anif hieß es, ich möge noch einmal in zehn Minuten anrufen; nach zehn Minuten war er *gerade* weggefahren. Anruf in seinem Sekretariat in Salzburg: noch war er nicht eingetroffen, doch man erwarte ihn jeden Augenblick. Erneuter Anruf nach entsprechenden Augenblicken: Ja, er sei gekommen, aber sofort auf die Bühne geeilt, und so ging es weiter. Bald hatte ich das törichte Versteckspiel satt und gab auf.

Was ging in Karajan vor, warum ließ er sich verleugnen? Seine Verärgerung nach zweimaliger Abfuhr (Sabine Meyer, Dr. Girth) konnte man begreifen, sein Verhalten kaum. In Zeiten kritischer Zuspitzung empfiehlt es sich stets, das Gespräch zu suchen, einander persönlich näherzukommen, den echten oder vermeintlichen Gegner anzuhören. Wäre der Maestro in jenen Junitagen nach Berlin gekommen, hätte er mit dem Senat, der Presse gesprochen, vor allem seinen einst treu ergebenen Musikern gesagt: »Freunde, wir haben alle Fehler gemacht, laßt uns die vergangenen Mißhelligkeiten vergessen, einen neuen Anfang machen, vertrauensvoll gemeinsam in die Zukunft blicken«, er würde in wenigen Tagen die überwiegende Mehrheit des Orchesters wie die Öffentlichkeit für sich gewonnen haben. Wenige Tage Anwesenheit in Berlin, der Stadt seiner ersten großen Triumphe, letzten Endes seine musikalische Heimat, hätten genügt, um den töricht-unnötigen Querelen ein Ende zu bereiten, die eine nach Sensationen gierende Presse lustvoll und zynisch begleitete.

Statt dessen warf er von Salzburg aus im wahrhaft ungeeignetsten Augenblick die Frage seiner Rechte und Pflichten als »ständiger Dirigent« des Berliner Philharmonischen Orchesters in die Debatte. Während er sich früher emphatisch darüber beschwerte, sein Vertrag als Philharmoniker-Chef sei bewußt hinausgezögert worden, um erst einmal abzuwarten, ob er bei der ersten USA-Reise des Orchesters Erfolg haben würde, behauptete er nun, man habe ihm absichtlich nicht den von ihm geforderten Furtwängler-Vertrag gegeben, der dem »ständigen Dirigenten« mehr Rechte einräumte, als sie ihm, Karajan, zugestanden worden seien. Selbst wenn dies der Fall gewesen sein sollte, nach der Pfingstausladung ließ sich ein emotionell aufs äußerste gegen Karajan eingestelltes Orchester unter keinen Umständen bewegen, einer etwaigen Veränderung der Verwaltungsordnung zuzustimmen. Diese aber »per Order de Mufti« zu Gunsten des Chefdirigenten zu ergänzen, hierzu hätten sich der Senat und insbesondere Kultursenator Hassemer niemals verstanden.

Dennoch: In voller Verkennung der Lage verlangte Karajan mit Telex vom 17. Juni erweiterte Rechte. Einmal sollte ein neuer Intendant nur mit seinem Einverständnis ernannt werden, wie gesagt, eine Selbstverständlichkeit, und diese »Konzession« hatte ihm Diepgen bereits in Salzburg zugestanden. Dann aber wollte Karajan den »modus procedendi« im Falle von Sabine Meyer in der Verwaltungsordnung festgeschrieben wissen, was bedeutet hätte, daß der Intendant – der Mann seines Vertrauens – über das Orchester hinweg einen Musiker oder eine Musikerin für ein Probejahr verpflichten kann. Überdies wünschte der Maestro neue Regelungen in der Frage der Urlaubsgewährung – hierüber hätte man eine Einigung erzielen können – sowie einen »Maulkorberlaß« hinsichtlich aller Verlautbarungen in künstlerischen Fragen, auch solcher seitens des Orchesters, die mit ihm zuvor abzusprechen seien.

Man konnte über diese unrealistischen Forderungen zur psychologisch falschesten Zeit nur staunen! Wußte der »Herrscher« vom vielleicht doch zu fernen Salzburg nicht, wie es um seine Beziehungen zu Berlin und zu den Berliner Philharmonikern stand, merkte er nicht, daß das Gespenst einer endgültigen Trennung immer näher kam? Viele Zeitungen und Zeitschriften hielten damals den Bruch für unvermeidlich, beschäftigten sich bereits mit Karajans möglichen Nachfolgern. Lebte der Meister in einer Welt der Illusionen, war er, der von der Siegesgöttin so reichlich Beschenkte, verblendet, der »Hybris« verfallen?

Hassemer blieb keine andere Wahl, als mit Fernschreiben vom 19. Juni die zu weit gehenden Forderungen Karajans mit ausführlicher Begründung unter Hinweis auf die Verwaltungsordnung abzulehnen, aber das bereits von Diepgen zugesagte Recht, wonach ein neuer Intendant nur mit Einverständnis des Maestro ernannt werden dürfe, erneut zu bestätigen. Dieses Fernschreiben erreichte seinen Empfänger wegen einer irrtümlichen Adresse (!) erst verspätet. Karajans telegraphische Antwort vom 30. Juni, die in der Sache nichts Neues brachte, klang allerdings berührend: »Ich betone noch einmal, daß die Sympathie mit meinem Publikum und dem Orchester der

139

Grundsatz meiner Verbundenheit mit Berlin und seinem Kulturleben oberstes Gebot war ... So war es in der Vergangenheit, und so wird es in Zukunft sein. Jetzt liegt es bei dem guten Willen des Senators und des Orchesters, die Grundlage zu schaffen, auf der die Arbeit von 28 Jahren so schön glücklich vor sich ging und von der die ganze Welt Zeuge war ...« Doch diese so schön klingenden Worte enthielten nichts Konkretes für die Gegenwart mit ihrer überaus bedrohlichen Krise, schoben den berühmten »Schwarzen Peter« auf Senat und Philharmoniker! So blieb alles in der Schwebe, toter Punkt, schwer erträglich in einer so spannungsgeladenen Situation.

Daß dem so war, erfuhr ich schnell. Im Orchester läuteten die Sturmglocken. Eine starke Gruppe wollte offensichtlich den unbedingten Bruch mit Karajan, empfand es als nicht zumutbar, unter dem Maestro weiter zu musizieren. Der »gemäßigtere« Flügel hielt es bestenfalls für denkbar, daß Karajan als eine Art »Ehrendirigent« von Zeit zu Zeit erscheinen dürfe, viele wünschten ihn, wie gesagt, überhaupt nicht mehr zu sehen. Über Karajans Vertrag auf Lebenszeit ging man hinweg. Jeder Dirigent, selbst ein Toscanini, so wurde argumentiert, wäre macht- und musiklos, zerbräche sein »Instrument«, verweigere ihm sein Orchester die Gefolgschaft.

Die radikalen Karajan-Gegner fanden, wie nicht anders zu erwarten, lebhaften Widerhall in der Presse, nicht nur um das »Sommerloch« zu stopfen, sondern weil Karajan, der Vielbewunderte, aber auch Vielgescholtene, Star mit Starallüren – ein oft erhobener Vorwurf –, stets für sensationelle Schlagzeilen rund um den Globus gut war. Seit der Maestro im Licht der Öffentlichkeit stand, verursachte seine autoritäre, bisweilen überheblich wirkende Persönlichkeit »Stürme im Wasserglas«, auch solche von allgemeinem Interesse; man denke nur an seine krisengeschüttelten Jahre an der Wiener Staatsoper. – Karajan war und blieb ein Reizthema! So hörte man weniger die Stimmen jener Orchestermitglieder, unter ihnen Vorstandsmitglied Weinsheimer, die unter ruhigerer Abwägung der Positionen die Möglichkeit im Auge behielten, mit und unter Karajan weiter zu arbeiten, der allerdings – hierüber waren sich alle einig –

nach der Salzburger Ausladung erst einmal von sich aus auf das Orchester zugehen mußte. Rufe aus dem Orchester wie »Man befreie uns von Karajan« fanden in der Presse mehr Gehör als maßvolle Äußerungen.

Ob man von einer »silent majority« zugunsten eines Verbleibs von Karajan als Chefdirigent überhaupt noch sprechen konnte, läßt sich schwer sagen. Sicher ist, daß im zweiköpfigen Orchestervorstand keine Einmütigkeit herrschte mit der Folge, daß zwiespältige Auffassungen auch unter den Orchestermitgliedern anzutreffen waren. Ich gestehe, ich hatte jedenfalls die Anti-Karajan-Fronde unterschätzt und war überrascht von der Härte und Virulenz der Gegnerschaft zum Maestro. Schon als ich mit den Orchestermitgliedern zusammenkam, wurde ein Antrag gestellt, man wolle nicht mehr unter Karajan spielen. Hierfür war es zu früh, wenn überhaupt an einen solchen Bruch zu denken war. Ich sah zu diesem Zeitpunkt meine Aufgabe darin, erst einmal etwas Ruhe und Beruhigung unter den Philharmonikern herbeizuführen, jede überhastete Entscheidung zu vermeiden. So mußte ich dem Antragsteller bedeuten, daß ich bei Annahme keine Grundlage für meine Arbeit sähe, worauf eine Beschlußfassung vertagt wurde.

Es wäre ein leichtes gewesen, das Feuer zu schüren, das ohnehin lichterloh brannte. Schlimmes hatte sich ereignet, Ungeschicktheiten sicherlich auf beiden Seiten, doch Karajans Anteil an der Misere überwog. Aber ihn deswegen hinauszuwerfen, den Senat möglicherweise in einen langen, für alle peinlichen Prozeß zu verwickeln, hätte Berlin, der damals geteilten Stadt, schweren Schaden zugefügt. Hier wußte man um jenen ärgerlichen Zwist, der zu dem aufsehenerregenden Zerwürfnis geführt hatte. Doch schon außerhalb Berlins hätte man den Kopf geschüttelt über eine Stadt, die es fertigbrachte, ihrem Ehrenbürger, dem berühmtesten, in der ganzen Welt anerkannten Spitzendirigenten – dazu auch noch vertragswidrig – den Laufpaß zu geben, nachdem dieser sich fast drei Jahrzehnte die höchsten Verdienste um das ihm anvertraute Orchester, die weltberühmten Berliner Philharmoniker, erworben hatte. Und wie würde es einem etwaigen Nachfolger ergehen? Gleichgültig auf wen die Wahl gefallen wäre, er hätte »im Schatten des Titanen« gestanden, der unvermeidbare Vergleich mit dem fast schon legendären Vorgänger hätte die Arbeit eines neuen Mannes übermäßig erschwert. Ich erinnerte mich an die Zeit nach dem Abgang Karajans von der Wiener Staatsoper, als man sich lange vergeblich bemühte, den Maestro zu ersetzen, mit dem einzigen Ergebnis, daß man durch zeitweiliges Engagement besonders teuerer Stars das Defizit ins Unermeßliche steigerte, ohne jedoch die Lücke schließen zu können. So mußte es unter Berücksichtigung aller Umstände meine Aufgabe sein, bei Wahrung aller Selbstverwaltungsrechte des Orchesters den zürnenden, für mich unzugänglichen Chef der Stadt und den Philharmonikern zu erhalten.

Dieselbe Ansicht vertrat der Berliner Senat und vor allem der Senator für Kulturelle Angelegenheiten, Volker Hassemer, sowie sein Stellvertreter Lutz von Pufendorf, die in diesen kritischen Zeiten trotz ihrer Belastung mit tausend anderen Problemen stets Zeit und Geduld aufbrachten, um in zahlreichen Besprechungen mit Orchester, Orchestervertretung, Gesamtpersonalrat und Personalrat zur Verfügung zu stehen. Wie Volker Hassemer beredt und eindringlich den Standpunkt des Senats vortrug, wie er stets sinnvoll auf die Einwendungen der anderen Seite einging, in stundenlangen Diskussionen in einer verständlicherweise emotionell aufgeheizten Atmosphäre ein Maßhalten und das Vermeiden extremer Beschlüsse anriet, verdient große Dankbarkeit und Anerkennung. Er hat zusammen mit seiner Behörde zur späteren Entwicklung in hohem Maße beigetragen. Es würde zu weit führen, wollte ich im einzelnen Inhalt und Verlauf der verschiedenen Besprechungen und Zusammenkünfte darlegen, die einen Teil des Monats Juli ausfüllten. Es mag genügen, daß ich angesichts der teilweise hitzig vorgetragenen Argumente contra Karajan zweimal erklären mußte, daß ich im Falle etwaiger Beschlüsse gegen Karajan nicht länger die Verantwortung tragen könne.

Wie ging es weiter in der Philharmonie und beim Gesamtorchester? Die Ozawa-Konzerte verliefen dank der Chorverstärkung programmgemäß. Beim letzten Abonnementskonzert unter Riccardo Muti gab es wieder eine Panne. Agnes Baltsa, die die Hauptrolle in einer konzertanten Aufführung von Glucks »Orpheus und Eurydice« singen sollte, traf in Berlin, wie es hieß, leicht erkältet ein, probte mit Muti eingehend, der von einer Indisposition der Künstlerin nicht das Allergeringste bemerkte. Doch die Sängerin verließ die Stadt am nächsten Morgen, ohne irgend jemanden zu benachrichtigen. Ob es noch andere Gründe für das höchst seltsame Verhalten der Sängerin gab, ließ sich nicht feststellen. Da es sich um eine von Muti eingerichtete, besondere Fassung der Oper handelte und nur wenige Sängerinnen damit vertraut waren, die jedoch andere Verpflichtungen zu erfüllen hatten, mußte das geniale Gluck-Werk leider abgesetzt werden; doch die Zuhörer wurden durch ein »All-Mozart«-Programm reichlich entschädigt.

Dann noch das alljährliche Waldbühnen-Konzert und anschließend der Beginn der Orchesterferien. Alle Mitglieder, soweit sie verreisten, hinterließen ihre Ferienadressen, zurück blieben eine »Wachmannschaft« sowie der Intendant. »Warten auf Karajan«, dies die Überschrift des »Tagesspiegel« vom 30. Juni 1984, in dem unter anderem Klaus Häussler, damals noch Personalratsvorsitzender, erklärte, »das Orchester geht nicht zufrieden, unter Spannung, aber abwartend, in die Ferien und ist auf Abruf erreichbar«. Häussler wurde nach Ferienende anstelle des nicht mehr kandidierenden Rudolf Weinsheimer zum Vorstandsmitglied gewählt und hat in dieser Eigenschaft ausgleichend und erfolgreich gewirkt. – In dem Zeitungsbericht hieß es dann weiter: »Intendant Stresemann wird vorläufig in Berlin bleiben, um in Verbindung mit dem Senator und Orchestermitgliedern eine ›gemeinschaftliche Entscheidung‹ zu treffen. Er (Stresemann) habe nicht den Eindruck, daß von Karajan zur Zeit ein Bruch ausgehen werde, Karajan befinde sich seiner Auffassung nach ›ein wenig außerhalb der Realität‹. Es sei definitiv nicht alles verloren, aber man dürfe nicht zu optimistisch sein.«

»Warten auf Karajan« – in der Tat. *Er* war es, der die Hand zum Frieden und zur Versöhnung ausstrecken mußte. Mit Allgemeinplätzen, die sich lediglich auf die Vergangenheit bezogen, war es nicht getan. Auf dem Spiel stand die allernächste Zukunft – vor allem die Karajan-Konzerte in Salzburg und Luzern Ende August – wenige Tage nach Rückkehr des Orchesters aus dem Urlaub. Und diese waren aufs höchste gefährdet. Denn wie ließen sie sich in einer Atmosphäre feindseliger Auseinandersetzung zwischen Dirigent und Orchester erfolgreich durchführen? Gedacht werden mußte auch an die ausgiebigen Proben, die sich stets nach Ablauf der Ferien als notwendig erweisen. Als die Philharmoniker ihre wohlverdienten Ferien antraten, lag ihnen eine Antwort Karajans noch nicht vor. Aber sie konnten mit der Gewißheit verreisen, daß zumutbares gemeinschaftliches Musizieren mit dem »Maestro« nur dann in Betracht kam, wenn in allernächster Zeit aus Salzburg deutliche Zeichen der Bereitschaft zum Einlenken kommen würden. Dies war meine feste Überzeugung, über die ich im Orchester und bei der Orchestervertretung keinen Zweifel aufkommen ließ, und was ich gegebenenfalls in die Tat umzusetzen versprach.

Die ersten Juliwochen waren außer den zuvor erwähnten, langwierigen »Krisensitzungen« geprägt von öffentlichen und nichtöffentlichen Überlegungen, wie es weitergehen würde, insbesondere nach Karajans unbefriedigender Antwort. Die Hoffnung, der Maestro würde sich auf Grund der zahlreichen, ihm zugegangen und zugehenden Signale aus seiner Starrheit lösen, sich dem Orchester nähern, schwand allmählich. Was war zu tun?

Es versteht sich, daß ich sowohl mit führenden Abgeordneten im Schöneberger Rathaus wie mit der Presse engen Kontakt hielt und versuchte, die Linie des Senats, die auch die meinige war, verständlich zu machen. Überall geteilte Meinungen. Während die CDU Hassemers Einstellung zu Karajan unterstützte, hatte man bei der anderen Koalitionspartei, der FDP, die Hoffnung aufgegeben und sah im Maestro bestenfalls nur noch den »Ehrendirigenten«. Dankenswerte Zurückhaltung bei der in Opposition stehenden SPD; ihr Sprecher, der Abgeordnete Löffler, selbst einmal Kultursenator und während seiner Amtszeit in enger Beziehung zu Karajan stehend, erkannte

Hassemers Schwierigkeiten angesichts einer so verzwickten Situation an.

Auch unter Presseleuten, die bei mir, einem »Zeitungsfan« seit frühester Jugend, stets auf offene Ohren stießen, trafen die Meinungen aufeinander. In der »Berliner Morgenpost« veröffentlichte Klaus Geitel, ein großer Bewunderer Karajans, verschiedene Beiträge, die den Philharmonikern wenig schmeckten, sicherlich ein »understatement«. »Tagesspiegel« und »Volksblatt« hielten sich zurück. Immerhin prognostizierte kein Geringerer als Joachim Bölke, prominenter Leitartikler des »Tagesspiegel«, in einem langen Sonntagsbeitrag einen möglichen Bruch und meinte am Ende seiner Ausführungen: ». . . man wird wohl, obgleich sie niemand will, auf eine Scheidung gefaßt und auf sie vorbereitet sein müssen.«

Daß sich im Hinblick auf die verfahrene Lage die Angriffe auf den bereits beurlaubten Dr. Girth mehrten, die FDP wie auch die Alternative Liste seine nunmehr fristlose Entlassung forderten, nimmt nicht wunder. Der FDP-Landes- und Fraktionsvorsitzende Rasch erklärte laut »Tagesspiegel« vom 17. Juli, seiner Partei lägen über die vertragsverletzende Haltung des Intendanten (gemeint war Girth) zuverlässige Unterlagen vor. Zur Begründung wurde ein angebliches Schreiben Girths an Karajan vom 15. April 1983 veröffentlicht, in dem dieser die Rechte des Chefdirigenten erweitern, die des Orchesters beschneiden wollte. Girth bestritt die Urheberschaft. – Sicherlich diente die Veröffentlichung nicht jener wünschenswerten Beruhigung der Atmosphäre in Berlin wie auch in Salzburg.

Aus dem dortigen Festspielhaus, in dem Karajan sein Büro hatte – nichts Neues. Ein vom Regierenden Bürgermeister Diepgen angeregtes Gespräch aller Beteiligten in Berlin wurde vom Maestro abgelehnt. Die Tage verrannen, ohne daß sich neue Entwicklungen anbahnten. – Kurze Unterbrechung wegen meines runden Geburtstags, den ich, wie immer, außerhalb von Berlin en famille beging. Trotz Geheimhaltung des Ortes, an dem die Familie zusammenkam, erreichten mich eine Anzahl von Geburtstagswünschen, darunter ein Telegramm von Karajan, der mir gratulierte und alles Gute wünschte; kein

Wort über den Konflikt oder den etwaigen Wunsch des Maestro, zur Beilegung des Konflikts beizutragen.

Am Dienstag, dem 24. Juli unternahm Senator Hassemer einen weiteren, letzten Versuch, um Karajan zu einem versöhnlichen Schritt zu bewegen. Er flog nach Salzburg und beschwor den Meister, er möge die psychologische Lage des Orchesters nicht verkennen, jetzt sei die allerletzte Möglichkeit gegeben, eine dramatische Zuspitzung zu verhindern. Ein »ernstes und ausführliches Gespräch« wurde geführt – aber auch die Eloquenz eines Hassemer prallte ab an der Hartnäckigkeit, besser: am Starrsinn Karajans, der sich, wie gesagt, jenseits aller Realität befand. Am gleichen Dienstag kehrte ich von der Geburtstagsfeier nach Berlin zurück, traf am folgenden Tag den Senator und erhielt seinen Bericht aus Salzburg. Am gleichen Tag bekam das auf Urlaub befindliche Orchester ein Fernschreiben Karajans mit dem knappen, »halbamtlichen« Wortlaut: »Sehr geehrte Herren (!), ich freue mich auf die gemeinsamen Konzerte in Salzburg und heiße das Orchester herzlich willkommen.« Eine leider völlig unzureichende Nachricht des Maestro, der sich freute, während das Orchester alles andere als Freude empfand. Keine versöhnliche Geste oder zumindest ein Ansatz hierzu. Hassemer und ich waren uns hier einig, während der Regierende Bürgermeister Karajans Telegramm positiv aufnahm und eine Reise nach Salzburg befürwortete, ohne allerdings darauf zu bestehen. Nein, so ging es beim besten Willen nicht; Karajans »Freude« konnte keine Grundlage sein. Ein von Karajan zuvor ausgeladenes Orchester konnte einen solchen »Willkommensgruß« nicht erwidern.

So blieb nichts anderes übrig, als die Konsequenzen aus dem störrischen Verhalten des Maestro zu ziehen und sie in einer für den nächsten Tag einzuberufenen Pressekonferenz im Hause des Senators bekanntzugeben. Am Donnerstag, dem 26. Juli vormittags, begrüßte der Senator die sehr zahlreich anwesenden Pressevertreter und andere, darunter in Berlin gebliebene Orchestermitglieder, und erteilte mir sofort das Wort. »Tieftraurig und beschämend für alle«, nannte ich das, was zu verkünden war: die Absage der Salzburger Konzerte unter Karajan! Traurig, daß es soweit kommen mußte, ein beschämendes Schauspiel, das in der gesamten Musikwelt negative Schlagzeilen hervorrufen mußte. Überdies ein Vertragsbruch – es lag ein schriftlicher Vertrag zwischen dem Orchester und den Salzburger Festspielen vor –, der jedoch notwendig wurde, einmal um eine spätere Zusammenarbeit mit dem Maestro nicht völlig unmöglich zu machen, dann aber vor allem, um einen Eklat zu verhindern, zu dem es mit großer Wahrscheinlichkeit zwischen den Philharmonikern und Karajan schon während der Proben gekommen wäre; welch wunderbare Gelegenheit dann für Sensationsmeldungen aller Arten, welch erniedrigender Vorgang, wenn im österreichischen Salzburg »schmutzige Berliner Wäsche« gewaschen worden wäre; ein sich international auswirkender Musikskandal mußte unter allen Umständen vermieden werden. Dann erwähnte ich noch einmal die Versuche, den erzürnten, außerhalb der Realitäten stehenden Chef zu bewegen, mit einer Geste des Bedauerns und der Versöhnung auf das Orchester zuzugehen, Diepgens gescheiterten Vorschlag eines Einigungsgespräches in Berlin sowie Hassemers Versuch in letzter Minute und las dann mein Fernschreiben an Karajan vor, in dem es unter anderem hieß: ». . . bei der äußerst gespannten Grundeinstellung im Orchester erscheint es geraten, von der Abhaltung der Salzburger Konzerte am 27. und 28. August abzusehen. Ein klärend-persönliches Wort von Ihnen, gerichtet an das Berliner Philharmonische Orchester, hätte wie eine Befreiung gewirkt . . . ein unglückseliger Beginn in Salzburg könnte die Chance für eine spätere Zusammenarbeit zunichte machen. Bitte glauben Sie mir, daß mein ganzes Bestreben der Wiederherstellung jener künstlerischen Einheit zwischen Ihnen und dem Berliner Philharmonischen Orchester gilt, die in der Welt entscheidende Maßstäbe gesetzt hat.«

Ich sprach dann eingehend über die Stimmungslage im Orchester, das hartnäckige Unverständnis von Karajan, der nicht erwarten könne, in Salzburg ein Orchester anzutreffen, das sich für seinen Chefdirigenten im Sinne des philharmonischen Geistes einsetzt und wie zuvor alles gibt, sich zerreißt, um die gewohnte Höchstleistung zu bringen. – Auf das Fernschreiben

Karajans eingehend, sagte ich, der Ausdruck der Freude auf seiten Karajans reiche nicht aus, das Orchester freue sich nicht.

Im anschließenden Frageteil bestätigte ich, daß die Absage der Salzburger Konzerte definitiv sei und auch für die sich ihnen traditionell anschließenden Konzerte in Luzern gelte. Viele Fragen zielten natürlich auf die Möglichkeit einer endgültigen Trennung und wie es dann ohne den Maestro weitergehen solle, aber auch auf die kaum mehr zu begreifende Verbohrtheit Karajans, dem offenkundig niemand die Augen öffnete oder zu öffnen wagte. Vielleicht hatte – so meine Erklärung – der »zum Befehlen geborene« Meister in den letzten Monaten mehr als je zuvor erhebliche Rückschläge erlitten und brauchte hinreichend Zeit, um über diese hinwegzukommen. – Auch der Kultursenator griff in die Debatte ein und bemerkte, daß ohne ein sinnvolles Gespräch zwischen den zerstrittenen Seiten kein gemeinsames Musizieren möglich sei, auf der »Basis von Juristerei« könne man nicht miteinander arbeiten, »selbst auf dem Mond nicht« (laut »Berliner Morgenpost« vom 27. Juli 1984).

Am Nachmittag telefonierte ich mit Salzburg und Luzern. Präsident Moser von den Salzburger Festspielen klang wenig erfreut und behielt sich Schadenersatzforderungen vor. In Luzern fand ich mehr Verständnis, aber auch echte Bestürzung. Mußte es soweit kommen? Ich sagte sowohl in Salzburg wie besonders in Luzern, daß das Orchester durchaus bereit sei, bei den Festspielen in beiden Städten an den festgelegten Daten mitzuwirken, aber nur – unter anderen Dirigenten. Daß diese Bereitschaft vor allem in Salzburg nur theoretische Bedeutung haben würde, ließ sich mit Sicherheit voraussagen. (Tatsächlich sprangen die »Wiener Philharmoniker« sowohl in Salzburg wie in Luzern ein, Schadenersatzforderungen wurden nicht erhoben.)

Am Abend schrieb ich noch einen persönlichen Brief an Karajan, in dem ich ihm auch auf diesem Wege darlegte, wie schwer mir die Absage gefallen war. Ich hatte ihm neunzehn Jahre, wie ich glaubte, loyal zur Seite gestanden, ohne einen besonderen Dank von ihm zu erwarten – wer seine Pflicht einigermaßen erfüllt, findet darin mehr als hinreichenden Dank –, und diese noch immer vorhandene, allerdings einseitig gefühlte Bindung ließ mich in später Nachtstunde auch privat an ihn schreiben . . . Am Tage darauf war für mich ebenfalls Ferienbeginn. Dank günstiger Flugverbindungen befand ich mich schon am frühen Nachmittag in der geliebten Toscana. Für Ersatzkonzerte war gesorgt. Daniel Barenboim und Lorin Maazel dirigierten Ende August in Berlin vier ausverkaufte Philharmonische Konzerte.

Karajans Reaktion? Als Dr. Girth beurlaubt wurde, protestierte er wenigstens schriftlich und mündlich, zog jedoch entgegen den Erwartungen vieler, insbesondere seines bisherigen Intendanten, keinerlei Konsequenzen. Anläßlich Sabine Meyers vorzeitigem Ausscheiden hüllte sich der Maestro in Schweigen und, siehe da, er wandte sich auch nicht an die Öffentlichkeit, als die Absage der Philharmoniker in Salzburg eintraf. Kein Wort der Empörung ließ er verlauten, »Sistierungen« kamen sowieso nicht mehr in Frage; aus dem Festspielhaus: Schweigen. Wie ich später aus der allernächsten Umgebung Karajans hörte, soll ein völlig überraschter Maestro ausgerufen haben: »Haben Sie *das* für möglich gehalten?« – In der Tat, einen solchen Schritt hatte er nicht für möglich gehalten, vielmehr geglaubt: »Die werden schon kommen.« Nun mußte ihm endlich klar werden, »was Sache ist«, wie der Berliner sagt, daß die Zeiten des Bittens und Bangens um die Gnade des Meisters ein Ende gefunden hatten, aktive Gegenwehr, in diesem Falle in Form einer »Ausladung« des Chefs, angesagt war.

Mein durch die Ereignisse verkürzter Ferienaufenthalt näherte sich seinem Ende, als das Telefon klingelte; schlechte Verbindung, wie so oft in dieser Gegend. Doch vernehmlich, wenn auch entfernt, erklang zu meiner Überraschung die Stimme Karajans, der mich nach Datum und Art meiner Rückreise fragte. Ob wir wohl zusammenkommen könnten? Dies war nicht schwierig, da meine Frau und ich ohnehin, wie auch in früheren Jahren, aus der Toscana über den Brenner zurückzufahren beabsichtigten. Der Maestro schien hocherfreut, lud uns sogleich ein, auf dem Wege nach Berlin bei ihm in Anif

Halt zu machen; Datum und Ankunftszeit waren schnell festgelegt.

Nach einer Übernachtung in Bozen trafen wir vormittags in seinem wunderschön gelegenen, von Wiesen und Bergen umgebenen Haus ein, von wo er, wie er einmal erzählte, nach anstrengenden Konzert- und Opernaufführungen erholsame Spaziergänge unternahm. Wir kamen etwas früher als erwartet an, fanden Zeit, einige für uns schwer zu definierende Tiere zu bestaunen, die sich auf dem weiten, zum Hause gehörenden Gelände frei bewegten, bis Karajan und seine Frau zurückkamen, die sich den ersten Teil eines Vormittagskonzerts von Ricardo Chailly, dem jetzigen Chefdirigenten des Concertgebouw-Orchesters Amsterdam, angehört hatten. So ergab sich von selbst ein erstes Gespräch über den damals jungen italienischen Dirigenten, der noch von mir erstmalig als Fünfundzwanzigjähriger zu den Berliner Philharmonikern eingeladen worden war. Karajan, der damals schon bedenklich humpelte, nie um interessante Konversation verlegen, unterhielt sich mit uns in Anwesenheit seiner Frau und der jüngeren zu Besuch weilenden Tochter Arabel über viele naheliegende Themen, es wurde fröhlich, anregend und amüsant geplaudert, auch während des bald folgenden Mittagessens. Im Verlauf des Gesprächs fiel mir auf, daß sich Karajan ein wenig besorgt erkundigte, ob wir auf unserem durch Salzburg führenden Weg Bekannte gesehen hätten, was wir verneinten. Er wünschte offenbar, daß unser Besuch »Geheimsache« blieb, und bat uns, auf dem Heimweg nicht in Salzburg anzuhalten, was wir ohnehin nicht beabsichtigten.

Wie wir beim Lunchen auf das Thema Monarchie und Parlamentarismus kamen, weiß ich nicht mehr. Jedenfalls ergab sich die höchst willkommene Gelegenheit, eine Äußerung meines Vaters wiederzugeben, der bei einer Diskussion über Führung und Führungsstärke einmal gesagt hatte, es komme nicht entscheidend darauf an, ob jemand große Machtbefugnisse besäße, eine starke Persönlichkeit setze sich auch ohne solche durch. Als Beispiel nannte mein Vater die fast rechtlose Position eines englischen Königs: So habe Eduard VII. dank seiner

Persönlichkeit eine erhebliche politische Rolle insbesondere bei der Bildung der englisch-französischen Entente gespielt. – Ich zitierte meinen Vater so ausführlich wie möglich, wollte auf diese Weise Karajan, wenn auch nur mittelbar, sagen, daß er, der Maestro, auf Grund seiner überragenden Persönlichkeit keine schriftlich verbrieften Rechte benötige, natürlich unter der Voraussetzung, daß er nicht die Grundrechte des Orchesters berühre, wie auch Eduard VII. niemals daran dachte, an den traditionellen Rechten des Unterhauses zu rütteln. – Doch Karajan reagierte nicht, ich hatte nicht den Eindruck, daß er die angedeutete Parallele auch nur im entferntesten verstand bzw. auf sich bezog.

Schnell wurde das Thema gewechselt, eine Ruhepause nach dem Mittagessen eingelegt. Dann wollte mich Karajan am späteren Nachmittag allein sprechen. Zuvor hatten meine Frau und ich Gelegenheit, mit Frau Eliette und Tochter Arabel ohne Beisein des Maestro zu sprechen. Beide zeigten sich über den Zwist mit den Berliner Philharmonikern tief betrübt und beklagten sich ohne Umschweife, daß der erboste Ehemann und Vater überhaupt nicht auf sie höre, die ihm seit langem zur Versöhnung geraten hätten. Öfters, so Frau Eliette, habe sie ihren Mann gebeten einzulenken, doch sei sie energisch zurückgewiesen worden mit der kurzen Begründung, er wisse dies besser. Wie oft erhielten Freunde und andere aus seiner Umgebung dieselbe schroffe Antwort, wenn sie bei seinen Opernaufführungen manche Besetzungen in Frage stellten.

Am Nachmittag ging es sogleich in medias res. Karajan eröffnete das Gespräch mit einem kurzen »Was nun?«. Ich plädierte für Einsicht, Rückkehr und betonte den Wunsch nach einem Neubeginn. Karajan ließ sich bitten. Er zögerte, zauderte, blieb unwillig, ich hatte das Gefühl, er wollte sich seine Bereitschaft zum Nachgeben – darum mußte es sich handeln – abringen lassen. Auf das Vorgefallene noch einmal einzugehen, schien mir nicht ratsam. So wies ich lediglich auf die jahrzehntelange, einmalige Einheit, die es zu erhalten galte, und bot alle mir zur Verfügung stehende Beredsamkeit auf, um den Meister zu überzeugen. Dieser verhielt sich – zumindest äußerlich –

weiterhin unschlüssig, grollend, ohne die letzten Ereignisse, insbesondere die Absage des Orchesters, zu erwähnen. Schließlich forderte ich ihn im Namen der Musik auf, die Hand zur Versöhnung auszustrecken, die Harmonie mit dem Orchester wiederherzustellen; dies sei er, der Musiker, der Musik schuldig. Jetzt schien beim Maestro eine »Wende« einzutreten, vielleicht daß er, der innerlich doch wohl längst zum Einlenken entschlossen war, auf einen passenden Moment wartete, um sich mir gegenüber einen Ruck zu geben und seine Verärgerung hintanzustellen.

Erst mußte ich jedoch das altbekannte Lamento – zum wievielten Male? – anhören. Karajan beklagte sich erneut darüber, daß er beim Vertragsabschluß durch Tiburtius, dessen Namen er wiederum nannte, hintergangen worden sei. Jetzt war der Redefluß des Maestro nicht zu bremsen. Er stellte sich geradezu als Opfer dieses Vertrages hin; dies nach fast drei Jahrzehnten! Immer wieder brach es aus ihm hervor, wie ungerecht er behandelt worden sei, wobei der Name Furtwängler oder der Furtwänglervertrag nicht genannt wurden. Denkbar, daß Karajan diesen Vertrag inzwischen kennengelernt hatte, der seinem Vorgänger – allerdings unter ganz anderen Umständen – sicherlich größere Rechte zubilligte.

Kaum hatte der nach wie vor verbitterte Maestro seinem »Tiburtius-Syndrom« den gebührenden Tribut gezollt, als es zu einer weiteren, mir weitaus verständlicheren Explosion kam: die fristlose Kündigung des Medienvertrags durch die Medienvertreter des Orchesters. In großer Erregung erklärte Karajan, er habe mehr als eine Million Mark in diese für das Orchester äußerst lukrativen Aufnahmen gesteckt, das Verhalten der Philharmoniker sei unerhört, er werde sie verklagen. Kein Zweifel – die finanzielle »Wunde« schmerzte ihn noch weit mehr als Tiburtius' angeblich schmähliches Verhalten. Daß ich zum Thema Medienvertrag aus bekannten Gründen nichts zu sagen hatte, lag auf der Hand; zu einer Klage Karajans ist es übrigens nicht gekommen, die Loslösung der Philharmoniker von der Exklusivität blieb endgültig.

Alles in allem betrachtet, erschien mir die »Jeremiade« eines so großen Mannes doch unwürdig und unnötig. Denn eines schälte sich bei unserer Besprechung immer deutlicher heraus: Karajan hatte keineswegs die Absicht, sich von Berlin und seinem Orchester zu trennen. Im Gegenteil, er suchte nach Wegen, besser Auswegen, um erneut das Steuer des philharmonischen Schiffes in die Hand zu bekommen. Denn am Ende seiner Klagen und Anklagen kam er ohne Übergang zurück zum Beginn unserer Unterhaltung: »Was nun?« – diesmal in dem Sinne: »Wie soll ich – Karajan – prozedieren?« Ich hatte hierüber weder im Urlaub noch in Anif nachgedacht, der Maestro war mir seit der kommissarischen Übernahme des Intendantenamtes ausgewichen; trotz meiner langjährigen Kenntnis seines Charakters, insbesondere seiner sprunghaften Gedanken, war es mir nicht klar, ob er in Anif nur grundsätzliche Fragen einer Annäherung oder darüber hinaus Einzelheiten besprechen wollte. Das letztere war wohl der Fall. In Eile schrieb ich auf seinen Wunsch hin einige Sätze auf, nach denen Karajan die vergangenen Ereignisse bedauerte, das Orchester aufforderte, gemeinsam mit ihm einen Schlußstrich unter die Vergangenheit zu setzen und gemeinsam eine glücklichere Zukunft zu gestalten. Ich erinnere mich nicht mehr an den genauen Wortlaut, denn schließlich sollte und mußte der wort- und schreibgewandte Maestro selbst eine ihm gemäße, glaubwürdige Formulierung finden. Wie oft hatte er sich dankend und lobend mit denkwürdigen Worten an das Orchester gewandt, das nun mit Recht von ihm eine seinem Stil entsprechende Botschaft erwarten durfte.

Karajan steckte meinen auf den Zettel hingeworfenen Text, der noch keiner war, in die Tasche, die Unterredung – sie dauerte wohl etwas mehr als anderthalb Stunden – war zu Ende; Karajans Bereitschaft stand fest, nun kam es darauf an, ob und in welcher Weise es ihm gelingen würde, eine tragfähige Brücke zum Orchester zu schlagen. – Es folgte ein kurzer Spaziergang mit den Damen und Karajans ständig ausbüchsendem Hund, ein herrlicher Sommerabend, den meine Frau und ich sehr genossen, dann ein harmonisches Abendessen. Am nächsten Morgen verließen wir frühzeitig Anif und ließen unbemerkt Salzburg hinter uns in Richtung deutsche Grenze. In Berlin informierte ich den Senator, der sich hocherfreut zeigte. Nun hieß es wieder: Warten auf Karajan; aber diesmal mit einem guten Gefühl.

23. August 1984: Anruf aus Salzburg vom Sekretariat des Meisters. Er habe einen wirklich sehr schönen Brief an die Orchestervorstände des Berliner Philharmonischen Orchesters gesandt, der jede Minute in der Philharmonie eintreffen werde, eine Abschrift für mich sei beigefügt.

Kurz nach dem Anruf traf auch der Brief wie die für mich bestimmte Abschrift ein. Die wichtigsten Auszüge: »Die internationale Musikwelt und unser Publikum erwarten, daß wir gemeinsam in Bachs h-Moll-Messe bei den diesjährigen Berliner Festwochen musizieren. Gerade dieses Werk, das von Menschlichkeit und christlichem Geist tief geprägt ist, sollte es uns erleichtern, in versöhnlicher Gesinnung einen Schlußstrich zu ziehen und an die frühere Gemeinsamkeit wieder anzuknüpfen. ... Unglückliche Fügungen, menschliche Unzulänglichkeiten und Fehler in jüngster Zeit können und dürfen das Bild und die Wirkung eines weltweit gewürdigten musikalischen Siegeszuges und unaufhörlichen Aufstieges nicht verdunkeln. Ich schlage Ihnen deshalb vor, im September 1984 ... erst einmal die gemeinsame musikalische Arbeit wieder aufzunehmen. Für die anstehenden Fragen werden wir dann in größerer Ruhe, Sachlichkeit, Entspannung und Geduld bessere Lösungen finden. Mit herzlichen Grüßen ...«

Ich sorgte dafür, daß beide Orchestervorstände den Brief durch ein Verwaltungsmitglied sofort erhielten, unterrichtete den Senator für Kulturelle Angelegenheiten und bat um ein Gespräch beim Regierenden Bürgermeister, wenn möglich am gleichen Spätnachmittag oder am Abend. Kein Zweifel, die so lange geforderte versöhnliche Geste Karajans lag vor; doch sein Vorschlag, zuerst die Konzerte, dann die Besprechung, mußte auf Widerstand im Orchester stoßen, das zumindest zu einem großen Teil dem Chef mißtrauisch gegenüberstand. Was würde geschehen, wenn der Maestro nach den Konzerten aus irgendwelchen Gründen zu wenig oder etwa gar keine Zeit für die vermutlich langwierigen Besprechungen haben würde? Auf der anderen Seite ließ sich der Wunsch Karajans verstehen, nicht das Probenklima durch gleichzeitige oder vorausgegangene, möglicherweise konträr verlaufende Verhandlungen zu belasten.

Die christliche Verbrämung in des Maestros Brief hingegen vermochte in Berlin und bei den Berliner Philharmonikern kaum einen nachhaltigen Eindruck zu hinterlassen. Religiöse Appelle von einem »sistierenden«, lange Zeit auf Rache sinnenden Karajan erschienen wenig glaubwürdig, entsprachen kaum Berliner Mentalität und bargen in sich eine gewisse Gefahr: Denn der Maestro fand als Bach-Interpret, insbesondere kirchlicher Werke, innerhalb wie außerhalb des Orchesters keineswegs einhellige Zustimmung; gerade bei der Wiedergabe der h-Moll-Messe mehrten sich stets die kritischen Stimmen. Auch vom Hinweis auf »Erwartungen der internationalen Musikwelt« konnten beim besten Willen keine größeren Wirkungen ausgehen. Viele prominente Musiker und Musikberichterstatter erwarteten vielmehr einen höchst unharmonischen, unchristlichen Bruch.

Diesen zu vermeiden und das Orchester bzw. erst einmal die beiden Orchestervorstände zur Annahme des »Vorschlags« zu bewegen, war Gegenstand der wenige Stunden nach Eingang des Briefes anberaumten Besprechung bei Diepgen. Karajan hatte, wenn auch indirekt, »Fehler« eingestanden, von »menschlichen Unzulänglichkeiten« gesprochen, nun galt es, auf seinen Brief im gleichen Geiste zu antworten. Sowohl der Regierende wie sein Kultursenator setzten sich eindringlich hierfür ein. Ich selbst erklärte dem Vorstand, ich würde dafür bürgen, daß die von Karajan vorgeschlagenen Gespräche in dem notwendigen Umfang stattfänden. Nach meiner Unterhaltung in Anif erscheine es mir sicher, daß er die Aussöhnung und Fortsetzung seiner Arbeit in Berlin wolle, an irgendwelche Ausflüchte von seiner Seite sei nicht zu denken. Somit böte sich eine echte Chance zum Neubeginn, sie dürfe nicht verspielt werden. Rudolf Weinsheimer, seit Anbeginn der Krise »christlich« gesonnen, gab sofort seine Zustimmung; aber auch Rainer Zepperitz, damals dem Maestro alles andere als wohlwollend gesonnen, widersetzte sich nicht. – Während der sich länger hinziehenden Besprechung kam übrigens Diepgen erneut auf seine Lieblingsidee, eine Reise der Philharmoniker nach Israel, zu sprechen. Hierüber gab es bereits im Juli Überlegungen und Bestrebungen, um gegebenenfalls Zubin Metha sowie Daniel Barenboim als Dirigenten zu gewinnen. Doch im Moment einer sich anbahnenden Versöhnung mit Karajan – dies mußte ich Diepgen klarlegen – kam eine solche, höchst wünschenswerte Reise nicht in Frage. Karajan war in Israel wegen seiner Zugehörigkeit zur NSDAP verständlicherweise »Persona non grata«. Solange er an der Spitze des Orchesters stand, kam ein Auftreten der Berliner Philharmoniker nur mit anderen Dirigenten in Frage. Im übrigen lag auch keine offizielle Einladung vor, die Spielzeit 1984/85 war verplant, und im Falle einer Einigung zwischen Karajan und dem Orchester gab es bereits verbindliche Absprachen für Konzerte in Japan und Süd-Korea unter Leitung des Maestro.

In Presse und Öffentlichkeit überwogen pessimistische Stimmen. »Das Zerwürfnis ist inzwischen zu tief, als daß – allein auf einen Brief gründend – allumfassende Hoffnung auf die ungetrübte künstlerische Reprise in alter Frische keimen könnte . . .« (»Berliner Morgenpost« vom 25. August). Der Umstand, daß die Philharmoniker nach Kündigung ihres Medienvertrags mit Karajan neue Verbindungen, vor allem mit der CBS (Columbia Broadcasting System) eingegangen waren, wurde unter anderem in der »Welt« vom 25. August dahingehend ausgelegt, das Orchester habe damit bereits für Lorin Maazel, einen der Stars bei der CBS, votiert! Der »Tagesspiegel« sorgte sich in einem Artikel vom 31. August um den »Abstieg des Orchesters auf Grund einer von außen auferlegten Versöhnung, der eine innere Motivation nicht mehr entspricht«. – Mochten solche Gedanken keineswegs völlig abwegig gewesen sein, die nie gebrochene künstlerische Einheit zwischen Karajan und den Berlinern, ihre in der Tat einmalige Zugkraft in der ganzen Welt, die der damaligen Inselstadt Berlin-West in hohem Maße zugute kam, wie auch der Umstand, daß ein von allen anerkannter »Kronprinz« nicht vorhanden war, sprachen zwingend dafür, den von Karajan angebotenen Weg der Versöhnung zu gehen und dies den Philharmonikern anzuraten.

Am 31. August kamen sie zu einer Vollversammlung zusammen. Man debattierte mehrere Stunden; fast alle Mitglieder waren anwesend. Über Einzelheiten des Verlaufs vermag ich nicht zu berichten, da der Intendant grundsätzlich an solchen Versammlungen nicht teilnimmt, bei denen in der Regel interne Angelegenheiten des Orchesters besprochen werden. Doch war im voraus verabredet, daß ich im Verlauf der Debatte zu Wort kommen sollte, was auch geschah. Vor mir hatte, wie ich später erfuhr, der Medienvertreter des Orchesters in Rechtssachen, Dr. Meyer-Wölden aus München, gesprochen. Die Mitglieder begrüßten mich sehr freundlich, ich nannte in einer längeren Ansprache die verschiedensten Gründe, die für eine Annahme des »Vorschlags« von Karajan sprachen, erneuerte meine Bürgschaft und fand bei der übergroßen Mehrheit des Orchesters einen, wie mir schien, günstigen Widerhall. Nach meinen Ausführungen sagte mir Meyer-Wölden während einer kurzen Pause, ich hätte genau dieselben Gründe genannt wie er zuvor, und er fürchtete, daß manche Philharmoniker glauben könnten, wir hätten uns vorher abgesprochen – was selbstverständlich nicht der Fall war. Sehr bald verließ ich die Versammlung und hörte gegen Mittag zu meiner großen Freude, daß sich das Orchester einstimmig für die Konzerte mit Karajan im Sinne des Vorschlags des Maestro ausgesprochen hatte. Im Orchesterbeschluß hieß es unter anderem: ». . . wir werden, auf Ihre Bitte eingehend, die h-Moll Messe am 29. und 30. September spielen. Jede weitere Zusammenarbeit müssen wir davon abhängig machen, daß die von Ihnen angebotenen und von uns als unabdingbar notwendig erachteten Gespräche zu einem für das Orchester akzeptablen Ergebnis führen . . . Sie (die Gespräche) müßten spätestens auf die Zeit unmittelbar nach den Konzerten gelegt werden . . .«

Karajan hatte also seinen Willen durchgesetzt, allerdings nur was die Reihenfolge der Ereignisse anbetraf. Er mußte sich im klaren sein, daß ein etwaiges Hinauszögern der zugesagten Verhandlungen den sofortigen Bruch zur Folge gehabt hätte. Die Frage blieb: Was war in ihm, der Fehler und menschliche Unzulänglichkeiten einräumte, der nunmehr die Hand zur Versöhnung ausstreckte, vorgegangen? Warum hatte er dies nicht zuvor, im Juni oder Juli, getan, als man ihn fast flehentlich und nicht nur einmal von Senatsseite wie von seiten der Philharmoniker um eine Geste des Bedauerns und des Zugehens auf das Orchester bat, eine Geste, die möglicherweise die Konzerte in Salzburg und Luzern gerettet hätte?

Mit einiger Gewißheit darf man annehmen, daß die Absage dieser Konzerte bei ihm wie ein kleines Erdbeben gewirkt hatte, daß er hierauf überhaupt nicht vorbereitet war. Was tun? Die Beziehungen mit den Berlinern endgültig abbrechen, sich allein auf die Wiener verlassen, die er Wochen zuvor mit Rosen überschüttet hatte? Doch er, der Ewig-Mißtrauische, wollte und konnte sich nicht restlos auf sie verlassen, die als vorrangiges Opernorchester einen eigenen Chef hatten, als Konzertorchester eine sehr beschränkte Zahl von Auftritten durchführten und auch in ihren Möglichkeiten als Aufnahmeorchester begrenzt waren. Damals besaß der sechsundsiebzigjährige Maestro noch ein sehr gutes Gedächtnis für ihm – angeblich oder wirklich – zugefügtes Unrecht, und in der Reihe der »Sünder« befand sich auch – und ziemlich weit oben – das Wiener Philharmonische Orchester!

Ob der geschockte Maestro damals versuchte – so will es ein Gerücht –, die von ihm hochgeschätzte, aber erwartungsgemäß nicht mehr verfügbare Dresdner Staatskapelle für die Berliner Konzerte mit der h-Moll Messe zu gewinnen, was den endgültigen Bruch mit den Berliner Philharmonikern bedeutet hätte, ist wenig wahrscheinlich. In der Medienbranche wurde überdies der Verdacht laut, Karajan habe nur nachgegeben, weil er die »Berliner« dringlichst für die Vervollständigung seiner Gesamt- und Einzelaufnahmen für sein Vermächtnis, die Videokassetten, benötigte. Demgegenüber stehen die Aussagen von zwei Vertrauten Karajans, die mir eingehend berichteten, wie unendlich schwer es gewesen sei, den Meister zum Nachgeben zu bewegen. Mr. Wilford, der zuvor erwähnte Präsident der Columbia, der übrigens eigens zu den »Versöhnungskonzerten« nach Berlin kam, erzählte, wie er immer wieder und so oft vergeblich auf den Maestro eingeredet habe; Michel Glotz, Karajans französischer Freund, der einzige, den Karajan in meiner Gegenwart beim Vornamen anredete, berichtete, wie auch er vergeblich zugunsten einer Versöhnung intervenierte. Er habe schließlich dem Maestro dargelegt, daß selbst ein de Gaulle Fehler gemacht und nachgegeben habe, ein Hinweis, der – so Glotz – bei Karajan nicht ohne Wirkung geblieben sei. Natürlich hat der Erfolg viele Väter. Jedenfalls beeindruckte mich das echte Gefühl der Erleichterung, mit dem Karajans Brief an die Orchestervorstände von seiner Umgebung aufgenommen worden war.

Der Maestro traf am 25. September in Berlin ein, vermutlich nicht in allerbester Stimmung. Dies ging schon daraus hervor, daß er mich ausdrücklich bitten ließ, ihn nicht abzuholen, wie ich dies früher – und übrigens auch später – regelmäßig tat. Vielleicht befürchtete er auch, daß die Zeit seiner Ankunft bekannt würde und er sich einem Getümmel von Pressevertretern und Fotografen ausgesetzt sähe. Gerne hätte ich ihn über die Stimmung im Orchester unterrichtet, insbesondere auch über den Wechsel im Vorstand.

Vor Beginn der ersten Probe fragte ich einen deutlich reservierten Karajan, ob ich einige Worte der Begrüßung an ihn und das Orchester richten solle. Die Antwort: ein ziemlich brüskes Nein, worauf der Maestro seinen Platz auf dem Dirigentenpodium einnahm, mit einem kurzen »Guten Tag« die Philharmoniker »begrüßte« und sogleich ansagte, welchen Teil der Messe er zuerst zu proben gedachte. Das Orchester hatte wahrlich keinen Grund, dem Meister einen besonders warmen Empfang zu bereiten. Einige Worte der Freude und der Versöhnungsbereitschaft von seiner Seite hätten dennoch eine etwas freundlichere Atmosphäre hervorgerufen; Karajans Autorität, seine magnetisierende Persönlichkeit, seine Überlegenheit als Dirigent konnten selbst den Härtesten der Harten unter den Musikern nicht völlig unberührt lassen. Aber »wie man in den Wald hineinruft, so schallt es heraus« – kein Wunder, daß sich der Chef alsbald über die angebliche Kälte der Musiker beschwerte, die seinen aus den üblichen zwei Worten bestehenden Gruß nicht erwiderten; sie reagierten schweigend.

Ich selbst nahm an verschiedenen Proben teil; ein Zwischenfall, möglicherweise unbeabsichtigt von Karajan oder einem Orchestermitglied ausgelöst, war durchaus denkbar.

Und es kam in der Tat zu einem Zwischenfall, allerdings »hinter den Kulissen«. Während bisher Karajan stets von sich aus bestimmte, welcher Konzertmeister, welche Solo-Bläser etc. bei seinen Konzerten mitwirkten, gab es diesmal aus naheliegenden Gründen keine solche Vorankündigung aus Salzburg. Infolgedessen teilte der Orchestervorstand im Einklang mit der Verwaltungsordnung Dienst sowie Besetzung des Dienstes ein und gab Karajan den jungen, noch im Probejahr befindlichen Toru Yasunaga als Konzertmeister, dies in einem Werk, das neben den üblichen Führungsaufgaben auch noch ein großes Violin-Solo verlangt. Der technisch höchst versierte junge Konzertmeister spielte während der ersten Probe das Solo technisch einwandfrei, aber doch ohne jene Innerlichkeit, jenen Ausdruck, den diese Musik benötigt, mit der Folge, daß Karajan Léon Spierer, den weitaus älteren, reifen Konzertmeister für die h-Moll Messe forderte. Erhebliche Aufregung im Orchester. Lag eine Verletzung der Rechte des Vorstandes vor?

Nun, es war eigentlich ganz selbstverständlich und bisher vom Orchester stets akzeptiert, daß der Chefdirigent – ein Gleiches gilt heute für Abbado – das Recht hat, die Besetzung für seine Konzerte in Berlin und auf Reisen selbst zu bestimmen. Das künstlerische Selbstverwaltungsrecht des Orchesters in Ehren, aber es darf nicht so weit führen, daß ein Orchester bzw. sein Vorstand dem Chefdirigenten und künstlerischen Leiter die Besetzung vorschreibt und gegebenenfalls an dieser festhalten darf, wenn von seiten des Chefs andere Wünsche geäußert werden. Senator Hassemer, der wohl vom Vorstand eingeschaltet wurde, war der gleichen Ansicht, und bei der folgenden Nachmittagsprobe amtierte Spierer anstelle von Yasunaga, dem Karajan die Gründe für den Wechsel eingehend darlegte und seine geigerischen Fähigkeiten vollauf würdigte.

Natürlich bemächtigte sich die Presse des »Zwischenfalls«, ein aufgeregter Philharmoniker ließ sich öffentlich vernehmen: »auch das Recht auf freie Einteilung des Dienstes dürfe nicht hintergangen werden, sonst ginge das Orchester auf die Palme« (so in der »Berliner Morgenpost« vom 29. September), kurzum, die Stimmung im Orchester war durch die Auswechslung des Konzertmeisters so gereizt, daß sich der Vorstand in einem äußerst aggressiv gehaltenen Brief an Karajan wandte, in dem ihm eine Verletzung der Verwaltungsordnung vorgeworfen wurde! Der engste Vertraute und ständige Begleiter Karajans, Dr. Märkle, gab mir den Brief zu lesen und beschloß, nicht zu Unrecht das Schlimmste befürchtend, diese Epistel dem Chef erst einmal vorzuenthalten, um nicht noch mehr Öl ins Feuer zu gießen. So gab es bei Karajan keinen zusätzlichen Ärger, und die Proben verliefen, alles in allem, ruhig und seinen interpretativen Auffassungen gemäß.

Eine kurze Zwischenbemerkung: Konnte Karajan nicht mit dem jungen Konzertmeister an dem großen Solo arbeiten, ihm seine – des Maestros – Vorstellungen nahebringen? Im Gegensatz zu den meisten älteren, aber auch manch jüngeren Dirigenten verlangte Karajan bei Konzertaufführungen von seinen Instrumental- und Vokalsolisten stets, wie er sagte, eine »fertige Interpretation« und probierte mit ihnen zuvor am Klavier nur dann, wenn er sie nicht kannte oder es sich um besonders schwere Soli handelte. Ein Gleiches galt für Orchester-Solisten. Ob bei dem berühmten Bach-Solo Sonderproben genutzt hätten, bleibt mehr als zweifelhaft. Yasunaga stand damals diesem Werk allzu fern, vermochte den Gefühlswert dieser Musik noch nicht wiederzugeben, die, wenn irgend möglich, doch von einem reiferen Geiger interpretiert werden sollte. Daher empfand ich das Verlangen von Karajan in jeder Hinsicht als berechtigt. Und Léon Spierer spielte das Solo zu aller, auch des Maestros voller Zufriedenheit, ohne daß es einer besonderen Probenarbeit bedurfte.

Karajan, stets für Änderungen und Überraschungen gut,

blieb sich auch während dieser kritischen Phase seines Dirigententendaseins treu. »In größerer Ruhe, Sachlichkeit, Entspannung und Geduld« wollte er *nach* den Konzerten mit dem Orchester verhandeln, hatte jedoch bei Abfassung seines Briefes übersehen, daß bei einem großen Chorwerk mit bedeutenden Gesangssoli die Generalprobe üblicherweise am Vortag des Konzerts nachmittags stattfindet, um alle Sänger und Sängerinnen für die abendliche Aufführung zu schonen. So blieb der Vormittag des (ersten) Konzertabends frei, für den vielbeschäftigten, ruhelosen Maestro ein Ding der Unmöglichkeit. Kurzentschlossen regte er an, die Verhandlungen »über die anstehenden Fragen« nun doch *vor* den Konzerten, nämlich an diesem freien Sonnabendvormittag, stattfinden zu lassen; wieder einmal eine Kehrtwendung um 180 Grad!

Des Maestros neuer »Vorschlag« fand bei allen Beteiligten Gehör, das relativ große, im Verwaltungstrakt der Philharmonie gelegene Konferenzzimmer, das vor allem vom Vorstand und Personalrat benutzt wurde, sollte als Verhandlungsraum dienen. Doch der Meister protestierte und schlug vor, besser verlangte, daß die Besprechung in seinen, dem Chefdirigenten auf Lebenszeit vorbehaltenen Raum verlegt werde; im vorgesehenen Konferenzzimmer würde er sich in der Rolle des »Angeklagten« befinden! Kein Einspruch, und so versammelten sich um zehn Uhr früh in dem für so viele Teilnehmer viel zu kleinen Karajan-Zimmer neben dem Maestro und seinem Vertrauten Dr. Märkle der Kultursenator und sein Staatssekretär, der Orchestervorstand, die Mitglieder des »Fünferrates«, die Mitglieder des Personalrates, die beiden Medienvertreter sowie der Intendant.

Ich fuhr zu diesem vorgezogenen Meeting mit äußerst gemischten Gefühlen, dachte an den geharnischten Brief des Vorstands an Karajan, die aufgeheizte Stimmung im Orchester sowie, last but not least, an den bisher wenig zugänglichen, sich herrisch gebenden Maestro, der zwar offensichtlich »weitermachen« wollte, aber bei seiner Neigung zum impulsiven Handeln und Reden sehr leicht Porzellan zerschlagen konnte. Es kam aber wieder einmal ganz anders.

Nach einleitenden Begrüßungsworten von Senator Hassemer verlas das neue Vorstandsmitglied Häussler eine Orche-
sterresolution, die dankenswerterweise nicht noch einmal die
alten Krisenherde Sabine Meyer, Dr. Girth und die Absage des
Pfingstkonzerts zum Gegenstand machte, sondern dem Chef
deutlich die inzwischen entstandene Entfremdung zwischen
ihm und dem Orchester vor Augen führte. Karajans etwas ge-
quälter, leicht gereizter Gesichtsausdruck ließ aufkommenden
Ärger befürchten, aber der Maestro verzichtete auf eine längere
Gegenerklärung, beschränkte sich auf eine kurze Betonung seines Zugehörigkeitsgefühls und seiner intensiven Zusammenarbeit mit dem Orchester während der mehr als ein Vierteljahrhundert dauernden »Vorkrisenzeit«. So konnten sogleich prak-
tische Fragen in bezug auf das künftige Verhältnis zwischen
Chefdirigent und Orchester zur Sprache kommen. Dabei ging
es um die formelle Anerkennung der gesamten Verwaltungsordnung und des laufenden Tarifvertrags als Grundlage für die
Beziehungen beider Seiten, ohne daß eine Auslegung einzelner
Paragraphen erfolgte. Karajan stimmte zu.

Nächster Punkt: die anstehenden Probespiele. Ihre Zahl – so
die Orchestervertreter – werde in allernächster Zeit vierzehn
betragen. Wie stünde es mit Karajans Daten, würde er genügend Zeit zur Verfügung stellen, mehr Termine als bisher seien
notwendig? Die Fragen zeigten, daß die Orchestervertreter
nach wie vor von der Anwesenheit des Maestro bei den Vorspielen ausgingen. Karajan gab sogleich vier Anwesenheitsperioden. Aber, so der Orchestervorstand, was solle geschehen,
wenn diese nicht ausreichten, insbesondere wenn, wie so oft,
bei den Vorspielen niemand in Betracht käme oder Kandidaten
nochmals anzuhören seien? Mehr zeitliche Flexibilität sei dringend erforderlich. Wäre es möglich, im Notfall auch ohne Karajan Vorspiele abzuhalten, unter Umständen – etwa bei einem
hervorragenden, von anderen Orchestern gleichfalls begehrten
Musiker – auch ohne Karajan ein Probejahr festzulegen, bei
dessen Ende dann der Chef sein Veto einlegen könnte? Karajan
stimmte zu. Mehr noch: Zu meinem Erstaunen, wenn nicht
Entsetzen, erklärte er mit großer Bestimmtheit, er habe so-

wieso kein anderes Recht, hielt es nicht mehr für geboten oder möglich, an die alte, seit mehr als zwei Jahrzehnten bewährte Übung anzuknüpfen, die – zumindest de facto – darauf hinauslief, daß er gleich bei der Einstellung auf Probe ein gewichtiges, wenn nicht entscheidendes Wort mitzureden hatte. Damit ließ der Maestro einen Teilrückzug aus dem Orchestergeschehen erkennen; statt verlorenes Terrain wiederzugewinnen, gab er mehr auf als erwartet oder nötig.

Ähnlich verhielt er sich beim nächsten Punkt, den Orchesterreisen. Allgemein war bekannt, daß ihm an den für die frühere Inselstadt unerhört wichtigen Deutschland-Tourneen wenig lag. Das Orchester, aber auch der Senat wünschten solche Reisen in regelmäßiger Folge, wie dies in früheren Jahren der Fall war. Frage an Karajan: Falls ihm diese Reisen zuviel würden, könnte das Orchester die eine oder andere Reise mit einem anderen Dirigenten unternehmen, dessen Person vorher mit ihm, dem Maestro, abzusprechen wäre? Der Meister stimmte zu. Nun hatte es schon früher einzelne Reisekonzerte unter Gastdirigenten gegeben; so dirigiert Sir John Barbirolli die Philharmoniker bei den Ruhrfestspielen, Hans Schmidt-Isserstedt das Orchester in einem besonderen Konzert (selbstverständlich mit Zustimmung von Karajan), aber eine regelrechte Tournee ohne den Chef – das war neu!

Letzter wichtiger Punkt: »Partnerschaftlich« sollte die zukünftige Zusammenarbeit vonstatten gehen, mehr Zeit und Muße sollten für die Gespräche zwischen dem Chefdirigenten und den Orchestergremien vorhanden sein. Karajan stimmte zu.

Nach kaum mehr als zwei Stunden – die Presse schrieb von dreistündigen Verhandlungen – entfernten sich die Orchestervertreter, um intern zu beraten. Die meisten von ihnen sicherlich überrascht, manche sogar enttäuscht, einen so nachgiebigen Maestro erlebt zu haben. – Karajan, sein Mitarbeiter Dr. Märkle, mit allen Vollmachten ausgestattet, Senator, Staatssekretär und ich blieben zurück. Kurz vor 13 Uhr verließ der Maestro die Philharmonie, ohne einen Beschluß der Orchestervertreter abzuwarten. Schließlich brauchte er Ruhe und den gewohnten Mittagsschlaf, insbesondere vor einer Aufführung der h-Moll-Messe.

Als die Orchestervertreter nach rund einer Stunde zurückkamen, merkte man ihnen ihre Verblüffung deutlich an. Nach *diesem* Gesprächsverlauf blieb gar nichts anderes übrig, als einen »Friedenspakt« abzuschließen, die von Karajan angebotene weitere Zusammenarbeit auf der vom Orchester gewünschten partnerschaftlichen Grundlage zu akzeptieren – und eine entsprechende Aussage für die Öffentlichkeit zu formulieren. Dies geschah verständlicherweise nicht mühelos, aber gegen 14.30 Uhr konnten die Teilnehmer der Einigungsverhandlungen in ihre Büros oder nach Hause fahren, um sich für die auf 16 Uhr einberufene Pressekonferenz zu stärken.

Vor zahlreichen Pressevertretern verlas Kultursenator Hassemer die gemeinsame Erklärung der Orchestervertreter und Karajans, deren Präambel lautete:»In einem mit großem Ernst und Verantwortungsbewußtsein geführten Gespräch sind das Berliner Philharmonische Orchester und Herbert von Karajan übereingekommen, auf partnerschaftlicher Basis einen künstlerischen Neuanfang zu unternehmen.«

Dann vier kurzgefaßte Punkte: Beide Seiten sagen sich zu, künftig auftretende Probleme partnerschaftlich und im rechtzeitigen Gespräch miteinander zu lösen; dies auf den bekannten rechtlichen Grundlagen der Verwaltungsordnung und des Tarifvertrages; Regelung des Probespielverfahrens in der oben angeführten Weise; Konzertreise in die »übrige Bundesrepublik« sowie das europäische Ausland eventuell unter Mitwirkung eines vom Chefdirigenten dem Intendanten vorzuschlagenden anderen Dirigenten.

Der »Friedenspakt« löste offensichtlich bei einigen Journalisten Erstaunen, Ungläubigkeit, wenn nicht gar Enttäuschung aus; hatte man doch eher eine große Sensation, den endgültigen Bruch oder bestenfalls einen »Ehrendirigenten« Karajan erwartet, der die künstlerische Leitung der Philharmoniker niederlegen würde. Statt dessen eine von vielen als »recht mager« erachtete Erklärung, die auch durch zusätzliche Fragen an den Senator, die beiden Mitglieder des Orchestervorstands sowie an den Intendanten nicht üppiger wurde als eben das, was vereinbart war.

Alle, die wir Verantwortung trugen, atmeten hingegen auf. Das gräßlichste Schauspiel, das man der Welt geboten hatte, fand ein versöhnliches Ende, die Zuhörer in der Philharmonie – unter ihnen Richard von Weizsäcker und Eberhard Diepgen, die auch persönlich gratulierten – feierten den Maestro und die »Wiederum-Seinen« mit großer Herzlichkeit. Die Nachricht von der erfolgten Einigung hatte sich schnell verbreitet und selbstredend eine besondere Stimmung erzeugt. Ob »christliche Wonne« überwog oder einfach der Wunsch bestand, Karajan und sein Orchester, nach wie vor eine künstlerische Einheit, sollten endlich das Kriegsbeil begraben und aufs neue orchestrale Maßstäbe von höchstem Rang setzen – es sei dahingestellt. Scheidung oder Happy-End? Wer unter den mehr als zweitausend Zuhörern würde nicht für neue Harmonie, neues gemeinschaftliches Musizieren plädiert haben?

Nachdem nun mehr als ein halbes Jahrzehnt verstrichen ist, der Maestro nicht mehr lebt, muß die Frage, ob es sich wirklich um ein »Happy-End« handelte, auch aus etwas distanzierterer Sicht beantwortet werden. Daß es bereits bei Abschluß des »Friedenspaktes« Pressestimmen und private Meinungen gab, die dem Frieden nicht trauten, überraschte nicht. Nachdem der Maestro mit seinen, wenn auch später zurückgenommenen, »Sistierungen« und der bösen Ausladung den Streit in die Öffentlichkeit gebracht hatte, nachdem das Orchester seinerseits mit dem sicher unglücklich konzipierten eigenen »Kammerorchester«, später mit der Ausladung des eigenen Chefs bzw. der Weigerung, unter ihm, wie vorgesehen, zu spielen, »geantwortet« hatte, konnte von einer einfachen »restitutio in integrum« sowieso nicht mehr die Rede sein. Objektiv gesehen war Karajan zwar weiter »ständiger Dirigent« und künstlerischer Leiter des Berliner Philharmonischen Orchesters, sein Vertrag mit dem Land Berlin blieb derselbe, auch an seinen »Rechten und Pflichten« hatte sich nach außen hin nichts geändert; aber *eine* tiefgreifende Veränderung minderte bereits die Machtposition des Maestro: Karajan war nicht mehr unumschränkter Herr der für ihn und die Philharmoniker so wichtigen Aufnahmen. Denn der seinerzeit gekündigte Exklusivvertrag, der im Medienbereich das Orchester an Karajan band, wurde nicht erneuert. Und sein Anwalt nahm die von Karajan mit gewohnter Verve bekanntgegebene Klage gegen die Kündigung zurück; des Maestros Machtmonopol war somit gebrochen. Das bedeutete nicht völlige Einstellung aller Aufnahmen für den zum Befehlen geborenen Maestro, aber nun war er lediglich einer von vielen, konnte nicht mehr bestimmen, wer außer ihm – wenn überhaupt – als »Plattenkonkurrent« in Frage kam, besser: in Frage kommen durfte.

Auch subjektiv betrachtet, konnten die einander zugefügten Wunden nur langsam vernarben. Während im Orchester alsbald eine gewisse Beruhigung eintrat, der Vorstand sich die größte Mühe gab, mit Karajan einvernehmlich zusammenzuarbeiten, zeigte sich dieser meistens verstimmt und gereizt. Daß ihm zugefügte Wunden sich schwer oder gar nicht schlossen, lag in seinem bereits geschilderten Charakter begründet. Bei Auseinandersetzungen kannte er weder Altersweisheit noch Güte; glaubte er, eine Niederlage erlitten zu haben – und auch die Einigungsverhandlungen kamen einer solchen zumindest nahe –, so blieben Rachegelüste in ihm virulent, ließen ihn nicht zur Ruhe kommen. In der Tat: ein seltsamer Mann. Erst gab er fast auf der ganzen Linie nach, dann schmollte er. Wie ließ sich solches Verhalten erklären?

Wahrscheinlich war es ihm unendlich schwer gefallen, überhaupt eine Aussöhnung mit den Berlinern in Betracht zu ziehen, obwohl, wie dargelegt, Familie und Freunde in diesem Sinne auf ihn eingeredet hatten, niemand ihn in seinem Grimm bestärkte oder zu einem endgültigen Bruch riet. Nach sicherlich langem Zögern entschied er sich endlich, die Hand auszustrecken. Nachdem diese ergriffen worden war, wollte er seine Entscheidung mit altgewohnter Energie auch durchsetzen. Nur so läßt sich sein doch verblüffendes Nachgeben bei den relativ kurzen, fast problemlosen Einigungsverhandlungen verstehen. Seine Haltung entsprach weit eher einer Trotzreaktion als einem echten Zugeständnis. Angeblich soll er zuvor gesagt haben: »Und wenn sie auf mich spucken, ich bleibe!« Gleichgültig, ob diese Äußerung wirklich gefallen war, er handelte, besser: verhandelte danach, ließ das Orchester auf seine Weise wissen: »Ihr wollt mich loswerden, aber ich zeige euch, wer Herr ist, indem ich bleibe!« – Als man ihm die gemeinschaftlich formulierte Erklärung zur Unterschrift vorlegte, unterschrieb er, ohne von ihrem Inhalt im einzelnen Kenntnis zu nehmen, so sein Mitarbeiter Dr. Märkle. Auch die Tatsache, daß dieser es für möglich hielt, dem Chef das Schreiben des Vorstandes wegen der (angeblichen) Verletzung der Verwaltungsordnung schlicht vorzuenthalten, spricht für Karajans »finstere Entschlossenheit, komme, was da wolle«. So verwunderte es nicht, daß er sich im Verlauf der Jahre an die im »Friedenspakt« getroffenen Vereinbarungen nur sehr bedingt hielt, vom Vorstand an Einzelheiten erinnert werden mußte, die vielleicht seinem nachlassenden Gedächtnis (nicht aber für Parituren!) entschwunden waren.

Sein erkennbarer Mißmut hatte sicherlich noch einen weiteren Grund. In Erinnerung steht, was einmal Karajans Berliner Arzt, der leider lange vor seinem berühmten Patienten verstorbene Professor Röttgers, prognostizierte: »Karajan wird sehr viel älter, als es die meisten annehmen, und in jedem Jahre wird er grantiger werden!« So geschah es in der Tat, der Chef wurde immer unzugänglicher, verärgerter, und dies nicht nur wegen der vergangenen Ereignisse, sondern auch im Hinblick auf die Zukunft. Denn nun fing er an, die ihm verbleibenden Jahre zu zählen, kam nur schwer darüber hinweg, daß er älter wurde, während sich das Orchester verjüngte. So konnte man sich bald des Eindrucks nicht mehr erwehren, daß er, der innerlich jung sein wollte, bis zuletzt seinen gewohnten, anstrengenden Arbeitsrhythmus eisern einhielt und den Verdruß über sein zunehmendes Alter Orchester wie Umgebung immer stärker spüren ließ.

Ein dritter Grund, sein körperlicher Verfall, darf nicht unerwähnt bleiben, den er mit beispielloser Energie zu überwinden trachtete. Wer erinnert sich nicht an den schwer gehbehinderten, sich aufs Podium schleppenden Maestro, der oft nur mit

Hilfe des Konzertmeisters seinen Platz erreichte, um dann wahre Wunder an Klang und Schönheit aus dem Orchester hervorzuzaubern. Immerhin, sein physisches Leiden hinderte ihn nicht, noch Monate vor seinem Tod bei den Salzburger Osterfestspielen zwei Opernaufführungen und vier Konzerte innerhalb von etwas mehr als einer Woche zu dirigieren (und vorher zu proben), hinderte ihn auch nicht daran, mit den Wiener Philharmonikern denkwürdige Konzerte in New York zu veranstalten, bei denen er sogar die monumentale Achte von Bruckner im Programm hatte, ein Werk, das von jedem Dirigenten ein Höchstmaß an geistiger und körperlicher Fitneß verlangt.

Ein Jammer – er hätte wahrlich nach dem »Friedensschluß« von Ende September 1984, also fast fünf Jahre vor seinem Tod, auf seine Berliner Philharmoniker zugehen sollen, ihnen zeigen, daß er sie als Partner anerkannte. Es wäre ihm dann ein leichtes gewesen, durch verstärkte Präsenzen, vor allem bei den Vorspielen, jene Position zurückzugewinnen, die er bis zum Ausbruch der Krise unbestritten besaß. Die Tatsache, daß seine Zeit als Medienstar vorüber war, änderte hieran nichts; denn für alle weiteren Aufnahmen, die er wünschte, standen die Philharmoniker jederzeit zur Verfügung.

Statt dessen verminderte er seine Anwesenheiten, verlor infolgedessen seinen Einfluß vor allem bei der Auswahl neuer Musiker mit der unausbleiblichen Folge, daß er letzten Endes die vom Orchester nach ein oder zwei Probejahren mit Zweidrittelmehrheit bestimmten neuen Mitglieder trotz sicherlich berechtigter Bedenken passieren lassen mußte. Ob er, der zur Selbstherrlichkeit neigte, glaubte, die sich zusehends vergrößernde Entfernung vom Orchester dank seiner nie angezweifelten dirigentischen Autorität überspielen können, entzieht sich meiner Kenntnis.

Zusammenfassend läßt sich sagen: Der »Friedenspakt« von 1984 war von beiden Seiten gewollt, führte aber nicht mehr zu jener vertrauensvollen Zusammenarbeit von früher, dies in erster Linie, weil es einem der beiden Partner am echten Willen zu einem echten Neuanfang fehlte.

Karajans Verstimmung konnte ich auch persönlich registrieren. Zwar »durfte« ich ihn wieder, wie gewohnt, am Flughafen abholen, ihm wiederum das Allerneueste aus der Musikwelt, besonders aus dem Berliner Musikleben berichten, aber das war auch schon alles. Sonst ließ sich der Maestro kaum noch sprechen, anstehende Fragen und Probleme gingen meistens an Dr. Märkle, der mir die Antworten des hohen Herrn übermittelte und – dies sei angemerkt – bei heiklen Punkten oftmals auf den Meister mäßigend einwirkte. Einzelheiten sind hier nicht von Interesse.

Nur ein Vorfall verdient Erwähnung. Im Herbst 1985 unternahm Karajan die allseits gewünschte, allerdings sehr kurze Deutschlandreise, so daß der noch von meinem Vorgänger Girth hierfür in Aussicht genommene weitaus größere Zeitraum nicht ausgefüllt werden konnte. Dies hatte zur Folge, daß im Spätherbst, einer überaus günstigen Reisezeit, das Orchester volle zehn Tage unbeschäftigt geblieben wäre. Zusätzliche Konzerte in Berlin ließen sich schon mangels eines Saales – die Philharmonie war längst an andere Veranstalter vergeben – nicht mehr einrichten. Als ich bei Herrn Berry Jr., der in die Fußstapfen seines Vates getreten war, wegen einer weiteren Deutschlandtournee anfragte, ergaben sich überraschenderweise sogleich mögliche Daten, vor allem im süddeutschen Raum. Aber wer sollte dirigieren? Karajan selbst kam nicht in Frage; er bedurfte nach seiner Konzertreise der Ruhe. Dirigenten von internationalem Ruf standen erwartungsgemäß nicht zur Verfügung; auch wäre es vielleicht nicht ratsam gewesen, einem von ihnen, selbst wenn er zufällig frei gewesen wäre, die Konzerte anzuvertrauen. Sofort hätten alle vom »Kronprinzen«, also Karajans vermutlichen Nachfolger gesprochen. So kam ich auf den Gedanken, den jungen Semyon Bychkov vorzuschlagen, der zweimal bei den Philharmonikern in letzter Minute mit glänzendem Erfolg eingesprungen war und von Karajan, wie berichtet, besonders freundlich empfangen wurde. Bychkov, damals noch Dirigent in Buffalo, konnte sich freimachen. Doch mußte selbstverständlich zuvor der Maestro sein Einverständnis geben; ich nahm an, daß keine Einwendungen kommen würden. Doch Karajan lehnte ab. Er wünschte offenbar, daß keine zusätzliche Reise stattfindet, eine ärgerliche Situation, wenn – so würde es in der Presse heißen – »hochbezahlte Philharmoniker wochenlang spazierengehen, anstatt Konzerte zu spielen, wie es ihre Aufgabe ist«. Karajan indessen blieb hartnäckig. Schließlich fand ich keinen anderen Ausweg, als ihm, wiederum durch Dr. Märkle, mitteilen zu lassen, ich würde zurücktreten (die Suche nach meinem Nachfolger war damals noch nicht beendet), eine Drohung, die mir zu diesem Zeitpunkt besonders wenig lag, sich aber doch als notwendig erwies. Denn schon kurze Zeit darauf flüsterte mir Dr. Märkle ins Ohr: »Engagieren Sie Bychkov!«

Dann noch ein bedauerlicher, wenn auch nur »schriftlicher« Zusammenstoß mit dem Maestro, als ich bereits aus meinem »kommissarischen« Amt wieder ausgeschieden war. Karajan warf mir in einem Interview mit der »Berliner Morgenpost« vor, ich hätte »hinter seinem Rücken und ohne sein Wissen mit Daniel Barenboim wegen eines Fernsehkonzeptes am 1. Mai 1986 in der Londoner Royal Albert Hall verhandelt«. Dies sei »schierer Vertragsbruch«, unerhörtes Verhalten etc. Ich antwortete Karajan in einem offenen Brief, machte ihn darauf aufmerksam, daß sein Vorwurf völlig unberechtigt sei; die besagte Konzertidee sei von den Medienvertretern des Orchesters ausgegangen, habe sich aber zerschlagen, bevor überhaupt die Möglichkeit bestand, die Leitung des Konzerts ihm, Karajan, entsprechend seinem Vertrag anzubieten. Auf den Vorwurf des Vertragsbruchs nochmals eingehend, reizte es mich, an Karajan abschließend zu schreiben:

»Apropos Vertragsbruch: In dem von Ihnen unterschriebenen Vertrag mit dem Land Berlin sind sechs Doppelkonzerte unter Ihrer Leitung vorgesehen; hierbei sind ausdrücklich die Konzerte zum Jahresende erwähnt. Ich habe durchaus Verständnis für die von Ihnen einseitig vorgenommene Veränderung Ihrer Verpflichtung (Karajan dirigierte zum Jahresende die Wiener Philharmoniker in ihrem bekannten Neujahrskonzert). Aber wer im Glashaus sitzt, sollte nicht mit Steinen werfen.«

Selbstverständlich kein Wort aus Salzburg. Auch kein Wort vom Maestro, als ich Ende Februar 1986 – also noch vor der erwähnten Kontroverse – zum zweiten Male im Rahmen eines Karajan-Konzertes verabschiedet wurde. Im Gegensatz zu 1978, als Barenboim für den plötzlich während einer Probe gestürzten Maestro einsprang, befand sich Karajan in bester Form. Das Programm: die Haydn-Symphonie Nr. 104, Ravels »Pavane« und »Bilder einer Ausstellung« von Mussorgskij in der Instrumentation von Ravel. Als ich Karajan vor Beginn der Proben abholte, galt meine erste Frage der von ihm gewünschten Pause. Sollte sie nach der Symphonie oder erst vor den »Bildern« stattfinden? Karajan wünschte die Pause nach der »Pavane«, muß dann im Laufe der Proben seine Meinung geändert haben (ohne mir etwas zu sagen), denn ich erfuhr bei Ankunft in der Philharmonie, daß die kleine Abschiedszeremonie in Verbindung mit der Einführung des neuen Intendanten Hans Georg Schäfer nach der Haydn-Symphonie erfolgen solle. So geschah es denn auch, und zwar in Anwesenheit des Maestro, der auf einem für ihn zuvor bereitgestellten Stuhl Platz nahm. Senator Hassemer verabschiedete mich, führte meinen Nachfolger ein, er und ich sprachen kurz – soweit ging alles nach Plan. Niemand erwartete von Karajan, daß er etwas sagen würde. Doch beim Hinausgehen ging er ans Mikrophon und sagte mit deutlich vernehmbarer Stimme: »Jetzt ist Pause.« Daß dem so war, ergab sich aus den bereits geöffneten Türen, dem erhellten Saal, auch wenn im Programm etwas anderes angezeigt war. Karajan hatte es wohl vor Konzertbeginn gelesen und die inzwischen unzutreffende (noch von ihm zuvor gewünschte) Pausenangabe gesehen. So wollte er offenbar noch in letzter Minute den Intendanten »berichtigen«; anders kann ich seine nicht übermäßig taktvolle Schlußbemerkung kaum auslegen, und diese Worte waren die einzigen, die ich an diesem Konzertabend von ihm vernahm.

Eklat und Ende einer Ära

».. .und er wird mit zunehmendem Alter immer grantiger . . .«, die zuvor zitierten Worte von Karajans Berliner Arzt
bewahrheiteten sich auch für die letzten Jahre seines Wirkens
als ständiger Dirigent des Berliner Philharmonischen Orchesters. Zusätzlicher Grund: Der Gesundheitszustand des Maestro verschlechterte sich zusehends, mehr und mehr machte
ihm sein rechtes Bein zu schaffen, er schleppte sich – ein trau-
riger Anblick – mühsam zum Podium. Von dort konnte er, dank
einer geschickt angebrachten, kaum sichtbaren Vorrichtung
halb sitzend, halb stehend den Taktstock schwingen, nach wie
vor Herr über Orchester, Partitur – aber auch über die Bestimmungen seines Vertrages mit dem Senat von Berlin. Abonne-
ment-Konzerte leitete er schon seit Jahren nicht mehr, zog
abonnementfreie Konzerte vor, wo ihm in der Tat ein viel in-
tensiverer, längerer Beifall entgegenbrauste. Aber die vertraglich festgelegte Wiederholung gab es nicht mehr, Karajan
machte hierfür gesundheitliche Gründe geltend, die ihn allerdings nicht hinderten, in Salzburg während der Osterfestspiele
innerhalb von zehn Tagen zwei Opern und vier Konzerte zu dirigieren.

Doch nun leistete er sich einen weiteren, krasseren Vertragsbruch, indem er die Konzerte zum Jahreswechsel 1986/87 nicht
wahrnahm, obwohl er sich in seinem zweiten Vertrag vom
Jahre 1973 verpflichtet hatte, alljährlich neben den Festwo-
chenkonzerten die üblichen Konzerte zum Jahresende zu leiten. Der Grund: Die Wiener Philharmoniker hatten ihn eingeladen, das berühmte Neujahrskonzert, das über große Teile der
Welt im Fernsehen miterlebt werden konnte, am 1. Januar
1987 zu dirigieren. Karajan akzeptierte, ließ Berlin im Stich.
Beim Senat war man konsterniert; sicherlich wäre man ihm

entgegengekommen – hiervon bin ich überzeugt –, falls er um Freistellung gebeten hätte. Aber einseitiger Vertragsbruch schmeckte nicht, auch wenn der Maestro später hoch und heilig schwor, Wien bliebe eine Ausnahme, er wollte einmal das Jahresende in seiner »Heimat« begehen. Was er von Wien und den Wiener Philharmonikern lange Zeit dachte, hat er oft genug unmißverständlich deutlich gemacht.

Nun, der Maestro setzte seinen Willen durch. Aber das Schicksal war ihm vor allem im Herbst 1986 wenig gnädig. Bei einem Konzertaufenthalt in Luzern Ende August wurde er von einem mit einem Lyme-Virus infizierten Insekt gestochen, lag wochenlang danieder (gegen diesen Virus soll es kein Gegenmittel geben, man muß warten, oft monatelang, bis er verschwindet), raffte sich dann in der zweiten Septemberhälfte wieder auf, um während der Berliner Festwochen die neunte Symphonie von Ludwig van Beethoven einmal für sein »Vermächtnis« (die Videokassette) und anschließend in der Philharmonie öffentlich als Wiederholung zu dirigieren. Eine herrliche Aufführung am 27. September abends. Als sich Karajan am nächsten Morgen anschickte, die auf den Vormittag angesetzte Wiederholung zu leiten, versagten ihm die Kräfte, der Virus war erneut virulent. Wer konnte einspringen? Niemand anders als sein Assistent bei den Aufnahmen für die Videokassette, der junge japanische Dirigent Kazufumi Yamashita, der in der Tat die Partitur völlig beherrschte. So mußte Festwochenleiter Dr. Eckardt an jenem Morgen, bleich, aber gefaßt, mitteilen, was geschehen war, und Yamashita, der lediglich seine Jeans mitgebracht hatte, dirigierte die Neunte in dieser ungewohnten Bekleidung und machte seine Sache sehr gut. Am nächsten Tag sollte Karajan die Neunte in Bonn dirigieren und verlangte, daß sein Assistent auch dort einspringen solle. Doch die Philharmoniker wünschten, wenn irgend möglich, einen international bekannten Dirigenten. Lorin Maazel erklärte sich bereit und dirigierte das Konzert in der damaligen Bundeshauptstadt, zum größten Ärger des Maestro, dem jedoch nichts anderes übrig blieb, als nach Salzburg zurückzukehren und auf ein baldiges Verschwinden dieses besonders hartnäckigen Virus zu hoffen.

Diese Hoffnung erfüllte sich nicht. Karajan mußte sogar die große Überseereise in die USA und nach Japan absagen, die – von Ozawa und Levine übernommen – sich zu einem Riesenerfolg für ihn, den in Salzburg schwer erkrankt zurückgebliebenen Maestro, gestaltete. Publikum und Presse feierten begeistert die phänomenale Orchesterleistung der von ihm geprägten Berliner, insbesondere das fasznierend hohe Niveau ihres Ensemblespiels, die Presse wies lobend darauf hin, in welch entscheidendem Maße Karajans Wirken auch ohne seine physische Anwesenheit hör- und spürbar sei, während die zweifellos tüchtige Arbeit der beiden hochklassigen vertretenden Dirigenten fast nur am Rande vermerkt wurde. Damals standen die Vorstandsmitglieder Häussler und Alexander Wedow in ständiger telefonischer Verbindung mit Karajan, berichteten ihm getreulich über den Verlauf »seiner« Reise; der Ärger wegen Maazel war vergessen. – Anfang Dezember erschien der Maestro, vom Virus befreit, wieder in Berlin, die Neujahrsgrüße an die Seinen kamen diesmal aus Wien.

Anders Ende 1987, wo ein vertragstreuer Karajan an Silvester wieder in der Philharmonie dirigierte. Ein Jahr großer Feierlichkeiten war zu Ende, der 750. Geburtstag Berlins in beiden Teilen der Stadt festlich begangen worden. Der Maestro dirigierte einleitende Konzerte Anfang Mai und ließ es sich nicht nehmen, beim Höhepunkt der Veranstaltungen, der Einweihung des neuen Kammermusiksaales, eine Aufführung von Vivaldis »Jahreszeiten« mit Anne-Sophie Mutter als Solistin vom Cembalo aus zu leiten, ein würdiger Beginn. Sicherlich nur ein »halbes« Konzert, aber im Hinblick auf das folgende Kammermusikfest, das in allen Räumen der Philharmonie einschließlich des Instrumentenmuseums stattfand, ein angemessenes Programm. Selbstverständlich bestand der Maestro darauf, daß diese »Geburtstagskonzerte« auf seine sechs Präsenzen angerechnet wurden. Also keine besondere Geburtstagsgabe von Berlins Ehrenbürger.

1988 kam es dann zum großen Ärger. Nochmals war Festlichkeit angesagt. Berlin war in diesem Jahr »Europäische Kulturhauptstadt«, sicherlich im Hinblick auf die vergangene Geburtstagsfeier kein sehr günstiger Termin. Doch spätere Jahre waren bereits vergeben, und die damalige Inselstadt benötigte soviel Publicity wie nur möglich. Herausragendes Ereignis: das Karajan-Konzert am 24. April. Aber wer dirigierte? Maestro Giulini! Der Chef ließ sich entschuldigen, er liege im Bett mit Grippe. Diese erlaubte es ihm allerdings, wenige Tage später Salzburg zu verlassen, um mit den Philharmonikern nach Japan zu reisen. Natürlich war es denkbar, daß sich Karajan inzwischen soweit erholt hatte, um die anstrengende Konzertreise durchzuführen. Doch der Verdacht, der Maestro sei wieder einmal erzürnt, brüskiere absichtlich die Stadt, blieb bestehen, und Karajan tat nicht das geringste, um den negativen Eindruck seiner Absage abzuschwächen oder zu entkräften.

Er hatte in der Tat allen Grund, verärgert zu sein; doch die Schuld trug weder der Berliner Senat noch das Orchester oder sein neuer Intendant, Hans Georg Schäfer, für dessen Ernennung sich Karajan nach meinem Ausscheiden lebhaft eingesetzt hatte. Die Schuld lag womöglich bei Karajan selbst.

Was war geschehen? Vor der Japanreise sollten ursprünglich noch Konzerte in Moskau und Leningrad stattfinden, die aber aus nicht mehr interessierenden politischen Gründen abgesagt wurden. Wann immer eine Reise der Berliner Philharmoniker mit Karajan nach Japan angezeigt wurde, gab es schon zu meiner Intendantenzeit Anfragen und Bemühungen, den Maestro und sein Orchester für zusätzliche Konzerte, insbesondere in Süd-Korea und auch Hongkong, zu gewinnen. Diesmal meldete sich das etwas entfernter liegende Taiwan, und zwar durch Vermittlung des Philharmonikers Hellmut Stern, der während des Dritten Reichs zusammen mit seinen aus Berlin emigrierten Eltern viele Jahre in China verbracht hatte. Wegen der ausgefallenen Konzerte in der Sowjetunion bestand in der Tat eine Möglichkeit, die Tournee nach Taiwan auszudehnen. Nun lag das Management für die Fernost-Konzerte sonderbarerweise bei der Cami (Columbia Artists Management, Inc.), New York, dies wahrscheinlich auf Wunsch des Maestro, von dessen engen Beziehungen zum Präsidenten der Cami, Mr. Wilford, bereits die Rede war. Wilfords Konzertagentur hatte 1986 die Superreise der Philharmoniker betreut, die Konzerte an der Ost- und Westküste der USA sowie anschließend drei Konzerte in Tokio umfaßte. So kam es, daß man in Taiwan ein Angebot vom Vizepräsidenten der Cami, Mr. Gelb, erhielt, das neben außerordentlich hohen Honorarkosten eine Verpflichtung enthielt, die taiwanesischen Übertragungsrechte für zehn von Karajan mit den Berlinern oder den Wienern (!) produzierte Televisionsprogramme zum Preis von 35000 Dollar für jedes Programm zu erwerben, also eine zuzügliche Summe von 350000 Dollar. In seinem Fernschreiben vom 7. Oktober 1987 erklärte Mr. Gelb, er sei von Karajan und »the Berlin Philharmonic« gebeten, Konzertmöglichkeiten in Taiwan zu eruieren, so daß der Eindruck entstand, Gelbs Angebot erfolge namens des Orchesters und seines Dirigenten. Eine Kopie dieses Fernschreibens gelangte von Taiwan via Stern nach Berlin, wo Senat, Orchester, Intendant und andere Kenntnis erhielten. Das Wort »Bestürzung« darf als krasses »understatement« bezeichnet werden. Eine derartige Verquickung einer mit Staatsgeldern finanzierten Reise mit reinen Privatgeschäften hatte es noch nie gegeben. Die Peinlichkeit läßt sich kaum beschreiben. Faninals »Skandal, Skandal« im zweiten Akt des »Rosenkavalier« geisterte in vielen Köpfen, amtlichen und nichtamtlichen, wenn es auch beim strafrechtlich weniger relevanten »Versuch« blieb, da die Taiwanesen dieses »Angebot« selbstverständlich nicht akzeptierten.

Der »Spiegel« brachte alles an die große Glocke. Gelb und sein Boß Wilford kamen nach Berlin und gaben zu, einen Fehler (!) begangen zu haben, baten um freundlicheres Wetter, nachdem ein mit vollem Recht empörter Senator Hassemer vorerst die Beziehung des Orchesters zur Cami suspendiert hatte; dies bedeutete unter anderem Absage der in Planung befindlichen Reisekonzerte der Berliner Philharmoniker nach New York im Frühjahr 1989, für die dann die Wiener einsprangen, Karajans »Schwanengesang« in der »Neuen Welt«.

War Mr. Gelb wirklich der große Sünder? Höchstwahrscheinlich nicht. Warum sollte er auf eigene Faust ein solches, in jeder Hinsicht fragwürdiges Angebot machen, im Auftrag der Berliner Philharmoniker überdies auch Televisionsaufnahmen der Wiener Philharmoniker verkaufen? Der gesunde Menschenverstand besagt, daß Gelb nicht ohne vorherige Abstimmung mit dem Präsidenten der Telemondial, der Besitzerin der Übertragungsrechte, aktiv werden konnte, und dieser Präsident war niemand anderes als Dr. Märkle, der engste Vertraute Karajans. Fast jeden Tag telefonierte er mit dem Chef, sprach mit ihm alles ab – und sicherlich auch die Autorisierung Gelbs in Sachen Taiwan. Jeder, der die engen Beziehungen zwischen Karajan und Märkle kannte – ich betone nochmals, daß sich Dr. Märkle mehrfach bei Differenzen zwischen Orchester und Chefdirigent vermittelnd eingesetzt hat –, konnte davon ausgehen, daß Karajan die »Demarche« Gelb gekannt und gebilligt hat. Da nichts zu beweisen war, man weder dem Maestro noch seinem Vertrauten etwas offiziell anlasten konnte, blieb es bei Entrüstung, Schrecken und den unterbrochenen Beziehungen zwischen der Cami und dem Berliner Philharmonischen Orchester.

Aber Karajan schäumte vor Wut, ließ seinen Ärger den Intendanten fühlen, mit dem er monatelang kein Wort wechselte, gab damit in Sachen Taiwan mittelbar Wissen und Mitschuld zu. Vieles spricht dafür, daß ein grollender Maestro wegen der Haltung des Senats bei dieser Affäre das Festkonzert 1988 absagte, wenn auch ein schlüssiger Beweis nicht möglich ist. Damals sollte der nunmehr Achtzigjährige einen besonders hohen deutschen Orden erhalten, der Bundespräsident befand sich gerade in Berlin. Auch die geplante Verleihung zerschlug sich.

Ein schwer verärgerter Maestro, kaum noch in der Lage, ohne Hilfe auf das Podium zu gelangen, ohne Hoffnung auf Besserung, die Ärzte lediglich darum bemüht, eine weitere Verschlechterung zu vermeiden. Wie sollte es weitergehen? Noch immer Chef des Berliner Philharmonischen Orchesters, mit dem er während seiner sechs Präsenzen das erprobte alte Repertoire wiederholte. Wachsende Besorgnis, aber auch Ungeduld. Häufiger die Stimmen, man solle Karajan zum Ehrendirigenten ernennen, ihm alle Konzerte, die er wolle, gleichfalls Reisen, anbieten, verbunden mit der Bitte, den Platz freizumachen für einen Neubeginn. Doch der Maestro lehnte stets beharrlich ab. »Glauben Sie nicht, daß Sie mich loswerden«, so soll er sich sinngemäß mehrfach gegenüber Orchester und Orchestervorstand geäußert haben. Er pochte auf seinen Vertrag auf Lebenszeit, aber gleichzeitig zeigte er sich nun schon seit Jahren unzufrieden mit dessen Inhalt. Seltsam, daß ihn im hohen, ja höchsten Alter, nach stupendesten Erfolgen als Nachfolger Furtwänglers, der Gedanke an dessen Vertrag nicht losließ, er sich betrogen glaubte, noch immer mehr Machtbefugnisse wünschte, als ob er sie wirklich hätte ausüben können. Immer seltener kam er nach Berlin, ließ erkennen, daß er aus gesundheitlichen Gründen nun auch die vertraglich festgelegten sechs Präsenzen nicht mehr einhalten konnte. Die Vorschau 1988/89 zeigte außer den beiden Konzerten während der Festwochen und zum Jahreswechsel nur noch drei sogenannte abonnementsfreie Konzerte unter Leitung Karajans an, dazu drei Reisekonzerte und die üblichen Aufführungen in Salzburg und Luzern. Wie konnte er angesichts seiner körperlichen Behinderung etwaige zusätzliche Rechte ausüben, selbst wenn man sie ihm zugestanden hätte? Von Altersweisheit ohnehin keine Rede, statt dessen ein Anwachsen des ihm angeborenen Mißtrauens vor allem gegenüber einem ihm trotz Taiwan und anderer Vorkommnisse wohlwollenden Senat. Ihm klarzulegen, in welche Situation er oder seine Vertreter die amtlichen Berliner Stellen wie auch das Orchester gebracht hatten, war hoffnungslos. Was tun? »Pacta sunt servanda«, eine neue, vom Senat heraufbeschworene Karajan-Krise verbot sich. Im Januar 1989 standen in Berlin Neuwahlen an. Für Ruhe auf allen Gebieten zu sorgen, war erste Senatspflicht.

Weihnachten 1988. Ein Lichtblick. Beim Orchester traf ein Telegramm ein: »Meine lieben Freunde, was kann es Schöneres geben, als mit Freunden die Festtage zu erleben, ich zähl' die Stunden, bis wir uns wieder gefunden. Herzliche Weihnachtswünsche, Ihr Herbert von Karajan.« Es war dies, wie bereits gesagt, nicht das einzige Telegramm, das Karajan aus Anlaß der weihnachtlichen Feiertage sandte, aber diese letzte Botschaft des »Alten«, wie ihn die Philharmoniker nun seit einiger Zeit keineswegs respektlos nannten, war doch so herzlich gehalten, daß man eine etwa bevorstehende, von ihm initiierte Scheidung kaum vermuten konnte.

Die Wahlen brachten überraschenderweise eine Niederlage für den amtierenden Senat. Nach langwierigen Verhandlungen kam bekanntlich eine »rot-grüne« Regierungsmannschaft zustande. Anstelle des trefflichen Kultursenators Hassemer und seines ihm in allen Musikfragen stets zuverlässig und aktiv zur Seite stehenden Staatssekretärs von Pufendorf übernahm Frau Dr. Anke Martiny die Leitung der Kulturbehörde; ihr Staatssekretär war der in Theaterfragen bewanderte Hanns Kirchner. Beide standen vor einer gewohnt sehr schwierigen Gesamtaufgabe und in Sachen Karajan vor einem überaus heiklen Unternehmen. Inzwischen waren die Osterfestspiele, die 23., unter alleiniger Mitwirkung der Berliner Philharmoniker vorübergegangen, ohne daß es zu irgendwelchen »Zwischenfällen« gekommen wäre. Doch der Maestro zeigte sich gereizt, wünschte keinerlei Kontakte. Orchester und Orchestervorstand ließen ihn, einem dringlichen Rat Staatssekretärs von Pufendorf folgend, gewähren bzw. dirigieren. Funkstille auch zwischen Karajan und dem allerdings nur noch geschäftsführenden Senat, vertreten durch Staatssekretär von Pufendorf, der die österlichen Festspiele besuchte, ohne jedoch wie früher den Maestro zu sprechen. Da sich für den Staatssekretär ein Nachfolger nicht sofort finden ließ, blieb er einige Wochen länger im Amt und konnte daher der neuen Senatorin seine negativen Eindrücke aus Salzburg übermitteln, regte baldigste Fühlungnahme mit Karajan an, ohne daß sein Rat befolgt wurde. Für die musikalisch höchst bewanderte Senatorin, die selbstverständlich Wochen, wenn nicht Monate zum Einarbeiten in die Fülle neuer Aufgaben benötigte, sich sicherlich überdies als Mitglied einer rot-grünen Koalition verstand, besaß der nun einundachtzigjährige Karajan offensichtlich keine Priorität. Im übrigen wußten alle, daß die Grünen, in Berlin die Alternativen, wenig Sympathie für den ihrer Ansicht nach greisen, macht- und geldhungrigen Herrscher aus Salzburg empfanden und mehrfach seine Ablösung verlangt hatten. Es ist anzunehmen, daß Karajan und sein Berater Dr. Märkle diese Einstellung der neuen Koalitionspartei kannten und möglicherweise übertriebene Mitteilungen über eine angeblich »feindselige« Haltung des neuen Senats erhalten hatten, wie es sehr oft der Fall ist, wenn Nachrichten aus der Ferne kolportiert werden.

Welche Aufgaben die Senatorin als vordringlich ansah, ist mir nicht bekannt. Jedenfalls setzte sie sich im Laufe des Aprils mit Karajan in Verbindung und kündigte ihren Besuch in Salzburg für den 26. April an. Der Maestro wartete mit einer handfesten Überraschung auf, fast könnte man von einem Affront sprechen. Noch ehe Karajan ihr einen Platz anbot, überreichte er ihr den hier abgedruckten Brief, in dem er davon Kenntnis gab, daß er mit dem »heutigen Datum«, also dem 26. April 1989, seine Arbeit als künstlerischer Leiter und ständiger Dirigent des Berliner Philharmonischen Orchesters beende.

Daß Frau Dr. Martiny von diesem Brief außerordentlich überrascht war, hat sie der Presse selbst dargelegt; auch daß die »Unterredung« nicht mit Übergabe des Demissionsbriefes (den sie offenbar stehend gelesen haben muß) beendet war, vielmehr Karajan sie aus Höflichkeitsgründen schließlich bat, Platz zu nehmen, worauf eine längere Unterhaltung folgte. Glaubhaft ist berichtet worden, daß Frau Martiny, nachdem sie sich von ihrer Überraschung, vielleicht gar Schock, erholt hatte, ganz natürlicherweise das Gespräch auf den Gesundheitszustand des Hausherrn brachte und ihn fragte, ob er sich zur Ruhe setzen wolle. Die Senatorin kannte den Maestro kaum, war sich offensichtlich nicht bewußt, daß es für Karajan keinen Ruhestand gab, es sei denn, er wäre physisch außerstande zu dirigieren. Hatte er doch während der zurückliegenden Osterfestspiele wie üblich Opern und Konzerte geleitet, ohne daß besondere physische Folgen bekannt wurden. Von einer Absage seiner Mitwirkung bei den Salzburger Sommerfestspielen, wo er neben mehreren Konzerten Verdis »Maskenball« dirigieren sollte, war nichts bekannt. Die vorgesehene Aufnahme des gesamten Werkes mit den Wienern verlief später ohne erkennbare physische Schwierigkeiten, eine Premiere für den Maestro, der merkwürdigerweise den »Maskenball«

niemals vorher geleitet hatte. – Vermutlich war der vermeintliche Ruheständler Karajan selbst von der Frage der Senatorin überrascht und soll einige improvisierte, kaum überzeugungskräftige Erklärungen zu seinem Gesundheitszustand bzw. zum zweiten Absatz seines Briefes abgegeben haben. Trotz seiner Behinderung hoffte er, es seinen großen Kollegen von einst gleichzutun: Mit einundachtzig Jahren dirigierte Toscanini, ohne daß man ihm sein Alter anmerkte, unternahm noch mit 83 Jahren eine große Tournee durch die Vereinigten Staaten; andere Dirigenten, unter ihnen Stokowsky, Monteux, Klemperer, Bruno Walter, Schuricht und viele mehr, schränkten allmählich ihre Aktivitäten ein, aber zogen sich nicht vom Podium zurück; viele starben in den Sielen, wie es auch Karajan wollte. So traf Frau Martiny mit ihrer Frage einen völlig unvorbereiteten Maestro, der selbstverständlich nicht einen Augenblick daran dachte, sich zur Ruhe zu setzen.

Was bedeutete dieser Brief, was bezweckte er?

Zunächst: Handelte es sich um ein Karajansches »Eigengewächs«? War es von vornherein sein ureigener Wille, die vierunddreißigjährige Verbindung mit dem Berliner Philharmonischen Orchester in einer solchen fast grotesken Weise zu beenden, oder gab es, wie so oft bei ihm, andere, mitentscheidene Einflüsse? Fest steht, daß sein Brief vom 20. April 1989 nicht von der Leiterin seines Sekretariats, Frau Lore Salzburger, geschrieben wurde, sondern von niemand anderem als Dr. Märkle selbst. Ich habe bei Frau Salzburger deswegen angefragt und eine entsprechende Auskunft erhalten, weil der Brief einen Tippfehler (»Plichten«) enthält, der Frau Salzburger, die viele Jahre Karajans Privatbüro betreute, sicherlich nicht unterlaufen wäre. Obwohl Frau Salzburger als überaus zuverlässig, dem Meister treu ergeben und verschwiegen galt, mißtraute Karajan möglicherweise auch ihr und bat Dr. Märkle, diesen Brief selbst zu schreiben. Dennoch kann ich den Verdacht nicht loswerden, daß Karajan den Einflüsterungen des Präsidenten der Telemondial nachgab, der ihn wohl darauf hinwies, man brauche die Berliner Philharmoniker für das »Vermächtnis« nicht mehr; also wozu die anstrengenden Reisen nach Berlin, wo

Herbert von Karajan   Salzburg, 24.4.89

An den
Senator für Kulturelle Angelegenheiten
Frau
Dr. Anke Martiny

Europa - Center
D - 1000 BERLIN 30

Sehr geehrte Frau Senator,

ich bitte Sie zur Kenntnis zu nehmen, dass ich mit heutigem Datum
meine Arbeit als künstlerischer Leiter und ständiger Dirigent des
Berliner Philharmonischen Orchester beende.

Die Ergebnisse der ärztlichen Untersuchungen, die sich nun über
Wochen erstreckt haben, setzen mich außerstande meine mir
obliegenden Aufgaben, wie ich sie sehe, zu erfüllen.

Weiters muß ich darauf hinweisen, daß ich seit vielen Jahren Ihre
Vorgänger im Senat gebeten habe, endlich eine grundsätzliche
Festlegung meiner Plichten und Rechte vorzunehmen.Obwohl mir
dies wiederholt zugesagt wurde, ist bis heute nichts geschehen.

Ich habe selbst Sie vergangene Woche persönlich um eine schriftliche
Klärung vor unserem Salzburg - Treffen gebeten, da in meinem Vertrag
diese wichtigen Definitionen nicht enthalten sind. Wiederum habe ich
keine Antwort erhalten!

Mit verbindlichsten Grüßen   Karajan

man Karajans Lieblingswunsch, mit seiner Privatmaschine in Tegel oder Tempelhof zu landen, nicht erfüllen konnte, dazu Rache für Taiwan, vielleicht auch für zuvor erlittenen Unbill, als trotz aller Rücktrittsdrohungen Girth seinen Hut nehmen mußte, Sabine Meyer aufgab, schließlich der langjährige Ärger wegen der »Rechte und Pflichten«. Solche Gedanken und Erinnerungen mögen Karajan, der sich selbst über weit zurückliegendes, ihm angeblich angetanes Unrecht immer aufs neue beklagte, zu diesem Brief bewogen haben. Und dennoch bezweifle ich, daß der Maestro mit der spektakulären Übergabe seines Schreibens an die Senatorin den endgültigen, unwiderruflichen Bruch vollziehen wollte.

Dies erscheint angesichts des klaren Textes merkwürdig. Selbst wenn man an den ständig drohenden Maestro zurückdenkt, war hier nicht eine an sich denkbare erneute Drohung vollzogen, also endgültig? Sie war es meiner Meinung nach nicht. – Nach meiner Ansicht, für die ich selbstverständlich keine vollgültigen Beweise habe, nahm Karajan an, daß die Senatorin, die ihm in puncto »Rechte und Pflichten« nicht geantwortet hatte, die Kündigung überbringen wollte und zu ihm kam, um ihm zu sagen, so ginge es nicht weiter. Wenn er nicht mehr in der Lage sei, die vertraglich vereinbarten sechs Präsenzen zu erfüllen, so könne er auch nicht mehr die künstlerische Leitung behalten, also bestenfalls am Ende ein völlig entmachteter »Ehrendirigent«. Meine Vermutung stützt sich auf vergangene Zeiten, als sich ein gesunder Karajan auf dem Höhepunkt seines Ruhmes, seines Ansehens befand und jeder Senat alles daransetzte, dem Maestro jeden nur möglichen Wunsch zu erfüllen; dennoch blieb Karajan stets unsicher, zweifelte, mißtraute. Bei der Abfassung seines zweiten Vertrages bestand er darauf, daß dieser »auf Lebenszeit« gültig sei. Als ich ihn fragte, warum er so dringlich und unerbittlich diese beiden Worte im Vertrag haben wolle, sagte er mir dem Sinne nach: »Ich will ganz sichergehen. Sie mögen es für unmöglich halten, aber man kann nie wissen. Plötzlich gibt es einen Senat, der mich aus irgendwelchen Gründen nicht länger haben will, dem muß ich vorbeugen.« Ich konnte nur den Kopf schütteln.

Karajan, »heiligste Kuh aller Kühe«, wie konnte er, dem alle huldigten, überhaupt auf solche Gedanken kommen? Brandt, Schütz und andere SPD-Politiker ehrten ihn, den Ehrenbürger der Stadt; Diepgen, Führer der Berliner CDU, suchte ihn seinerzeit in Salzburg auf, als die Krise um Sabine Meyer und Dr. Girth ihren Höhepunkt erreicht hatte. Wenn der im Zenit seines Ruhms stehende, körperlich intakte Karajan schon Zweifel hinsichtlich seines Verbleibs als ständiger Dirigent der Philharmoniker äußerte, was mußte sich der nun einundachtzigjährige, schwer gehbehinderte Maestro denken, als er vom Einzug der ihm feindlich gesonnenen »Alternativen« in den Senat hörte? Und was konnte die neue Senatorin, auch wenn sie der SPD angehörte, wollen, die, ohne auf seinen Wunsch nach Regelungen von »Pflichten und Rechten« einzugehen, nach Salzburg kam? Offensichtlich ging es ihr nicht um das von ihm gewünschte Thema, er mußte fürchten, es ginge ihr um eine einvernehmliche Auflösung seines Vertrags, wenn nicht Kündigung. Beides mußte er als Niederlage empfinden, wenn nicht als Rausschmiß, als peinliches Ende seiner in der ganzen Welt anerkannten Tätigkeit als Chef der Berliner Philharmoniker. Also besser der Senatorin zuvorkommen, selbst kündigen, die Initiative behalten. – Aber war die Senatorin wider Erwarten wirklich nur nach Salzburg gekommen, um sein weiteres Berliner Wirken, Rahmen und Umfang, zu besprechen, dann konnte er den Brief ohne weiteres wieder zurücknehmen oder nach alter Tradition als Drohung benutzen. Eine »kniefällige« Senatorin, die ihn bat zu bleiben, ließ sich nicht völlig ausschließen.

Ich glaube fest, daß der Maestro mit seinem Brief diese beiden Möglichkeiten im Sinn hatte. Die überraschte Senatorin, im Umgang mit Karajan völlig unerfahren, nahm sein Schreiben für bare Münze – dies soll kein Vorwurf sein – und kehrte mit der Nachricht vom »Ende« zurück, einen, wie ich vermute, gleichfalls überraschten Karajan in Salzburg zurücklassend. Auch in Berlin Überraschung, dazu bei der großen Mehrheit der Musikfreunde Betrübnis und Besorgnis. Nur die »Alternativen« zeigten sich hocherfreut. So hatte sich Karajan tatsächlich von seinen Berliner Philharmonikern, die er erstmals als Chef Anfang 1955 dirigierte, gelöst, seine Beziehungen zu der Stadt abgebrochen, die ihm bestimmt unendlich viel verdankte, der er aber auch selbst zu Dank verpflichtet war. Von Berlin aus begann seine Weltkarriere, Jahrzehnte hindurch fand er im Berliner Senat eine feste Stütze, ganz im Gegensatz zu Wien, wo man ihn als Operndirektor gehen ließ. Ein tieftrauriges Ende, unwürdig dessen, was vorausgegangen war.

Zwei altgediente Philharmoniker, Gerhard Stempnik, als Englischhorn-Spezialist von Karajan besonders hoch geschätzt, und Peter Steiner, hervorragender Cellist, seit mehr als drei Jahrzehnten im Orchester tätig, machten sich auf den Weg, um dem Maestro einen Brief zu überreichen, in dem fast zwei Drittel der Orchestermitglieder Karajan baten zu bleiben. Weitere Unterschriften wurden nachgereicht. Der Maestro empfing die Abgesandten nicht, lehnte es auch später ab, mit einem ihm vertrauten Medienvertreter des Orchesters ein Gespräch unter vier Augen zu führen. Wenn sein Brief, der kein einziges Wort gegen das Orchester enthielt, der Wahrheit entsprach, warum erklärte er nicht den beiden Orchestermitgliedern die Gründe für seinen Rücktritt, warum fand er überhaupt keine Worte des Dankes an sein Orchester, das mit ihm auch in schwierigen Zeiten künstlerisch durch dick und dünn gegangen war, ihm stets alles gab, was er übrigens, insbesondere nach längeren Reisen, immer in warm gehaltenen Worten anerkannte? Hätte es nicht eines besonderen Briefes bedurft, in dem sich der Meister von seinem Orchester verabschiedete – nach vierunddreißigjähriger Verbundenheit, die bereits zu seinen Lebzeiten in die Musikgeschichte eingegangen war? – Auch im Augenblick der Trennung ein »seltsamer Mann«. Ob er sich vielleicht seiner Gefühle schämte, als er sich weigerte, hochverdiente Philharmoniker zu sehen? Hart nach außen, im Kern zu weich, um die äußere Härte zu ertragen?

Später nach dem Bruch lud er das Leipziger Gewandhausorchester ein, während der nächsten Salzburger Osterfestspiele 1990 anstelle der Berliner mitzuwirken, und sprach davon, er habe nun auch die Berliner Philharmoniker »verloren«. Eine

»Freudsche Fehlleistung«? Er hat diesen Verlust selbst verursacht, dem Berliner Philharmonischen Orchester, das er einstmals gegenüber dem russischen Kulturattaché als »seine Familie« bezeichnete, in wenig nobler Weise »Valet« gesagt, es in der Tat an einem Abschiedsgruß völlig fehlen lassen; welch ärgerlich-dissonanter Abgang, unnötig, wie so vieles im Verhalten des Maestro, ein »unhappy end«, das selbstverständlich seine enormen Leistungen während mehr als drei Jahrzehnten nicht überschatten konnte.

Weniger als drei Monate nach seinem fatalen Brief an die Kultursenatorin starb Karajan an Herzversagen. Mir fiel später die Aufgabe zu, in der Philharmonie die Gedenkrede für den Maestro zu halten. Ich verglich ihn mit einem großen Staatsmann, der, die Zeichen einer sich wandelnden Zeit erkennend, den Drang zur Mitgestaltung, zur eigenen Bestimmung neuer Wege verspürte, auch er, wie so viele ungewöhnliche Männer, von einer Vision bewegt. Daher sein Bestreben, die gewaltigen Fortschritte der Technik in den Dienst der Musik zu stellen, daher seine unzähligen Aufnahmen mit den Berliner Philharmonikern, die Berlin und sein Berliner Philharmonisches Orchester in der ganzen Welt berühmt gemacht haben. Hierüber sollte man sich freuen, statt das angebliche Imperium Karajans zu kritisieren, sein, wie behauptet, einseitiges Bestreben nach Machtfülle und finanziellem Ertrag anzuklagen. – Zu seinem plötzlichen Ableben sprach ich die Vermutung aus, Karajan habe – unbewußt – seinen Lebensfaden selbst abgeschnitten, als er sein Lebenswerk, das Berliner Philharmonische Orchester, abrupt verließ.

Zum Abschluß der Gedenkveranstaltung der kaum meßbare Dank für den vierten großen Dirigenten des Orchesters; diesen Dank ihm, dem genialen Dirigenten und oftmals »seltsamen Mann«, nochmals auszusprechen, ist mir ein echtes Bedürfnis.

Der Interpret und Musiker

Schon zu seinen Lebzeiten genoß er einen geradezu legendären Ruhm. Ihn an der Spitze seiner Berliner (aber auch der Wiener) Philharmoniker zu erleben, um sich, wie Goethe es ausdrückte, dem »Dämonischen« seiner Persönlichkeit hinzugeben, war Grund genug für Tausende, wenn nicht Zehntausende, die Kassen zu stürmen, die höchsten aller hohen Preise zu zahlen, wenn eines seiner nicht allzu häufigen Konzerte angezeigt war. Darüber hinaus wirkte er durch sein Bild, sei es in Filmen oder Videoaufnahmen, sei es in Abbildungen, die jeder seiner Platten und Bänder in Millionenauflage beigefügt waren und werden. »Hoffotograf« Lauterwasser sorgte stets für hervorragende Aufnahmen des bis ins höchste Alter faszinierend fotogenen Meisters.

Was Stefan Zweig einmal über Toscanini schrieb, daß sich in seinen größten Momenten alles auf ihn konzentriere und der Komponist vergessen sei, hat nicht weniger seine Gültigkeit für Karajan. Ich hatte noch das Glück, Toscanini über Jahre als Chef des NBC-Orchesters zu hören, seine ans Hypnotische grenzende Suggestivkraft, aber ich muß heute sagen: Trotz der Verschiedenartigkeit beider Dirigenten stand ihm Karajan »darin« in nichts nach. Auf Karajan richteten sich stets die Blicke aller, kaum einer vermochte in einem von ihm dirigierten Konzert die Augen zu schließen, der Musik allein zu lauschen. Beim Kartenerwerb für ein Konzert mit dem Maestro fragten die wenigsten nach dem Programm. Als Karajan 1975/76 zwei ausschließlich Mozart gewidmete Reisen unternahm, also ein wesentlich kleineres Orchester leitete, waren die Konzerte der Berliner genauso schnell ausverkauft wie die früheren, bei denen Musik von Bach bis Bartók und meist eine allgemein bekannte Symphonie gespielt wurde. Viele Zuhörer dieser Mozart-Konzerte waren erstaunt und verwundert, statt des erwarteten »Hundert-Mann-Orchesters« ein philharmonisches Kammerensemble vorzufinden. Ähnliches trug sich zu, wenn Karajan dankenswerterweise ein Konzert der (nicht mehr bestehenden) Reihe »Musik des zwanzigsten Jahrhunderts« dirigierte; so mancher Besucher äußerte sich hinterher kritisch, warum wohl der Meister ein so »merkwürdiges« Programm gewählt habe!

Kein Zweifel: Trotz steter Anerkennung des hochklassigen Spiels der Berliner Philharmoniker wollte sich ein Großteil der Zuhörer in erster Linie vom Karajan-Erlebnis verzaubern lassen, den »Helden« im Sinne von Carlyle verehren und dem Komponisten, wenn überhaupt, nur an zweiter Stelle seine Reverenz erweisen. Karajan, wie Toscanini, Herrscher auch über den Komponisten?

Eine Zwischenbemerkung sei gestattet. Im Gegensatz zu allen sonstigen Künsten bedarf es bei der Musik – sehr viel anders als in früheren Jahrhunderten, in denen Komponist und Interpret identisch waren – eines »Anderen«, dem fast immer die Verantwortung für das Werk des Komponisten zufällt, dem Wohl und Wehe der Aufführung überlassen bleibt. Über das Verhältnis zwischen beiden gehen die Meinungen vielfach auseinander. Igor Strawinsky schrieb, es genüge vollauf, wenn der Interpret sich genau an die in der Partitur vermerkten Anweisungen halte und auf ihre Befolgung achte. Getreuliches Dienen des Interpreten, so anerkennenswert eine solche Einstellung auch sein mag, reicht indes nicht aus. Wer wahre Größe zu vermitteln berufen ist, muß selbst Größe besitzen, auf seinem, des Interpreten Gebiet, dem Komponisten gegenüber ebenbürtig, im Idealfall »kongenial« sein. Ohne eigenes echtes Temperament würde die Wiedergabe eines beweglichen Beethoven-Satzes ins Leere laufen, ohne tiefes innerliches Erleben ein zu deutender Adagio-Satz inhaltlos klingen, ohne religiöse Glaubenskraft Bach-Passionen, aber auch eine der großen Bruckner-Symphonien ohne Wirkung bleiben. Sicherlich empfängt der nachschöpferische Musiker, Mond und Sonne vergleichbar, sein Licht vom Komponisten; doch die Leuchtkraft dieses Lichtes hängt von ihm, dem Interpreten, entscheidend ab. Das Gelingen der Darbietung ist sein Werk, seine Aufgabe, für die er eigene Bedeutung, eigene Gestaltungskraft, Eigenpersönlichkeit mitbringen muß. So steht er in seinem Bereich gleichberechtigt neben dem Komponisten. Mehr noch: Je stärker sich seine Persönlichkeit der des Komponisten annähert, je tiefer sich der Interpret mit seinem Gefühl, besser, seinem Mitgefühl, in das zu gestaltende Werk hineinlebt, es sich womöglich ganz zu eigen macht, um so unmittelbarer, durchschlagender die Wirkung, die von seiner Aufführung ausgeht. Gustav Mahler, selbst Komponist von bleibender Bedeutung, erwies sich – so Bruno Walter in seinem Mahler-Buch – als Dirigent anderer Meister dank »seines Willens zu ihnen«, seiner Ekstase, seines enthusiastischen Musizierens, wie verwandelt, und es schienen – Extrem- und Idealfall – die Schranken zwischen Interpret und Komponist zu fallen. Völlige Identität wird es in den meisten Fällen nicht geben. Aber echte Schranken wird man kaum empfinden, wenn der Interpret mit apostolischer Beredtsamkeit sich als Künder der Größe des Komponisten begreift, sich als dessen Anwalt, Fürsprecher fühlt, von tiefer Gläubigkeit erfüllt, das Werk in seiner ganzen Bedeutung preist. »In seinen größten Momenten«, so meinte Stefan Zweig, »scheint Bruno Walter zu verschwinden, und an seine Stelle tritt der Komponist.«

Für eine apostolische Aufgabe in diesem Sinne wäre ein Karajan durchaus ungeeignet gewesen. Doch sein Herrschertum bedeutete keineswegs, daß er sich über den Komponisten stellte. Ganz im Gegenteil: Karajan, der Interpret, sah, wie auch Toscanini, in der Partitur die allein selig machende Bibel, einzige Grundlage seiner Interpretation. Eine perfekte Realisation dessen, was die Vorlage des Komponisten enthält, stellt für den Maestro Ausgangs- und Endpunkt seiner Wiedergaben dar. Gustav Mahlers oft zitierter Ausspruch: »Das Beste steht hinter den Noten«, also eine oftmals ins Metaphysische gehende Deutung, für Furtwängler, Walter und andere fast eine Selbstverständlichkeit, besaß für Karajan – vielleicht mit Ausnahme seiner allerletzten Jahre – keine wesentliche Geltung.

Nicht, daß er sie völlig ablehnte, doch glaubte er, sie würde mit einer perfekten Darbietung von selbst zutage treten, wie dies sicherlich bei seinen Wiedergaben von Bruckner-Symphonien der Fall war. Karajan (so auch Toscanini) weit mehr ein »Vollstrecker« der Partitur als ein mit interpretativer Phantasie ans Werk gehender Dirigent.

Daß es sich hierbei jedoch keineswegs um eine nur mechanische Umsetzung der gedruckten Aussage des Komponisten handelt, dem Interpreten mehr Spielraum überlassen ist, als es den Anschein hat, ergibt sich aus zwei Überlegungen: Keine Partitur vermag sämtliche Vortragseinzelheiten zu enthalten. Hier nur ein von Karajan wiederholt angeführtes Beispiel: Der Komponist hat ein crescendo vorgeschrieben und, wie es meistens der Fall ist, über Dynamik, Dauer und Intensität dieses crescendo nichts vermerkt. So muß der Interpret entscheiden, ob es mit einem piano, pianissimo, womöglich mit einem mezzoforte beginnt, wie schnell oder wie langsam es ansteigt, bei welcher Klangstufe, forte, fortissimo oder nur mezzoforte, es endet. Dieses Beispiel läßt sich fast unbegrenzt erweitern. Dann wird vor allem der Dirigent Größe und Qualität des ihm zur Verfügung stehenden Orchesters zu bedenken haben, dazu Beschaffenheit und akustische Bedingungen des jeweiligen Saales in Betracht ziehen und seine Interpretationen entsprechend anlegen. Von diesen Gegebenheiten hängt unter Umständen sogar eine wenn auch geringfügige Änderung des Tempos ab.

Dessen Einhaltung wurde für Karajan während seiner Berliner Jahre fast zu einer Lebensaufgabe. Immer wieder beklagte er sich vehement darüber, daß nicht nur die Philharmoniker, sondern die Deutschen im allgemeinen kein rhythmisches Gefühl besäßen und ein gegebenes Tempo nur mühevoll durchhielten. Er ging soweit, bei den Proben in der Philharmonie ein Metronom (!) zu benutzen, um die genaue Einhaltung des Tempos zu kontrollieren. Sicherlich muß jeder Interpret den Puls der von ihm zu deutenden Musik erfassen, fühlen und bewahren. Wie schnell, wie langsam er schlägt, ist Auffassungssache, hängt möglicherweise auch mit dem eigenen Pulsschlag zusammen. Beethoven versah nachträglich dank der Erfindung des Metronoms durch Mälzel seine Werke mit genauen Tempoangaben, meinte aber, der Ausdruck habe sein eigenes Tempo. In jedem Fall führt starres Beibehalten des einmal eingeschlagenen Zeitmaßes zu einer rein mechanischen Wiedergabe; auf der anderen Seite darf dieses Zeitmaß nicht ungebührlich verändert werden, es sei denn, der Komponist schreibt ein neues Tempo vor.

Karajan geriet leicht in Zorn, wenn in einem schnellen Satz bei einer mehr lyrisch gehaltenen Wendung das Orchester oder ein Orchester-Solist auch nur um den Bruchteil einer Sekunde langsamer wurden, und sein Zorn rührte wahrscheinlich auch daher, weil er hierin noch Spuren oder, wie er einmal meinte, schlechte Angewohnheiten aus der Furtwängler-Ära vermutete. Kein Wunder, daß der Maestro, wie Toscanini, primär vom Rhythmischen kommend, jeden diesbezüglichen Verstoß als »Sünde wider den heiligen Geist« empfand.

Doch nun scheiden sich Toscanini und Karajan. Während der italienische Meisterdirigent stets die Zügel kurz in der Hand hielt, seine allumfassende Befehlsgewalt sich auf jeden Musiker niederschlug, vermochte Karajan, wie dargelegt, sein Orchester völlig entspannt spielen zu lassen, ohne die Kontrolle über Form und Verlauf des Musikablaufs jemals zu verlieren. Von seiner Gabe, ein entspanntes Orchester dennoch spannungsvoll zu dirigieren, haben die Berliner Philharmoniker profitiert, denen immer wieder – auch im Ausland – bescheinigt wurde, sie spielten wie ein übergroßes Kammerorchester, bei dem jeder auf jeden hört, jeder sich frei entfaltet, sein Bestes geben kann, ohne daß von Drill, der »Peitsche« des Dirigenten oder mühevollem Eintrichtern etwas zu spüren ist. Eigene Musizierfreude, Teilhaben am Musikgeschehen, stete Bereitschaft, einer überlegenen Führung zu folgen, so das untrügliche Kennzeichen der Berliner; es gibt zugleich die beste Gewähr für den niemals auszuschließenden Fall eines plötzlichen Versagens des Dirigenten oder eines von ihm nicht korrigierbaren Irrtums innerhalb des Orchesters.

Zwei Vorfälle: Als der greise Toscanini in seinem letzten öffentlichen NBC-Konzert während des von ihm oft dirigierten

Vorspiels zu den »Meistersingern« unter erheblichen Gedächtnisstörungen litt, undeutlich schlug, brach das Ensemble fast auseinander und rettete sich nur unter großen Mühen bis zum einigermaßen einheitlich gespielten Schluß. Auf die Frage, warum niemand im Orchester die Initiative ergriff, hieß es: Toscaninis unumschränkte Herrschaft, die Tatsache, daß er seit Jahren auch bei den bekanntesten Kompositionen sämtliche nur denkbaren Einsätze gab, hatte den Musikern jegliche musikalische Selbständigkeit genommen. Urplötzlich fehlten die Einsätze, die sonst allgegenwärtige Führung fehlte, das Orchester stand unter Schock. Solch einen Schock hätte es bei den Berliner Philharmonikern kaum gegeben, auch ohne Dirigent wäre es ihnen möglich gewesen, das Vorspiel zu beenden, ohne die Zuhörer das Fehlen einer Führung merken zu lassen.

Der andere Vorfall: Als unter Karajan ein Bläser-Solo im dritten Satz der »Pastorale« einen Takt zu früh einsetzte, »sprang« das gesamte Orchester geistesgegenwärtig einen Takt ohne Zutun des Maestro, der auch gar nicht hätte eingreifen können, und bewies erneut sein engagiertes Ensemblespiel, das es neben seinem künstlerischen Selbstverwaltungsrecht der Kunst eines Karajan verdankte.

Weiteres Spezifikum des Berliner Philharmonisches Orchesters unter Karajan war sein Klang. Schwer zu glauben: Jeder wahrhaft große Dirigent bringt seinen eigenen Klang mit, bewirkt selbst als Gast in einer rational kaum zu erklärenden Weise, daß die ihm anvertrauten Musiker, meistens schon während der ersten Proben, der Klangvorstellung ihres Gastgebers nachkommen. Der reife Karajan hat stets auf einen schönen Klang entscheidenden Wert gelegt, übrigens im Gegensatz zu Toscanini, dessen NBC-Orchesters sich im Studio 8 H eher herb und etwas trocken anhörte. Bei den Berliner Philharmonikern übernahm Karajan ein wohlbestalltes Erbe. Denn auch Furtwängler bestand auf einer edlen, warmen Tonqualität, wie sie bei mitteleuropäischen Orchestern Tradition ist. Wer vermochte es seinem Nachfolger zu verdenken, daß er diese Qualität noch zu steigern trachtete? Kritiker haben Karajan vorgeworfen, er sei in diesem Bestreben zu weit gegangen, man schrieb von dem »weichen« Klang der Berliner, von einem »goldenen« Ton, den ihr Chef zum Hauptmerkmal seiner Interpretation gemacht habe.

Dies trifft nicht zu. Selbstverständlich spielte für Karajan, wie übrigens bei jedem Dirigenten eines führenden Orchesters, die Tonqualität eine wichtige Rolle. Der Maestro unterstrich sie, indem er mit Akribie darauf achtete, daß jede Note in ihrem vollen Wert ausgehalten, der Übergang zur folgenden nicht unterbrochen wurde. Auf diese Weise entstand in vielen Passagen ein durchlaufender Ton, und wenn dieser vor allem dank vorzüglicher Streicher mit guten Instrumenten eine »samtene« Qualität aufwies, konnte der Eindruck eines weichen Spiels sich ergeben. Karajans Insistenz, den Wert jeder Note genau zu beachten, barg natürlich die Gefahr in sich, daß die ebenso wichtige Artikulation zu kurz kam. Der Weg zwischen einer warmen, fließenden Tongebung und deutlicher Artikulation ist schmal, und Karajans Neigung, Klanglinien durchzuhalten, führte leicht zu einer Vernachlässigung der Artikulation und erkennbarer Phrasierung; ihre Kenntnis und Befolgung bei Standardwerken der klassisch-romantischen Literatur darf von einem Spitzenorchester wie den Berliner Philharmonikern erwartet werden. Immerhin erzählte mir ein ehemaliger erster Solo-Oboist, daß er bei einer Brahms-Symphonie während zweier aufeinanderfolgender Aufführungen ein ihm zufallendes Thema verschiedenartig phrasiert habe, ohne daß sich Karajan irgendwie äußerte.

Vielleicht ging Karajans »Klangseligkeit« hier und da zu weit, nahm er zu gerne ein »Bad« im Schönklang, insbesondere wenn er seinem Hang, die Holzbläser zu verdoppeln, auch bei der Wiedergabe einer Haydn- oder Mozart-Symphonie nachgab. Als er einmal die Haydn-Symphonie Nr. 104 auch noch mit allergrößter Streicherbesetzung dirigierte, machte ich ihn – vergeblich – auf das vom Komponisten sicherlich nicht gewünschte Klangvolumen aufmerksam. In wenig glücklicher Erinnerung steht sein letztes Berlin-Konzert, bei dem er zu Beginn in gleich großer Besetzung Prokofjews »Klassische Symphonie« leitete, ein Werk, das ohne schlanke Klanggebung Witz und Reiz verliert.

Rückblickend läßt sich Karajans Neigung zu einem vollen, von Schönheit fast berauschenden Orchesterklang auch durch seinen Werdegang erklären. Als er nach dem Zweiten Weltkrieg aus bekannten Gründen Jahre hindurch nicht im deutschen Sprachgebiet dirigieren durfte, holte ihn Walter Legge, Musiker und Manager von größtem Format, nach London, vertraute ihm das dortige Philharmonic Orchestra an und verpflichtete ihn zugleich zu einer erheblichen Reihe von Aufnahmen, die auch heute noch Beachtung finden bzw. finden sollten. Später, nach seinem Weggang von der Wiener Staatsoper, kam es zu regelmäßigen Plattenaufnahmen mit den Berliner Philharmonikern. Ich kann mich des Eindrucks nicht erwehren, daß Karajans Ohren durch die außerordentlich große Zahl seiner Aufnahmen, bei denen das Klangliche verständlicherweise im Vordergrund steht, beeinflußt wurden, sich dem Klangbild seiner Aufnahmen allmählich angepaßt hatten. Mit stundenlangem Abhören seiner Aufnahmen verbrachte er unendlich viel Zeit. Wenn er neue Werke in sein Repertoire nahm, lernte er sie, indem er sich Aufnahmen anderer Dirigenten vorspielte, ein Weg, den er merkwürdigerweise auch jungen Dirigenten empfahl. Selbst bei Uraufführungen ließ er zuvor ein Probeband herstellen, das ihm zum Studium diente. Konnte es da ausbleiben, daß sich der »Plattenton« bei Karajan festsetzte?

Die zahlreichen Plattenaufnahmen des Maestro mögen auch der Grund sein, warum er stets auf einer oft überdeutlichen Heraushebung der führenden Stimme bestand, insbesondere wenn es sich um ein Bläser-Solo handelt. Karajan, in ganz jungen Jahren ein hochbegabter Pianist, bevorzugte in seinem Klangverständnis fast immer die Bläser gegenüber den Streichern. Gewiß, nie hat man schönere Streicher gehört als die Berliner unter Karajan in Schönbergs »Verklärte Nacht«, herrlich seine Wiedergabe von Vaughan Williams' »Tallis-Variationen«, ebenfalls ein Werk für Streicher. Doch wenn ein Bläser-Solo von Streichern eingebettet wird, denen thematisches Material zugewiesen ist, hielt Karajan hohe und tiefe Streicher so stark zurück, daß man geradezu von einem klanglichen Mißverhältnis sprechen mußte. Beispiel: Das berühmte Horn-Solo am Ende des ersten Satzes der zweiten Symphonie von Brahms; dank der prachtvollen Solo-Hornisten der Berliner kann man es sich kaum schöner vorstellen, doch es erklingt sozusagen »nackt«, also ohne die untermalenden, thematisch bedeutsamen Gegenstimmen von Violinen und Violen. Brahms hat sie zwar mit pianissimo bezeichnet, dennoch dürfen sie nicht fast verschwinden. Ich erinnere mich an andere Dirigenten von Rang, die sich während des Horn-Solos immer wieder auch den Streichern zuwandten, um auf diese Weise das von Brahms angestrebte reichere Klangbild zu erzielen.

Abgesehen von Karajans Neigung, die Streicher zugunsten der Bläser einzudämmen, ließ er den für Bogenstriche verantwortlichen Konzertmeistern und Stimmführern volle Freiheit, dies im Gegensatz zu älteren Dirigenten, wie Furtwängler, Walter, Szell und heute noch Giulini, die ihr eigenes, bezeichnetes Material benutzten. Nur wenn Karajan mit dem ihm angebotenen Klang nicht einverstanden war, ließ er andere Bogenstriche ausprobieren, bis seine Wünsche erfüllt waren. – Auch die Bläser erfreuten sich eines Höchstmaßes an künstlerischer Freiheit, vorausgesetzt, daß ihre Individualität des Vortrags, an der Karajan kaum je rüttelte, wie ihre Klangqualität nicht im krassen Widerspruch zu seinen eigenen Vorstellungen standen.

Dennoch wäre es ungerecht und völlig verfehlt, in Karajan lediglich einen hochbegabten Klangregisseur zu sehen. Wie kaum ein zweiter besaß er bereits in jungen Jahren ein untrügliches Gespür für Form, Gliederung, melodischen Atem, nie ließ bei seinen Wiedergaben der umfangreichsten Werke von Bach, Beethoven, Brahms, der riesigen Tongemälde von Richard Strauss die Spannung nach, meisterlich verstand er es, die gewaltigen Blöcke einer Bruckner-Symphonie mit ihren oftmals trennenden, überlangen Pausen aufzubauen, Gustav Mahlers monumentale Ecksätze zu bewältigen, ihre reiche Themenwelt sinnvoll anzuordnen. Was hätten alle Wunderklänge genutzt, wenn es an Gestaltung, Übersicht und strenger Formgebung gefehlt hätte? Stets behielt Karajan erst einmal das Ganze im Auge, betrat das Podium mit einer genau durchdachten Konzeption, die trotz der von ihm erstrebten, bisweilen überbordenden Klangfülle in erster Linie auf Klarlegung der Konturen eines jeden Werkes beruhte. Eigentlich eine Selbstverständlichkeit; ein lediglich auf schöne Klänge bedachter Dirigent hätte niemals über drei Jahrzehnte an der Spitze der Berliner Philharmoniker mit demselben grandiosen Erfolg stehen können, der zuvor einem Furtwängler zuteil wurde.

Karajan und Furtwängler. In einem glichen sie sich: in der großartigen Erfassung des formalen Aufbaus. Doch ihre Interpretationsweisen waren völlig verschieden. Auf der einen Seite die umwerfende Erlebniskraft eines Furtwängler, die sich sofort auf Orchester und Zuhörer übertrug; die Inspiration des Augenblickes, der er sich, genial improvisierend, willig hingab, die jederzeit fühlbare Durchdringung der Musik mit seinem »Ich«, seiner Überzeugung, die da lautete: »Nur so war es richtig«; dies vermittelte fast immer den Eindruck einer Neuschöpfung, auch wenn es sich um ein noch so bekanntes Werk handelte. Daher vermochte er, der niemals die eigene, reiche Gefühlswelt verbarg, zu bewegen, zu erschüttern; er subjektivierte die von ihm zu deutende Musik, fühlte sich mit ihr eins, erfahrbar für jeden.

Anders Karajan. Er war vor allem um ein objektives Musikbild bemüht. Er bändigte, zügelte, kontrollierte das orchestrale Geschehen; nie mangelte es bei ihm an Überlegtheit und Überlegenheit, stets das Ganze beherrschend, galt sein Berge versetzender Wille allein dem partiturgemäßen Ablauf, der perfekten Wiedergabe der Vorlage unter Vermeidung jeglicher Eigenmächtigkeit. Karajan wünschte, die Musik möge selbst auf die Zuhörer einwirken, er wollte sie ihnen nicht »vorschreiben«, wie er auch dem Orchester Freiheiten einräumte. Ein tüchtiger Reiter, so Karajan in einem Interview, treibt sein Pferd nicht über das Hindernis, sondern führt es so heran, daß es das Natürliche tut und von selbst hinüberspringt. Eine ähnlich begrenzte Hilfe gab er dem Orchester wie seinen Zuhörern, überließ es ihnen, Musik und Musikaussage nach eigenem Gutdünken zu beurteilen. Seine menschliche Distanziertheit hätte es ihm auch nicht erlaubt, vom Podium des Konzertsaales aus ein gemeinschaftliches Musikerlebnis mit seinen Zuhörern zu teilen – deswegen gab es auch keine echte »Karajan-Gemeinde«. Dennoch standen alle in seinem Bann, wie es seinerzeit auch bei Furtwängler der Fall war, der die Seinen stets verzückte, während Karajan, der »Magier«, die Menschen immer wieder aufs neue verzauberte. Beide erreichten, wenn auch auf grundverschiedenen Wegen, ein Interpretationsniveau von oftmals schwindelnder Höhe, beide haben durch ihre Kunst der Wiedergabe schwer zu erreichende Maßstäbe gesetzt.

Es bedarf keiner eingehenden Darlegung, daß die gebotene Affinität des Interpreten zu der ihm anvertrauten Musik nicht immer gleich stark und intensiv sein kann. Doch wird man bei fast jedem Dirigenten von Format aus mannigfaltigen Gründen, insbesondere dank persönlicher Freundschaft oder Herkunft aus dem gleichen Sprachgebiet, ein »seelisches Unisono«, eine beglückende, möglicherweise in die Musikgeschichte eingehende Identität mit einem oder mehreren Komponisten finden. Um nur einige Beispiele zu nennen: Bei Toscanini werden sogleich seine beispielhaften Verdi-Interpretationen in den Sinn kommen; Furtwänglers Name wird stets mit Beethoven und Brahms, Bruno Walters Wirken mit Mozart und Mahler, Ferenc Fricsays leider so kurzes Schaffen mit Bartók verknüpft bleiben.

Und bei Karajan? Hier stößt man vor allem auf den Komponisten, der in Karajans Jugend eine entscheidende Rolle im deutschen Musikleben gespielt hat: Richard Strauss, letztes, nur kurzes Kapitel der deutschen Musiktradition, wie sich Strauss selbst im hohen Alter bescheiden bezeichnete. Seine hinreißend-brillant instrumentierten Orchesterwerke rufen noch immer einen Klangrausch sondergleichen hervor, wenn sich ihrer ein überragender Dirigent mit dem Klanggespür eines Karajan annimmt. Unvergessen die Triumphe, die gerade er als Strauss-Dirigent feierte, sei es in der Oper, sei es im Konzertsaal. Berühmt seine Aufführungen des »Rosenkavalier«, von dem es auch mehrere Schallplattenaufnahmen gibt. Noch wenige Jahre vor seinem Tod bezeichnete Karajan vehement die letzte Aufnahme als die einzig gültige, die allein sein nunmehr tieferes Verständnis der Partitur wiedergäbe. In bleibender Erinnerung steht die umwerfende, auch von seinen schärfsten Gegnern anerkannte Wiedergabe der »Salome« mit den Wiener Philharmonikern im Rahmen der Salzburger Sommerfestspiele.

Während einer späteren Spielzeit inszenierte und dirigierte er – ebenfalls mit den Wienern – die »Elektra« in einer großartigen Aufführung, deren dramatischer Gehalt nicht hätte übertroffen werden können. Aber trotz immenser Nachfrage der Salzburger Sommergäste nach Karten fanden nur zwei Vorstellungen statt, ungewöhnlich für eine Neuinszenierung, seltsam auch aus der Sicht der Finanzgewaltigen. Der von niemandem erwartete Grund: Karajan, damals noch keineswegs körperlich angegriffen, erklärte, es sei ihm einfach nicht möglich, die noch vorgesehenen Aufführungen zu dirigieren, er befürchte sonst einen Herzschlag. Karajan hatte bereits in jungen Jahren diese Oper in Anwesenheit von Strauss geleitet, der ihm – wie er selbst erzählte – Lob spendete und, nach Fehlern gefragt, antwortete, er sei von seinem Werk, das er vor so vielen Jahren komponiert habe, innerlich weit entfernt; er, Karajan, dagegen habe es gerade intensiv studiert, sich mit seinen Problemen auseinandergesetzt, also werde es auch seine Richtigkeit haben. Im übrigen, so fügte Strauss lächelnd hinzu, würde es Karajan in fünf Jahren sowieso anders machen. – Nun spürte der gereifte Maestro Jahrzehnte später weit intensiver die ungeheueren Spannungen, die von dieser – nicht nur im Schaffen von Strauss – außergewöhnlichen Partitur ausgehen, fühlte sich von den ersten beiden Vorstellungen so mitgenommen, daß er sozusagen »aufgab«, Beweis dafür, wie sehr der nach außen hin oftmals kühl oder sogar glatt wirkende Mann die Musik miterlebte, von ihr aufgewühlt wurde.

Kaum eine Spielzeit des Berliner Philharmonischen Orchesters ohne eine oder mehrere Strauss-Aufführungen unter Leitung Karajans. Ob es sich um den von jugendlichem Überschwang strotzenden »Don Juan« handelte, um die tragischdramatischen Erschütterungen in »Tod und Verklärung« (als

Strauss todkrank daniederlag, sagte er: ». . . und es ist genau so, wie ich es in der Musik beschrieben habe . . .«) oder die von genialem Humor zeugende symphonische Dichtung »Till Eulenspiegels lustige Streiche«, stets erwies sich der Salzburger Karajan als kongenialer Deuter dieser und anderer Partituren des Münchener Meisters.

Gleiches galt von Karajans Lieblingskomposition, die er überall in der Welt dirigierte und für deren Wiedergabe er besondere Berühmtheit erlangte: Strauss' »Ein Heldenleben«, in dem der Komponist selbst als der Held erscheint. Schlachtensieger, Vollbringer großer Taten – er zitiert eine Reihe eigener Themen aus früheren Werken –, der vergeblich um Anerkennung durch seine »Kritiker« ringt, um sich schließlich in einer etwas wehmütigen, nobel resignierenden Schlußapotheose aufs Land zurückzuziehen. Karajan – im Gegensatz zu manchen anderen Dirigenten – liebte dieses Werk, fühlte eine innere Verwandtschaft mit dem Helden, mit dem er sich wohl oftmals identifizierte. Des Maestros echte, musikalisch durchaus verständliche Ergriffenheit am Ende der einsätzigen, mehr als 45 Minuten dauernden Komposition äußerte sich, wie viele Philharmoniker glaubhaft berichten, in Tränen der Rührung, die ihm in den Augen standen oder auch über die Wangen liefen.

Wie nahe Karajan dem Schaffen von Richard Strauss stand, spürte ich auch, als ich bei der Besprechung eines »All-Strauss«-Programmes die »Metamorphosen«, ein Alterswerk, erwähnte, das Strauss für den um die zeitgenössische Musik hochverdienten Paul Sacher gegen Ende des Zweiten Weltkriegs geschrieben hatte; eine Musik des Abschieds, der Trauer um eine in Trümmern liegende Welt, der sich Strauss verbunden fühlte, eine Welt, die für immer verloren schien. Ich bat Anfang der sechziger Jahre den damals zweiundfünfzigjährigen Karajan, dieses für dreiundzwanzig Solo-Streicher geschriebene Werk zu dirigieren, und er willigte sofort ein. Zu den anderen Strauss-Kompositionen, die er aufführen wollte, gehörten das Oboen-Konzert, das nach dem Zweiten Weltkrieg entstanden war, sowie die in relativ frühen Jahren komponierte symphonische Dichtung »Also sprach Zarathustra«. In welcher

Reihenfolge aber sollten diese drei Werke aufgeführt werden? Karajan erklärte sehr bestimmt, daß die »Metamorphosen« – also die kleinste Besetzung – am Ende des Programms stehen müßten; nach dieser so erschütternden Komposition könne er nichts anderes mehr dirigieren. So kam es zu der merkwürdigen Reihenfolge: Oboen-Konzert, Lothar Koch war Solist, »Zarathustra« mit seiner riesigen Instrumentation einschließlich Orgel – Pause – »Metamorphosen«. Ich habe ihm diese Erschütterung geglaubt, auch wenn bei der zweiten Wiederholung des Konzerts die Reihenfolge dennoch umgestellt werden mußte; der Umbau des Podiums zwischen dem Oboen-Konzert (kleines Orchester) und »Zarathustra« nahm soviel Zeit in Anspruch, daß Karajan möglicherweise den Nachtzug nach Wien versäumt hätte! Man schrieb das Jahr 1961.

Mehr als zwanzig Jahre später entdeckte der fast fünfundsiebzigjährige Maestro ein sehr selten aufgeführtes, von Strauss hochgeschätztes Werk, »Eine Alpensymphonie«. Mit geradezu jugendlichem Elan setzte er sich in Berlin und auf Reisen für die, wie er meinte, verkannte Komposition ein. Nie habe ich, der ich schon als Schüler die »Alpensymphonie« hörte und mich mit der Riesenpartitur später wiederholt beschäftigte, eine so glühend-einprägsame Aufführung dieses Werkes gehört; in einzigartiger Weise gelang es Karajan und den Philharmonikern, den grandiosen Aufbau, die zahlreichen thematischen Schönheiten, die glanzvolle Instrumentation der Symphonie zu offenbaren; besonders beeindruckend das mystische Verklingen des Werkes, das dem dirigierenden Freund der Berge Tränen der Rührung entlockte. Ob es ihm auch gelang, diesem Opus – von Strauss als seine bedeutendste symphonische Dichtung bezeichnet, bei deren Niederschrift er erst wirklich zu instrumentieren gelernt habe – dauernde Geltung zu verschaffen, bleibt eine offene Frage. Zweifellos stellt Karajans Wiedergabe einen Höhepunkt seiner Interpretationskunst dar, die ihn – ausnahmsweise – in der Rolle eines beredten Fürsprechers für den Komponisten erkennen ließ.

Besonderer Dank gilt ihm für seine wiederholten Aufführungen des leider nicht oft genug gespielten »Don Quixote«, bei dem bekanntlich zwei Soloinstrumente, Cello und Viola (neben zwei anderen Instrumenten), den Titelhelden und seinen treuen Begleiter »Sancho Pansa« charakterisieren und sie zusammen mit dem Orchester bei ihren mannigfaltigen Abenteuern wie auch Dialogen – als »Variationen über ein ritterliches Thema« gekennzeichnet – schildern. In diesem Werk hat Richard Strauss vielleicht seine tiefste, von wahrstem Mitgefühl zeugende symphonische Dichtung geschrieben; immer aufs neue bewegend der Zusammenbruch Don Quixotes, der das Vergebliche seiner »Taten« erkennt, ergreifend der nachfolgende Epilog von beträchtlicher Länge, mit dessen verklärtem Ende das Leben des Helden erlischt. Wer diese Komposition unter Karajan (mit seinen großen Solisten) jemals gehört hat, wird auch ihn, den Interpreten, nicht vergessen.

Ein anderer Komponist, dem Karajan merkwürdigerweise besonders nahe stand, war Jean Sibelius. Merkwürdig deswegen, weil die Musik des finnischen Meisters mit ihrer herben Melodik, ihrer kantigen, oft nicht leicht erkennbaren Form, ihrem trotzigen Aufbegehren, ihrer verhangenen Schönheit zum Schaffen eines Richard Strauss in fast diametralem Gegensatz steht. Viele Kompositionen von Sibelius gelten mit Recht als Abbild des schwer zu erfassenden finnischen Nationalcharakters, andere, zum Beispiel die einsätzige siebente Symphonie, wirken wie in Musik gesetzte nordische Felslandschaften, wuchtiges Gestein, urbar zu machende Natur. Ob sich hier Gegensätze angezogen haben, auf der einen Seite Sibelius mit seiner eher schroffen, bisweilen ungeschliffen instrumentierten Musik, auf der anderen Seite der zu einem weicheren Klangverständnis neigende Karajan? Noch immer ist die Zahl derjenigen groß, die sich mit den Werken des Finnen nicht befreunden können. Karajan hingegen fand nicht nur Zugang zu der Musik des in ganz Finnland als eine Art Nationaldenkmal verehrten Komponisten, er vermochte sich mit dessen großen symphonischen Werken in hohem Maße zu identifizieren.

Als er an der Spitze der Berliner Philharmoniker anläßlich des hundertsten Geburtstags von Sibelius mit »Finlandia«, der vierten und fünften Symphonie, in der Heimat des Komponisten gastierte, wurden seine Interpretationen – besonders im Vergleich mit anderen konzertierenden Orchestern aus aller Welt – als wahrhaft authentisch bezeichnet und lösten einen Beifall von zuvor nicht gekannter Qualität aus, wie wenn Dirigent und Orchester zu den Herzen der Zuhörer gesprochen hätten. Irgendwie muß dies auch Karajan gespürt haben. Niemals wieder habe ich einen so völlig gelösten, zugänglichen Maestro erlebt. Die Konzerte fanden damals in einer nicht sehr schönen Mehrzweckhalle statt (Helsinki besitzt inzwischen einen eigenen Konzertsaal), die Probenmöglichkeiten waren beschränkt, und doch kam kein böses Wort von Karajan. Dann ließ der vielbeschäftigte Maestro es sich nicht nehmen, nach einer Vormittagsprobe zum außerhalb der Stadt gelegenen Wohnhaus von Sibelius zu fahren, dort an seinem Grab einen Kranz niederzulegen und sich anschließend mit den noch lebenden Schwestern zu unterhalten. Danach stand er, der Fotografen wenig schätzte, um es noch freundlich auszudrücken, für Aufnahmen zur Verfügung, zeigte, wie sonst üblich, keinerlei Irritationen. Man kam in der Tat aus dem Staunen nicht heraus. Am Abend das Unerhörte: einmal die wirklich grandiose Wiedergabe der besonders schweren vierten Symphonie, dann, als ich in der Pause auf ihn zukam, seine Worte: »Schöner geht es nicht!« Er hatte vollauf recht; aber es war das einzige Mal, soweit ich mich erinnern kann, von Karajan einen Kommentar zu einer seiner Aufführungen gehört zu haben. Entgegen seinen durchaus verständlichen Gewohnheiten erschien er dann auch noch bei einem Abendessen in einem ziemlich großen Kreis, was mit Recht auch als Huldigung an den genius loci angesehen wurde. Doch es gab eine weitere Überraschung. Der sonst in einer solchen Umgebung eher wortkarge Maestro erhob sich, hielt eine Rede, sprach von seiner Verbundenheit mit der Musik Sibelius', gedachte des erlebnisreichen Aufenthaltes in Helsinki und schloß mit den Worten: »Wann immer Sie uns haben wollen, wir kommen gerne wieder.« – Merk- und denkwürdig, wie gerade die Musik von Sibelius einen menschlichliebenswerten, ganz aus sich herausgehenden Karajan offenbarte. Sonst schwieg er sich aus über die Bedeutung großer, von

ihm interpretierter Komponisten, seinen eigentlichen Lebens-
inhalt, sagte kaum etwas über die Aufgabe des nachschöpferischen Künstlers, ganz im Gegensatz zu Furtwängler. In zahlreichen Interviews und Pressekonferenzen, vor allem auf Reisen,
vermochte Karajan sich lebhaft und ausführlich über die Möglichkeiten der Musikverbreitung zu äußern und entsprechende
Fragen zu beantworten. Wurde er nach seinem Verhältnis zu
hochbedeutenden Komponisten aus früheren wie auch aus dem
zwanzigsten Jahrhundert befragt, fand er schnell mehr oder
minder konventionelle Antworten, um in Kürze auf sein
Hauptthema »Musik und Technik« zurückzukommen.

Auch wenn ich ihn vom Flugplatz abholte, mit ihm anschließend in sein Hotel fuhr, sprach er kaum von aufzuführenden
Werken und ihren Komponisten. Nur zwei Ausnahmen stehen
mir im Gedächtnis: Für Ende Februar 1960 hatte Karajan
Mahlers »Lied von der Erde« angesetzt, seine erste Aufführung
in Berlin. »Ich kann die Proben kaum erwarten«, so der Maestro, der damals den anderen symphonischen Werken Mahlers
noch fremd gegenüberstand, aber für diese Komposition Feuer
gefangen hatte und sich über die Schönheiten der Musik ausließ. Leider konnte diese Aufführung schon wegen der wenig
glücklichen Wahl der Solisten kaum befriedigen. Dies muß
wohl auch Karajan empfunden haben. Denn seine nächste
Wiedergabe dieses »mahlerischsten« aller Mahler-Orchester-
werke fand erst rund zehn Jahre später statt, nunmehr eine tief
beeindruckende Aufführung; Karajan hatte einen echten Zugang zu Mahler gefunden, diesmal sang Christa Ludwig die
Alt-Partie, eine ideale Besetzung. Dann vergingen mehrere
Jahre, bis Karajan einige der großen Symphonien von Mahler
in sein Repertoire nahm. 1973 dirigierte er erstmals die Fünfte;
andere folgten. Hierüber später.

Die zweite Ausnahme: Hier ging es um Strawinskys viersät-
zige »Symphonie in C«, von der Karajan gleich nach seiner
Ankunft im April 1960 sagte, wie sehr er sich freue, das äußerst
schwierige Werk mit den Philharmonikern aufzuführen. Jahre
zuvor hatte Strawinsky selbst diese Symphonie wie auch seine
»Symphonie in drei Sätzen« mit dem Radio-Symphonie-Or-

chester Berlin dirigiert. Trotz vieler Vorproben und Hauptproben unter Leitung des Komponisten war es diesem hervorragenden, gerade in zeitgenössischer Musik trefflich geschulten Orchester nicht immer möglich, dem von allen hochverehrten Meister zu folgen, der verständlicherweise seine vor längerer Zeit komponierten, rhythmisch überaus vertrackten Werke nur noch in Grundzügen kannte und daher, mit dem Kopf ständig in der Partitur, nur wenige Zeichen gab – und diese auch nicht immer mit der nötigen Klarheit. Dennnoch erhielt Strawinsky große Ovationen; zu Unrecht beklagte er sich leider später in München über angebliche Unzulänglichkeiten des ihm aufopfernd helfenden Orchesters.

Mit der Aufführung der Berliner Philharmoniker unter Karajan wäre er sicherlich zufrieden gewesen. Zahlreiche, sehr intensive Proben, dazu ein musikalisch aufnahmefähiges, schnell begreifendes Orchester und, last but not least, die Autorität eines Karajan verhalfen dem keineswegs publikumswirksamen Werk mit seinem im pianissimo verklingenden Schluß zu weit mehr als dem sonst üblichen Achtungserfolg. Auch hier zeigte sich, daß ein zutiefst überzeugter Interpret fast immer in der Lage ist, die Zuhörer und, falls er ein Dirigent ist, sein Orchester zu überzeugen. Karajan *war* überzeugt und erwartete gleiche Überzeugtheit von allen anderen. Als mein Vorgänger im Amt, Gerhart von Westerman, den Maestro aufsuchte, um ihm die übliche Reverenz zu erweisen (die Spielzeit 1959/60 war noch von Westerman eingerichtet), erkundigte sich Karajan sofort, wie ihm der Strawinsky gefallen habe. Der frühere Intendant murmelte etwas wie »interessant«, aber doch in der Erfindung nicht sehr stark; Karajans Enttäuschung war ihm anzusehen, und sein langjähriger Mitarbeiter war im Geiste »fristlos entlassen«. Auch die Kritiker ließen reinstes Entzücken nicht erkennen. Karajan wird sie kaum zur Kenntis genommen haben. Er wollte von Kritiken grundsätzlich nichts wissen, sagte wiederholt, seine Interpretationen wie seine Erkenntnisse vom Wert einer Komposition beruhten auf langem, eingehendem Studium, und von seiner hieraus gewonnenen Überzeugung könne ihn niemand abbringen. Überdies wären die Kritiker fast niemals derselben Meinung; wem solle er dann folgen?

Und er hielt an seiner hohen Meinung von der Strawinsky-Symphonie fest, nahm das heikle Stück, das er jedesmal neu und intensiv probieren mußte, verschiedene Male in seine Programme, sogar auf einer Reise in die Vereinigten Staaten. Sein Eröffnungsprogramm in New York im Herbst 1961: Bachs h-Moll-Suite mit Karlheinz Zöller (Flöte) als Solist, Strawinskys »Symphonie in C« und nach der Pause die »Eroica«. In Cleveland beließ er es bei der ersten Programmhälfte und ersetzte die Beethoven-Symphonie durch Strauss' »Also sprach Zarathustra«, ein denkbar schweres Programm für alle Beteiligten, die Zuhörer eingeschlossen. Auch bei den Salzburger Sommerfestspielen fehlte die Strawinsky-Symphonie nicht, die sich Karajan mit den aus sechs Wochen Orchesterferien zurückgekehrten Philharmonikern doch recht mühsam neu erarbeiten mußte. – Seltsamerweise fand er an der weitaus zugänglicheren »Symphonie in drei Sätzen« weniger Interesse, zumindest nahm er sie in sein Berliner Repertoire nicht auf. Dagegen dirigierte er mehrfach das »Concerto in Ré« des russischen Meisters, eine kürzere Komposition für Streicher.

Auch ein anderes Werk Strawinskys für Streichorchester, die Ballettmusik zu »Apollon Musagète«, gehörte in den siebziger und achtziger Jahren sogar zu den Lieblingsstücken von Karajan. Oft genug dirigierte er im In- und Ausland diese strengklassisch gehaltene Komposition, verlieh ihr Grazie und Eleganz, kostete aber auch den üppigen Streicherklang der Berliner Philharmoniker in einem so hohen Maße aus, daß man im Endresultat wohl von einem Tongemälde mit reich verziertem Goldrahmen sprechen konnte. Vielleicht hätte Strawinsky die Stirn gerunzelt, wäre es ihm möglich gewesen, die eher weiche, fein ziselierte Aufführung des Maestros zu hören. Doch ist nicht einzusehen, warum man einem für Apollo und seine Musen gedachten Ballett jene trockene Musikuntermalung zugrunde legen muß, wie dies bei Strawinsky-Musik aus der neoklassizistischen Periode des Komponisten meist üblich ist. Auch sollte nicht übersehen werden, wie oft Strawinsky selbst in seinen Partituren ein Espressivo vorgeschrieben hat, etwa in seiner monumentalen, hart gemeißelten Oper »Ödipus Rex«, die kurz vor »Apollon Musagète« entstand. Karajan, der »Ödipus Rex« 1956 konzertant aufführte, plante eine Wiederaufnahme in der Philharmonie; leider ist es dazu nicht gekommen.

Von einem Espressivo-Stil kann selbstverständlich bei »Le sacre du printemps« nicht die Rede sein. Nie hat Karajan um ein anderes Werk des frühen zwanzigsten Jahrhunderts so gerungen wie um diese bereits 1913 uraufgeführte, damals als umstürzlerisch angesehene Ballettmusik. 1962 hatte er sie zum ersten Male im Programm, ohne völlig zufrieden zu sein. Er wiederholte sie bereits 1963, setzte das Werk im folgenden Jahr sogar zweimal an, legte es dann weg, um es wieder 1971, auch in Salzburg und Luzern, zu dirigieren. Erneut Pause, dann Wiederaufnahme 1976 mit weiteren Aufführungen im folgenden Jahr. Takt für Takt probte er immer wieder, insbesondere die rhythmisch überaus komplizierten Stellen, tat sich schwer mit einer Partitur, die anfangs Dirigent und Orchester viele Nüsse zu knacken gab. Für die nach Karajan angetretene Dirigentengeneration enthält »Sacre« kaum noch ernstliche Probleme. Anders stand es um die älteren Dirigenten, zu denen auch der Komponist gehörte, der sich alsbald eine vereinfachte Fassung anfertigte, als er selbst sein Werk zu dirigieren hatte!

Karajan konnte bereits bei der zweiten Aufführung ohne Partitur dirigieren, beherrschte sehr bald mit gewohnter Perfektion den musikalischen wie rhythmischen Ablauf, kein »Ritt über den Bodensee« wie 1962, als man doch mit dem Maestro ein wenig zitterte. Und dennoch: Karajans Wiedergaben, so genau und rhythmisch präzise sie auch immer ausfielen, überzeugten nicht ganz, ließen trotz oder wohl wegen des herrlichen Spiels der Berliner Philharmoniker etwas vermissen. Sie waren im Grunde genommen einfach zu schön! Häßliche Klangbrutalität ist auch bei Strawinsky nicht gefragt. Aber »Sacre« verlangt orchestrale Härte, Wucht, Ungestüm, ein scharf konturiertes Blech, ungeschliffene Klangballungen, keinen rohen, aber einen rauhen Ton, wie er einer in Musik gesetzten

Frühlingsweihe entspricht. Karajan hingegen brachte von vornherein einen »polierten«, sozusagen »gesitteten« Ton mit sich, hatte ihn noch im Laufe der Jahre verfeinert mit der Folge, daß trotz aller Anstrengungen »Sacre« nicht *sein* Stück sein und auch nicht werden konnte. Verlorene Liebesmüh? Doch wohl, auch wenn der Maestro stets größten Beifall erntete.

Wie anders war es einst Furtwängler ergangen, der dieses berühmteste aller Strawinsky-Ballette bereits 1924 und dann 1930 im Programm hatte, jedoch von der übergroßen Mehrheit seiner ihm sonst so treu ergebenen Gemeinde ausgezischt wurde; die meisten seiner Anhänger hörten nichts als »greuliche Dissonanzen«, »sinnlosen Lärm«. »Das klingt ja hier wie auf einer Baustelle«, so die Reaktion eines neben mir sitzenden Bekannten nach der Aufführung 1924.

Wirkliche Dissonanzen für ihre total geschulten Ohren vernahmen die Abonnenten eines Philharmonischen Konzerts vom 2./3. Dezember 1928, als sie, nichts ahnend, der Uraufführung der »Variationen für Orchester« Opus 31 von Arnold Schönberg beiwohnten. Wiederum dirigierte ihr Idol Furtwängler. Wiederum waren sie erbost, zischten nach Leibeskräften (Buhrufe gab es damals noch nicht), während eine Reihe junger Besucher, wohl aus antisemitischen Motiven, durch Pfiffe auf Hausschlüsseln und mitgebrachten Trillerpfeifen ihren angeblich musikalisch begründeten Unmut zum Ausdruck brachten. Chaos unter den Zuhörern, die völlig ratlos einem Werk gegenüberstanden, das Schönberg unter strengster Anwendung seiner von zwölf gleichberechtigten Tönen ausgehenden Theorie geschrieben hatte. Chaos auch unter vielen Orchestermusikern, die schon infolge unzureichender Probezeit – die »Variationen« hätten mindestens eine Woche lang erst einmal auseinandergenommen und dann geprobt werden müssen – mit der spröden, dissonanten Musik (besser: Konglomerat von Tönen) nichts anzufangen wußten. Ob ihr Chef die Schönberg-Komposition als einen neuen Weg der Musik ansah, sich vollinhaltlich mit ihr identifizierte, ein echtes, inneres Verhältnis zur Zwölftonlehre – sicherlich eine theoretische Leistung ersten Ranges – gewonnen hatte, bleibt mehr als fraglich. Jedenfalls hat Furtwängler Schönbergs »Orchestervariationen« im Gegensatz zu »Sacre« nicht wieder ins Programm genommen und sich in späteren Jahren deutlich zur tonalen Musik bekannt.

Anders Karajan. Kein Avantgardist von Natur, beschäftigte er sich eingehend mit den Komponisten der Wiener Schule, Schönberg, Berg und Webern, studierte besonders intensiv jenes Variationenwerk von Schönberg, das in der Tat beim ersten Hören, insbesondere Ende der zwanziger Jahre, Verblüffung und bei den meisten Zuhörern Unverständnis hervorrufen mußte. Auch heute enthält diese Komposition härteste, kaum zu übertreffende Dissonanzen, verlangt wiederholtes Anhören, dazu ein gewisses intellektuelles Mitgehen. So ist es nicht erstaunlich, daß dieses für jedes Orchester unendlich schwierige, komplizierte Werk nur selten gespielt wird, jedenfalls nicht zu einem gängigen Repertoirestück geworden ist. Ein weiterer Grund mag der sein, daß es Schönberg in erster Linie darum ging, die vielfältigen Möglichkeiten seiner Zwölftontheorie für großes Orchester aufzuzeigen. Winfried Zillig, einer der getreuesten Anhänger Schönbergs, berichtete, wie der Meister während des Unterrichts in der fertigen Partitur der »Orchestervariationen« noch zusätzliche Einzelstimmen eintrug, um seinen Schülern die Kunst, mit zwölf Tönen zu komponieren, zu demonstrieren. Nach Zillig blieb es bei diesen Einfügungen mit vermutlich eher nachteiligen Folgen für Klangbild und Instrumentation. Kein Wunder, daß es schwierig ist, dieses selbst von Bewunderern Schönbergs als »abseitig« empfundene Werk einer größeren Zahl von Musikfreunden näherzubringen.

Karajans erste öffentliche Begegnung mit den »Orchestervariationen« in Berlin fand Mitte Oktober 1962 statt; das problematische Werk war »wohlverpackt« zwischen einem Concerto grosso von Händel und (nach der Pause) der »Pastorale«. Karajan probte verbissen, die Berliner Philharmoniker folgten mäßig begeistert, und ein Gleiches ließ sich vom Publikum sagen, aus dessen Mitte neben überzeugtem Beifall auch ziemlich lautstarke Proteste kamen. Der Maestro wie die applaudierenden Zuhörer blieben indessen unbeirrt, und so konnte die Presse von einem echten Erfolg berichten. Im Familienkreis gab es allerdings einen ausgesprochenen Mißerfolg. Die sich für Musik lebhaft interessierende, temperamentvolle Eliette von Karajan (beide hatten sich kennengelernt, als die junge Französin den Maestro nach einem Konzert in London um ein Autogramm bat) fand das Schönberg-Opus abscheulich, lehnte jede Erklärung, jeden Hinweis auf die spezielle Bedeutung der Komposition energisch ab und weigerte sich strikt, den beiden Wiederholungskonzerten, damals noch in der Hochschule für Musik, beizuwohnen; sie besuchte statt dessen ein Kino.

Karajan, unbeeindruckt, beschäftigte sich weiterhin mit der Partitur und kam zu der Erkenntnis, daß selbst eine große Probenzahl vor dem Konzert nicht ausreiche, um jene Vertrautheit des Orchesters mit dem musikalischen Ablauf zu erreichen, die für dieses Variationswerk mit seinem komplizierten Stimmen- und Notengeflecht erforderlich ist. Jedes Orchestermitglied, so der Maestro, dürfe nicht nur Noten »fressen«, sondern müsse sich deren Bedeutung für den Gesamtverlauf jeder Variation bewußt sein und entsprechend spielen. Daher beschloß Karajan, die »Orchestervariationen« von Schönberg unabhängig von einer Konzertansetzung im voraus zu proben, kurze, meist nur zwanzig Minuten dauernde Unterweisungen, die den eigentlichen Proben zu den jeweiligen Konzerten vorangingen. Selbst auf Reisen überraschte er ein nicht immer begeistertes Orchester mit solchen zwanzigminütigen Zwischenproben, die in der Regel nur einer bestimmten Variation galten. Eines Tages, so sagte er, sollten seine Philharmoniker die Zwölfton-komposition von Schönberg (und andere Meister der Wiener Schule) mit derselben Vertrautheit wie die »Eroica« oder eine Brahms-Symphonie spielen. Geschähe dies, so seine Ansicht, würden die Dissonanzen, da mit vollem Bewußtsein für den Zusammenhang vorgetragen, keineswegs mehr so hart erklingen, dem Ohr der Zuhörer verständlich werden im Einklang mit dem verständnisvollen Vortrag von Dirigent und Orchester.

Hans Heinz Stuckenschmidt, allseits anerkannter Schönberg-Apostel, beglückwünschte Karajan nach einer Aufführung der »Orchestervariationen« und stimmte dem Maestro lebhaft zu, der ihm mit viel Überzeugungkraft seine Auffassung von der »weich und schön« zu spielenden Dissonanz darlegte. – Die nächste Wiedergabe des umstrittenen Stückes fand in der Philharmonie statt, ohne daß sich viel Widerspruch regte. Weitere Aufführungen folgten 1971, 1972 und 1973; Karajan probte unablässig, wie zuvor auch außerhalb der für andere Programme bestimmten Proben. In der Tat, jede Aufführung offenbarte die wachsende Einsicht der Orchestermitglieder in die verwickelte Partitur, wenn auch von einer Aneignung wie bei der »Eroica« nicht oder noch nicht die Rede sein konnte. Wer Karajan bei und nach seiner Probenarbeit beobachtete, wußte, daß er in diesen »Orchestervariationen« nicht etwa eine bloße Herausforderung sah, sondern daß ihm die perfekte Wiedergabe dieser Komposition ein inneres Anliegen war.

Höhepunkt seiner Beschäftigung mit diesem Opus 31 war – wie hätte es anders sein können – eine nunmehr mögliche und zugleich gültige Aufnahme, die mit anderen Kompositionen von Schönberg, Berg und Webern gekoppelt wurde: der Maestro in seinem Element, von der Technik und ihren gewaltigen Fortschritten hingerissen, in derart ihm vertrauter, beglückender Umgebung, Herrscher und Diener zugleich. Nun hatte er die Zeit und die Möglichkeit, durch Abhören das Ergebnis immer wieder neu zu prüfen, den Gesamtklang, wenn nötig, zu modifizieren, Haupt- und Gegenstimmen ins richtige Lot zu bringen. Aber darüber hinaus erlaubt die moderne Technik, Klänge zu »zaubern«, die im Konzertsaal so nicht realisierbar sind. Das Rezept: Man benutze Extra-Mikrophone für hervorzuhebende Stimmen, die aus Gründen der Instrumentation nicht hinreichend zu hören sind, setze einzelne Orchestermitglieder entsprechend um, experimentiere, bis sich das gewünschte Klangbild einstellt. – Ein Beispiel aus dem klassischen Repertoire: Der berühmte Beginn der Fünften von Beethoven ist nicht nur den Streichern gegeben, sondern merkwürdigerweise auch den in dieser Mittellage nicht vernehmbaren Klarinetten. Daher gab ein prominenter Dirigent bei einer

Plattenaufnahme den Klarinettisten ein zusätzliches Mikrophon und erzielte so einen im Konzertsaal niemals zu erreichenden Mischklang. – Karajan, wie immer auf Klarheit bedacht, konnte der Versuchung nicht widerstehen, dasselbe Verfahren bei den »Orchestervariationen« anzuwenden, tat es, wie nicht anders zu erwarten, mit großem Geschick und äußerte sich hoch befriedigt über das klangliche Ergebnis. Ja, er schwärmte von der Platte, die 1974 herauskam, dem Jahr, in dem Schönbergs hundertster Geburtstag gefeiert wurde.

Wohlgemut kündigte er für die Berliner Festwochen ein faszinierendes »All-Schönberg«-Programm an. Es bestand aus den »Orchestervariationen« sowie »Pelleas und Melisande«, einem noch tonalen Frühwerk, das er Anfang Januar erstmalig mit den Berliner Philharmonikern dirigiert hatte. Doch was geschah? Karajan änderte plötzlich das bereits gedruckte Programm, setzte die »Orchestervariationen« ab und ersetzte sie durch Mozarts Klavierkonzert in A-Dur, KV 488 – ein nicht gelinder Schock für viele Besucher des Festwochenkonzerts; diese empfingen den Meister mit einigen sehr deutlich vernehmbaren Buhrufen. Und auch die Presse murrte, suchte nach einer Erklärung. Der Maestro gab sie bereitwilligst: Die Aufnahme mit den Berlinern, die für ihn nunmehr allein gültige Wiedergabe, ließe sich wegen der notwendigen, wiederholten Umbesetzungen nicht im Konzertsaal duplizieren; daher werde er das Werk nie wieder öffentlich dirigieren! Fazit: Sieg der Technik über die »live-performance«. Karajan jedenfalls – und das war für ihn ausschlaggebend – wollte nichts anderes mehr hören als seine Aufnahme. Mit der Absetzung der »Orchestervariationen« forderte er seine Zuhörer, aber auch alle anderen Musikfreunde auf, ein gleiches zu tun.

Keine Enttäuschung nach der Pause. Herrlich »Pelleas und Melisande«, wie überhaupt Karajans Interpretationen von Werken des frühen Schönberg stets besondere Musikereignisse darstellten. Hier spürte man seine starke Affinität zu der Musik der Jahrhundertwende, insbesondere zu den tonalen Kompositionen des nur rund zehn Jahre nach Richard Strauss geborenen Arnold Schönberg. Neben »Pelleas« sind zu nennen das

Streichsextett »Verklärte Nacht«, von Schönberg später für Streichorchester gesetzt, sowie das Riesenwerk der »Gurre-Lieder«, Höhepunkt und Abschluß des hoch-romantischen Schaffens des österreichischen Meisters. Man könnte fast sagen, daß diese drei Werke Karajan auf den Leib geschrieben waren.

Selten klangen die philharmonischen Streicher herrlicher als in der noch von Wagner stark beeinflußten »Verklärten Nacht«. Um die ergreifende Schönheit dieser Musik ganz auszukosten, begab sich der Maestro einmal in die Rolle des Bittenden. Grundsätzlich spielten die Philharmoniker für ihn – und nur für ihn – in einer großen Streicherbesetzung von 16 ersten Violinen, 14 zweiten, zwölf Violen, zehn Celli und acht Bässen. Ich erinnere mich, wie Karajan fast flehentlich um eine »18er« Besetzung bat und hoch und heilig schwor, daß es sich nur um eine einzige Ausnahme handele. Die zum Mißtrauen neigenden Philharmoniker zeigten sich geneigt; das Ergebnis: eine wahre Sternstunde.

Für den etwas spröden Beginn von »Pelleas und Melisande«, ein dem Orchester kaum bekanntes, über vierzig Minuten dauerndes Werk, war besonders harte Probenarbeit erforderlich, zumal viele Orchestermitglieder der Tonsprache des jungen Schönberg fremd gegenüberstanden, sie als teilweise zu sentimental-süßlich empfanden. Selbst Karajan gelang es nur mit großer Mühe, sein tiefes Einfühlungsvermögen für diese sehr aus dem Österreichischen kommende Musik auf so manche »Nordlichter« in seinem Orchester zu übertragen. Seine großartigen Wiedergaben der Orchesterwerke des frühen Schönberg, insbesondere von »Pelleas und Melisande« bleiben in Erinnerung. Als vor nicht gar so langer Zeit diese Komposition unter der Leitung eines als objektiv-sachlich geltenden Dirigenten zu hören war, gedachten viele Philharmoniker dankbar der auf einem unvergleich höheren Niveau stehenden Aufführung unter ihrem alten Chef.

Nur einmal dirigierte Karajan die »Gurre-Lieder«, benötigte acht volle Proben und beklagte sich anfangs über deren zähen Verlauf. Auch hier fanden sich seine Berliner Musiker nicht ganz zurecht, mußten allerdings aus einem sehr schlecht lesbaren Material spielen und hatten offensichtlich echte Schwierigkeiten, die Ansetzung des überdimensional orchestrierten Werkes, mehr noch das Einssein ihres Maestros mit dieser Musik zu begreifen. Karajan benutzte bei seiner einzigen Aufführung eine etwas reduzierte Fassung mit einem Orchester von »nur« rund 115 Mitgliedern, wollte sie in den siebziger Jahren erneut ins Programm nehmen, was am Widerstand des Verlages scheiterte, der für renommierte Orchester nur noch die Benutzung der Original-Instrumentation (mehr als 140 Musiker und ein entsprechend starker Chor) erlaubte.

Verständlich, daß Karajan weder mit den »Gurre-Liedern« noch mit den »Orchestervariationen« auf Reisen ging. Anders bei Werken von Alban Berg (»Drei Orchesterstücke« Opus 6, drei Orchestersätze aus der »Lyrischen Suite«) und Anton Webern (»Fünf Sätze für Streichorchester« Opus 5 und »Sechs Stücke für großes Orchester« Opus 6), eine keineswegs leichte Kost für alle Beteiligten. Hervorzuheben die Häufigkeit, mit der Karajan die »Drei Orchesterstücke« von Berg in und außerhalb von Berlin aufführte, ein überaus kompliziertes, vielstimmiges Werk, das ein übergroßes Orchester mit übergroßem technischem Können erfordert und zudem überinstrumentiert ist. Die Wiedergabe seiner beklemmenden (»Präludium«), quälend-heiteren (»Reigen«) und im dritten Satz (»Marsch«) in niederschmetternde Gewalt ausbrechenden Musik stellte höchste Ansprüche an Dirigent und Orchester, wird zur Mammut-Aufgabe, wenn dieses nicht leicht zugängliche Werk auf Reisen gespielt wird. Karajan und die Berliner Philharmoniker haben gerade mit dieser komplexen Komposition überall Triumphe gefeiert, wie etwa in Amsterdam, wo sich – holländischer Sitte entsprechend – nach dem »Marsch« die gesamte Zuhörerschaft erhob zum Zeichen von Dank und Anerkennung.

Wer in Karajan lediglich einen im Schönklang schwelgenden Musiker sieht, wird ihn als Interpreten von Webern schwer einordnen können. Ulrich Dibelius hat einmal in einem Beitrag für die »Philharmonischen Blätter« von Weberns »minuziös zurechtgeschliffenen Diamanten« gesprochen. Karajan gab ihnen größtmöglichen Glanz, ließ sie, wo immer er sie vorzeigte, leuchten. Nach ausgiebigen Proben erwartete er – so der Maestro in einem Interview – von seinen Berlinern, daß sie dieses im Musikschaffen wohl stärkste symphonische Konzentrat mit der gleichen Selbstverständlichkeit spielten wie eine klassische Symphonie. Im Programm hatte er diese »Miniatur«-Werke bereits 1959 und 1960, führte später in Berlin auch Weberns »Passacaglia« Opus 1 auf sowie dessen kurze, zweisätzige Symphonie Opus 21, die für Klarinette, Baßklarinette, zwei Hörner, Harfe und Streichquartett gesetzt ist.

Wie intensiv sich Karajan mit den wichtigsten Vertretern der Wiener Schule beschäftigte, geht aus seiner Absicht hervor, auch Opern von Berg und Schönberg in seine Salzburger Osterfestspiele einzubeziehen. Diese galten auf dem Gebiet der Oper in erster Linie dem Gesamtwerk von Richard Wagner, voran seinem »Ring«. Nach zwei großartigen »Meistersinger«-Aufführungen (1974 und 1975) – nun standen nur noch wenige Werke des Bayreuther Meisters, insbesondere »Parsifal«, aus – fragte ich Karajan, wie es nach Wagner weitergehen solle. Seine Antwort: »Ich denke an ›Wozzeck‹ und später an ›Moses und Aaron‹.« Er bemerkte meine Überraschung, bekräftigte seine Äußerung und sagte, er habe beide Partituren bereits eingehend studiert. – Warum es ganz anders kam, Karajan, das Beethoven-Gedenkjahr 1977 (150. Todestag) eigenmächtig um einige Monate verlängernd, zu Ostern 1978 »Fidelio« dirigierte und dann, vor Beendigung seines Wagner-Zyklus, zwei Verdi-Opern einstreute, ist mir nicht bekannt. Rücksicht auf seine Abonnenten hat er nicht nehmen müssen. Die Schar seiner Getreuen, vom Meister in einer besonderen Probe stets angesprochen, ging mit ihm durch dick und dünn, bereit, auch schwerste musikalische Brocken zu schlucken. Aber vielleicht fehlte es an ausreichender Probenzeit für Orchester und Solisten – »Wozzeck« allein hätte um die zwanzig Proben erfordert; möglicherweise bestand auch bei den Schallplattenfirmen, die stets zuvor Aufnahmen der zu Ostern angesetzten Opern produzierten, wenig Neigung; denkbar auch, daß Karajans Alter wie sein Gesundheitszustand eine Rolle gespielt haben. Der fünfundsiebzigjährige Maestro, für den Bergs »Wozzeck« eine Premiere gewesen wäre, scheute denn wohl doch vor einem solchen Abenteuer zurück.

Man hat ihm – nicht deswegen – vorgeworfen, er habe die zeitgenössische Musik vernachlässigt. Dies ist nur sehr bedingt richtig. Als er, achtundvierzigjährig, die Berliner Philharmoniker übernahm, bestand noch immer Nachholbedarf. Vor allem machte er neben den Werken der Wiener Schule Bela Bartók – zuerst von Furtwängler programmiert – heimisch, konnte dessen »Konzert für Orchester« und die »Musik für Saiteninstrumente, Schlagzeug und Celesta« auch auf Reisen dirigieren, somit über ein Reiserepertoire verfügen, das von Bach bis Bartók reichte und Kompositionen von Strawinsky und den Meistern der Wiener Schule einschloß. – In Berlin führte er Kompositionen von Britten (War-Requiem), Schostakowitsch (die Zehnte), Prokofjew (die Fünfte) auf – auch diese wahrlich nicht leichten Symphonien nahm er auf Reisen mit –, dirigierte Werke von Messiaen, kürzere Stücke von Nono, Ligeti, Penderecki, Henze und Fortner, widmete sich Jahre hindurch dem Schaffen von Boris Blacher, kurzum, er hat sich keineswegs von der zeitgenössischen Musik ferngehalten. Als Intendant habe ich ihn ständig gebeten, neu vorgelegte Partituren einzusehen und sie in seine Programme aufzunehmen, habe dafür gesorgt, daß er auch während seines Aufenthalts in Wien mit modernen Werken bekannt gemacht wurde.

Zugegeben, der Erfolg war mäßig. Dabei ist eines nicht zu übersehen: Die von Karajan stets angestrebte perfekte Wiedergabe setzt Überzeugtheit vom Wert der jeweils aufzuführenden Komposition voraus, gleichgültig, wie »modern« sie sich geriert. Es wäre – schnell erkennbar – unehrlich gewesen, hätte Karajan neue Musik ins Programm genommen, ohne einen wirklichen Zugang zu ihr gefunden zu haben. Überdies hätte seine Glaubwürdigkeit gelitten, wäre er als Fürsprecher »avantgardistischer« Musik aus den letzten Jahrzehnten aufgetreten. Zweifellos blieben ihm Boulez, Berio, Reimann, die bedeutenden Symphonien von Henze und vieles mehr aus dem Schaffen jüngerer Komponisten fremd. Auch er war ein Kind seiner Zeit, aufgewachsen in der Tradition von Wagner und Verdi, Strauss und Puccini, Brahms und Bruckner, Debussy und Ravel. Daß der junge Salzburger Mozart-Luft eingeatmet hat, Bekanntschaft mit der klassisch-romantischen Musik frühzeitig machte, bedarf keiner besonderen Erwähnung. Aber der Weg eines 1908 geborenen Dirigenten bis zu Stockhausen, Rihm, Schnittke und anderen ist doch sehr weit, wohl zu weit, um ihn ohne Ermüdungserscheinungen – dies bedeutet für den Interpreten: ohne jegliches Nachlassen in seinem Bemühen um bestmögliche Wiedergabe – zurückzulegen.

Lassen wir einige Werke aus Karajans Lieblingsrepertoire, nach Sprachgebieten geordnet, Revue passieren. Obwohl er längere Zeit nach dem Zweiten Weltkrieg in London dirigierte und zahlreiche Platten aufnahm, beschränkte sich sein englisches Repertoire mit den Berliner Philharmonikern, abgesehen von einer denkwürdigen Aufführung von Brittens »War-Requiem«, das er nur einmal im Programm hatte, auf die schon erwähnten »Tallis-Variationen« von Vaughan Williams, einer wundersamen, fast archaisch anmutenden Streicherkomposition, der ein Thema des im sechzehnten Jahrhundert wirkenden Organisten Thomas Tallis zugrunde liegt. Karajan verband diese in fernen, mystischen Regionen beheimatete Musik gerne mit einer der späteren Bruckner-Symphonien, eine überaus glückliche Programmidee.

Weitaus enger Karajans Verhältnis zur französischen Musik. Wie groß seine Affinität besonders zu den Werken von Debussy und Ravel war, geht schon daraus hervor, daß er bereits bei seinen ersten Konzerten mit dem Berliner Philharmonischen Orchester 1938 und 1939 Ravels zweite Suite zu »Daphnis und Chloé« bzw. Debussys »La mer« dirigierte. Schon damals erntete er mit Recht besondere Lobeshymnen für diese Interpretationen, die Kritiker priesen den außerordentlichen Klangsinn des jungen »Provinzlers« aus Aachen, der den weltberühmten Berlinern eine kaum zuvor erlebte Transparenz des Orchesterklanges abgewann, ein geradezu einmaliges Gespür für Klangfarben und tonliche Nuancen mit in die deutsche

Hauptstadt brachte, auch damals trotz der Nazis ein musikalisches Zentrum.

Rund ein Vierteljahrhundert später leitete Karajan, nun als Chef, erstmalig die »Phantastische« von Berlioz, schnell ein Paradestück des Maestro, das er oftmals und gerne mit gleichbleibendem Erfolg wiederholte. Selbstredend stoben die Funken in den zwei brillanten Schlußsätzen; aber wie herrlich, naturverbunden, verstand es Karajan daneben, den dritten »Pastoral«-Satz dieser nur wenige Jahre nach dem Tod Beethovens entstandenen Symphonie zu gestalten, zu erfüllen, die Eleganz des Walzers (zweiter Satz) wiederzugeben und dem wirren, von Traumbildern durchzogenen Beginn, vor allem seiner enorm schwierigen, ziellos tastenden Einleitung mit ihrem häufigen Tempowechsel, Intensität, jugendlich-erregte Überspanntheit, die Ahnung von Wahnvorstellungen zu verleihen. Karajans mitreißende Interpretationen der »Phantastischen«, vielleicht des genialischsten Werks, das je ein Komponist während seiner – nicht nur erotischen – Sturm- und Drangzeit schrieb, verdienten in der Tat die Bezeichnung »kongenial«.

Daß Ravel und Debussy in den Karajan-Programmen mit den Berliner Philharmonikern stets prominent vertreten waren, versteht sich von selbst. Als Kuriosum sei erwähnt, daß Karajan einmal in Chicago, wo er immer besonders warm empfangen wurde, nach einem anstrengenden Brahms-Strauss-Programm noch die zweite »Daphnis und Chloé«-Suite als Zugabe (sonst lehnte er Zugaben grundsätzlich ab) dirigierte, um anschließend auf Bitten seiner Frau Eliette auch noch an einem Empfang teilzunehmen (was er sonst ebenfalls immer ablehnte). Er sah wirklich angestrengt aus und sagte, er habe sich erst einmal, was sonst nie der Fall sei, eine Viertelstunde lang hinlegen müssen. – Kein Kuriosum: Der Maestro dirigierte leidenschaftlich gerne bis ins höchste Alter Ravels »Bolero«, legte stets zuvor den Taktstock nieder, leitete mit den Händen eine selbstverständlich superbe, rhythmisch niemals wankende Aufführung, worauf er genüßlich den selbstverständlich einem Orkan gleichen Beifall entgegennahm.

Als Karajan einmal in Paris gastierte, setzte er wagemutig

218

»La mer« als Hauptwerk für sein Schlußkonzert an, probte am Morgen des Konzerttages noch einmal Debussys weltbekannte Orchesterkomposition und beschwor die Philharmoniker, ihr Allerbestes zu geben, denn man befände sich in der »Höhle des Löwen« und niemand wisse, wie die Pariser »ihre« so oft gehörte Lieblingskomposition »La mer«, von einem deutschen Orchester gespielt, aufnehmen würden. Nun, es gab nicht nur enthusiastischen Beifall nach einer in der Erinnerung haftenden Aufführung, auch die Presse zeigte sich mehr als wohlwollend, und Karajan konnte mit seinen Berlinern Paris ohne Blessuren verlassen.

Ein kurzer Blick auf Karajans russisches Repertoire. Wie sehr ihm (wie auch seinen Vorgängern Furtwängler und Nikisch) Tschaikowsky lag, deutet sich wiederum in seinem frühen Berliner Programm 1939 an, dessen Hauptwerk die »Pathétique« des großen Meisters bildete. Für sein zehnjähriges Dirigentenjubiläum als Chef der Berliner Philharmoniker setzte er nach der Pause die Fünfte von Tschaikowsky an, mit der er sich auch – zehn Jahre zuvor – bei seiner ersten Amerikareise vom Publikum in der New Yorker Carnegie Hall verabschiedet hatte. Von der vierten Symphonie stehen gleichfalls fulminante, mitreißende Aufführungen in Erinnerung.

Versuche, ihm die früheren sinfonischen Werke Tschaikowskys nahezubringen, blieben erfolglos, wie er auch leider große Teile des gesamten symphonischen Schaffens von Prokofjew und Schostakowitsch mit je einer – allerdings faszinierenden – Ausnahme nicht in Betracht zog. Mit der Fünften von Prokofjew, einem Reisestück par excellence, vermochte er sich völlig zu identifizieren. Bereits erwähnt sind die exemplarischen Aufführungen der Zehnten von Schostakowitsch, zu dessen Musik er wohl eine besondere Affinität gehabt haben muß. Denn er erklärte mehrfach, er würde, falls ihm die Gabe des Komponierens zuteil geworden wäre, wie Schostakowitsch geschrieben haben, von dessen fünfzehn Symphonien er, wie gesagt, lediglich die Zehnte in sein Repertoire nahm. Einmal wollte er die Achte, die ich ihm ans Herz gelegt hatte, aufführen; sie war bereits in der Vorschau angezeigt. Doch kurz vor dem Aufführrungstermin klingelte das Telefon: Aus der Achten wurde wiederum die Zehnte, und bei ihr blieb es auch später.

Mussorgskijs »Bilder einer Ausstellung« in der Orchesterfassung von Ravel gehörte, ohne daß es einer Begründung bedarf, zu den Lieblingswerken des Meisters. Beim letzten Bild, »Das Tor von Kiew«, ließ er am Ende auch noch die Orgel mitspielen, erzielte das höchstmögliche Klangvolumen und erhielt dankbar beglückt den entsprechenden höchstmöglichen Beifall.

Doch es wäre verfehlt, Karajan nachzusagen, er habe stets entscheidenden Wert auf ein brillantes Ende gelegt. Zu seinen bedeutendsten Wiedergaben gehört die »Symphonie liturgique« von Honegger, die sanft verklingt und die er sich nicht scheute, auch an das Ende eines Programms zu setzen. Wer dieses die Schrecken des Krieges widerspiegelnde, aufwühlende Werk von Karajan und den Berliner Philharmonikern jemals gehört hat, wird sich ein noch höheres Interpretationsniveau einfach nicht vorstellen können. Gleiches gilt von Honeggers zweiter Symphonie für Streichorchester und Trompete (ad libitum) mit ihrer dreiteiligen, quälend bitter-verzweifelten Musik, deren choralartiger Schluß durch den freigestellten zusätzlichen Einsatz einer Trompete (Karajan ließ das kantable Thema sogar durch zwei Trompeten hervorheben) Hoffnung auf ein Ende jener entbehrungsvollen Jahre 1940/41 erweckt, in denen dieses nicht nur für das Schaffen Honeggers so wichtige Werk entstand.

Karajan und die klassisch-romantische Musik aus dem deutschen Sprachgebiet – eine Betrachtung mit vielen Merkwürdigkeiten. Der gebürtige Salzburger, so sollte man meinen, wäre mit einer besonderen Affinität für den genius loci, Wolfgang Amadeus Mozart, geboren worden; dies um so mehr, als sein Lehrer Bernhard Paumgartner, in technischer Hinsicht sicherlich nicht einer der bedeutendsten Dirigenten, schon mit dem ersten Taktschlag Mozart in seiner ganzen Schönheit, Tiefe, seiner unbeschreiblichen, fast göttlichen Leichtigkeit erklingen ließ. Ähnliches galt für Paumgartners Lehrer, Bruno Walter; auch Karl Böhm gehörte in die Kategorie begnadeter Mozart-Interpreten.

Karajan hat sich mit Mozart lange Zeit schwergetan, mußte einen weiten Weg zurücklegen, um nur einigermaßen in die Nähe seines Lehrers und anderer zu gelangen. Mit echter Bestürzung erinnere ich mich an Karajans (für mich) erste Wiedergabe des »Requiems« Anfang 1960. Glätte, keine spürbare Hinwendung zum »Seraphischen«, von dem ein berühmter Schweizer Kritiker nach einer Aufführung unter Bruno Walter sprach. Ein reiferer Karajan hat später zu Ehren seines verstorbenen Lehrers im Salzburger Dom mit weitaus größerer Hingabe dirigiert, wie viele bewegte Besucher berichteten. Weitere Aufführungen in Berlin und New York bezeugten das wachsende Einfühlungsvermögen des Maestro, der – kein Zweifel – Mozart innig liebte, alle bekannten Symphonien, Divertimenti, Klavier- und Violinkonzerte dirigierte, aber letzten Endes doch nur ästhetisch-berückenden Wohlklang bot, ohne ganz in das wundersame Geheimnis der Mozartschen Musik, in ihre nie wieder erreichte Eigenschönheit ganz einzudringen.

Clifford Curzon, für mich einer der allergrößten Mozart-Interpreten, sagte nach seinem letzten philharmonischen Gastspiel mit dem letzten Klavierkonzert KV 595, man brauche eigentlich zwei Leben, um dem Genie Mozarts wirklich nahezukommen. Karajan forderte – wohl in Anlehnung an Goethes Äußerung, die Natur sei verpflichtet, ihm eine andere Form des Daseins anzuweisen – ein zweites Leben, da er noch so viele Ideen in sich trage, die auszuführen sein Körper nicht mehr erlaube. Möge ihm, falls sein Anspruch Gehör finden sollte, auch die Gnade eines (neu-)geborenen Mozart-Interpreten zuteil werden!

Auch mit Haydn hatte Karajan fast immer Probleme. Gewiß, eindrucksvolle Aufführungen der beiden Chorwerke »Die Schöpfung« und »Die Jahreszeiten« sind hervorzuheben. Dagegen überzeugte die Wiedergabe der leider viel zu wenigen von Karajan ins Repertoire genommenen Symphonien nie ganz. Klangfülle, Klangschönheit, ein doch mehr konventionelles Espressivo genügen nicht allein, um die echte Größe der langsamen Teile wie auch Geist und Witz insbesondere der Ecksätze wiederzugeben, jenen »Haydn-Esprit« zu übertragen,

Kennzeichen dieses am meisten unterschätzten aller Komponisten. Wie kaum ein zweiter vermag er mit knappesten Mitteln ein Höchstmaß an Gefühlen, von tiefster Trauer bis zur ausgelassensten Heiterkeit, zu erzeugen, seine Kompositionen sind im Aufbau stets vollendet – kein Wunder, daß sie ein Maximum an Intellekt und Ausdruckskraft verlangen und es so wenig adäquate Haydn-Interpreten gibt. Wehmütige Erinnerung an Sir John Barbirolli, einen Haydn-Dirigenten par excellence.

Noch weniger günstig steht es um Karajans innere Beziehung zu Franz Schubert. Zwar nahm der Maestro vertragsgemäß alle Schubert-Symphonien – neun an der Zahl – auf, ohne sie allerdings in sich selbst aufzunehmen. Mühsam die Aufnahmeprozedur. Ich war zufällig anwesend, als Karajan den Vertreter der Aufnahmefirma bat, ob es nicht möglich sei, einige Symphonien auszuklammern. Doch dies wurde mit der Begründung abgelehnt, die Plattenfirma möchte unbedingt ein symphonisches Gesamtwerk unter Leitung von Karajan auf dem Markt anbieten, erhoffte sich hiervon einen Prestige-Zuwachs wie einen größeren Verkaufserfolg, und der Maestro mußte sich fügen. – In der Öffentlichkeit führte er mit Vorliebe die »Unvollendete« auf; sein Zugang zu dieser wohl ersten Version von »Tod und Verklärung« überzeugte restlos, eine tiefer erfüllte Wiedergabe läßt sich kaum denken. – Um die große C-Dur-Symphonie, in der Furtwängler, Walter Böhm, Giulini und andere ihr Bestes gaben, bemühte sich Karajan mehrfach, war selbst mit dem Ergebnis nicht zufrieden und dirigierte das monumentale Werk 1969 in der Philharmonie zum letzten Male. Später meinte er zu mir: »Ich konnte Ihrem Gesicht ablesen, daß Sie nicht zufrieden waren. Sie hatten recht, ich war es auch nicht.« Und dann fügte er dem Sinne nach hinzu: »Ich komme mit dieser Symphonie nicht zurecht«, ein Eingeständnis, das den Meister nur ehrt. Wahrscheinlich fehlte ihm der Sinn für das Musikantische, von dem auch die »olympische«, der Siebenten von Beethoven verwandte Symphonie durchdrungen ist. Man kann dieses gewaltige, himmelstürmende, im langsamen Andante-Satz an einen außerirdischen Trauerzug gemahnende Werk nur ergründen, wenn man selbst eine gewisse Intuition für die unwiederholbare Schubertsche Dur-Moll-Melodik besitzt. Wohl kein Komponist vor oder nach ihm hat so tief aus dem Urquell der Musik geschöpft, sich in ihrer nächsten Nähe befunden. Daher bedarf auch der Schubert-Interpret eines hierfür angeborenen Gespürs. Karajan besaß es nicht, merkte dies mit der Folge, daß er in seinen letzten Jahrzehnten lediglich die »Unvollendete« dirigierte.

Teilweise Fehlanzeige auch bei Robert Schumann. Nur die vierte Symphonie war fest verankert in Karajans Repertoire. Die Symphonien eins bis drei nahm er zwar auf, aber wollte von öffentlichen Aufführungen nichts wissen. Nur einmal gelang es, ihn zu bewegen, die Zweite in sein Programm zu nehmen. Mit vollem Recht erhielt er stürmischen Beifall für seine perfekte Wiedergabe. Doch schon bevor er zum zweiten Mal auf das Podium zurückkehrte, um den Applaus entgegenzunehmen, sagte er hart und entschieden: »Nie wieder!« Und dabei blieb es. Das Klavierkonzert hat er des öfteren dirigiert, aber ein echtes Verhältnis zu Schumanns sehr deutscher, von Innigkeit der Empfindung wie von überschäumender Kraft beseelter Musik hat er wohl kaum gehabt. Seltsam, wenn man an Bernsteins wiederholt begeisternde Wiedergabe der Zweiten, an Giulinis hinreißende Interpretation der dritten Symphonie, der »Rheinischen«, denkt. Auch ein anderes Meisterwerk, die von Lord Byrons dramatischem Gedicht inspirierte »Manfred-Ouvertüre«, Repertoire-Stück der meisten Dirigenten, blieb Karajan fremd; jede Bitte, das Werk in einem seiner philharmonischen Konzerte anzusetzen, lehnte er rundweg ab. Empfand er vielleicht eine gewisse Scheu vor der romantisch gefühlsbetonten, oft überschwenglichen Ausdrucksintensiät in der Schumannschen Musik?

Anders stand es bei Bach, Beethoven und Brahms, den »drei großen B«, jene von Hans von Bülow stammende Bezeichnung. Wann immer es an der Zeit war (aber manchmal auch sehr viel später), um Karajans Gesamtprogramm für eine neue Spielzeit festzulegen, fragte mich der Maestro, welche Symphonien von Beethoven und Brahms seit längerer Zeit von ihm nicht dirigiert worden seien, setzte diese an und fügte fast immer eines der »Brandenburgischen Konzerte« von Bach oder eine seiner Suiten hinzu. Gleiches galt auch für Karajans Reiseprogramme. »All-Bach«-Konzerte, bestehend aus »Brandenburgischen Konzerten«, Suiten oder Solo-Konzerten, dirigierte bzw. leitete er vom Cembalo aus, in New York und in Salzburg; in Berlin hätte er sicherlich gerne ein solches Programm im neuen Kammermusiksaal der Philharmonie angesetzt. Doch hierzu ist es leider nicht gekommen.

Karajan und Bach. – »Wer immer strebend sich bemüht ...« Karajan hat sich wahrlich um die von ihm geliebten kammermusikalischen Werke von Bach bemüht. »Erlösung« im Sinne von Erfüllung ist ihm nur sehr bedingt zuteil geworden. Karajan glaubte, mit Hilfe einer Reihe hochqualifizierter, in der Kammermusik tätiger Philharmoniker zum Ziel zu gelangen, probte mit ihnen als dem kleineren Ensemble stets nur während der letzten halben Stunde einer Gesamtprobe (so daß die bei Bach nicht beschäftigten Musiker gehen konnten), und das ist einfach nicht genug. Hervorragende Instrumentalisten werden immer eine technisch exzellente Aufführung zustande bringen, wie dies auch bei Karajans Wiedergaben der Fall war. Aber wahre Kammermusik, insbesondere Bach, erfordert ständige Zusammenarbeit. Nicht umsonst gibt es zahlreiche, sich fast ausschließlich auf Bach und andere Barock-Meister konzentrierende kammermusikalische Gruppen, denen die Musik jener Zeit geradezu zur zweiten Natur geworden ist. Mit einem solchen Ensemble konnten Karajan und seine ad hoc zusammengestellten Philharmoniker nur schwerlich konkurrieren.

Überdies hat man dem am Cembalo wirkenden Maestro reichlich schnelle Tempi vorgehalten, auch beanstandet, er habe die »Brandenburgischen Konzerte« zu brillant und mehr als Unterhaltungsmusik – allerdings auf höchster Stufe – dargeboten. Dies ist nur teilweise richtig. Bachs Musik mit ihrem instrumentellen Glanz, abwechslungsreichen Kombinationen, hellen und dunklen Farben (keines der Konzerte gleicht dem anderen) ist trotzdem bewußt für einen königlichen Hof geschrieben, dessen Mitglieder, wie Bach es vermuten durfte, eher unterhaltende als heilig-priesterliche Klänge erwarteten.

Daß technische Virtuosität auch bei Bach, dem berühmten Orgel-Virtuosen, ihre Berechtigung hat, unterliegt keinem Zweifel. Manche Gralshüter mögen bei Karajan ihren mehr behäbig-markigen, altväterlichen Bach vermissen; Karajans Bach-Auffassung, vielleicht zu weit ins andere Extrem gehend, bietet dennoch beherzigenswerte Aspekte, dies vor allem dank der Virtuosität seiner philharmonischen Solisten und Kammermusiker.

Auch über die Beethoven-Interpretationen von Karajan gehen die Meinungen auseinander. Verschiedentlich hat er die neun Symphonien auf Platten, CDs und Videokassetten aufgenommen, sie gerne zyklisch in Berlin, Paris, London, Wien und in New York aufgeführt, besonders die Neunte bei festlichen Anlässen, wie etwa bei der Eröffnung der Philharmonie 1963. Seine letzte Aufführung im Rahmen der Berliner Festwochen 1986 wird noch lange in Erinnerung bleiben. Ein gereifter Karajan vermochte nun auch im dritten langsamen Satz mit seiner schon fast zwischen Himmel und Erde schwebenden, den letzten Quartetten verwandten Musik zu überzeugen, ein interpretatives Gleichgewicht zu erzielen zu den ihm näherstehenden, bewegten d-Moll-Sätzen und ihrer Aussage von der unerbittlichen Gewalt des Schicksals. Daß er dem großen Chorfinale vollauf gerecht werden würde, wer konnte hieran zweifeln?

Einwendungen, die man des öfteren in der in- und ausländischen Presse las, betrafen einmal des Maestro oft überaus rasche Tempi, dann einen gewissen Mangel an, wie es eine englische Zeitung ausdrückte, »urgency« (Ein-)Dringlichkeit. Beethoven, der erstmalig in der Musikgeschichte den subjektiven Menschen mit all seinen Gefühlen, ob Leid oder Freude, einführte, der »erste Sündenfall« in der Musik, ein Ausdruck von Bruno Walter, wurde zum Revolutionär, indem er die Ideale der Französischen Revolution auf die Musik übertrug. Unzufrieden mit seinen bisherigen Werken in jungen Jahren, suchte er neue Wege, beschritt sie mit dem ersten symphonischen Ergebnis, der »Eroica«, Abbild eines »Helden« (gemeint war Napoleon Bonaparte, dessen Namen die Symphonie ursprünglich tragen sollte). Daß bei seinem Vorstoß in musikalisches Neuland Späne flogen, sich Kanten bildeten, Innen- und Außenleben eines am Bestehenden rüttelnden Titanen sich in seiner Musik widerspiegeln würden, die mit der Gefälligkeit einer aristokratischen Welt nichts mehr gemein hatte, wen könnte dies wundernehmen?

Karajan, von vornherein dem widerborstigen, sich an der Welt reibenden Beethoven eher fern, lief bisweilen Gefahr, dessen Musik zu glätten, die geballte Faust zu einem mehr liebenswürdigen Händedruck zu gestalten. Seine raschen Tempi, die – nicht zu übersehen – den metronomischen Angaben von Beethoven folgen (im letzten Satz der achten Symphonie sind sie nicht mehr ausführbar!), wirken bisweilen überhastet, sind aber grundsätzlich dann nicht zu verwerfen, wenn es dem Interpreten gelingt, den von Beethoven, dem Komponisten, gewollten Ausdruck zu vermitteln. Drei Beispiele: Im ersten Satz der »Eroica« muß das »Heldische« erkennbar bleiben, dominieren. Karajans Tempo ist so schnell, daß manche bewegte Passage kaum noch klar vernehmbar ist, und dennoch kommt der heroische Charakter der Musik zwingend zur Geltung, eine Meinung, die selbstverständlich nicht überall geteilt wird. Ähnliches gilt vom ersten Satz der Fünften, den Karajan so rasch wie nur möglich dirigiert. Auch hier verträgt dieser übermächtige, das Schicksal beschwörende Satz ein stürmisches, dahinjagendes Tempo, das drohende Verhältnis ist permanent spürbar, soll fast den Atem nehmen; es bedarf also keines besonderen Fingerzeiges durch Verlangsamung des berühmten Hauptthemas, wann immer es erscheint. – Schließlich: Auch das »rasende« Zeitmaß im Finale der Siebenten, von Karajan gegen den deutlichen Widerstand des Orchesters stets in »Eins« geschlagen, mag zuerst schockieren (kein anderer Dirigent nimmt diesen Satz so schnell), aber es hat seine Berechtigung, wenn man in dieser einmaligen Musik nicht eine »Apotheose des Tanzes« – so Richard Wagner – erblickt, sondern weit mehr den Tanz trunkener Götter, Rausch, Tumult, kaum zu bändigenden Aufruhr, der in der Tat eine solche an »Wahnwitz« grenzende Gestaltung rechtfertigt.

Reichlich bewegte Tempi bevorzugt der Maestro auch in der »Pastorale«, die er in erster Linie als vergnügliche Schilderung heiteren Landlebens auffaßt. »Heitere Gefühle«, wie sie »bei Ankunft auf dem Lande erwachen« (siehe die Überschrift des ersten Satzes), sind längst erwacht und quicklebendig; ausgesprochene Fröhlichkeit herrscht vor, von erst aufkommender Freude des Besuchers beim Anblick ländlicher Idylle kann nicht mehr die Rede sein. Der »Szene am Bach« (zweiter Satz) fehlt jene naturverbundene, andächtige Stimmung, wie sie sich in den Wiedergaben durch Furtwängler, Walter, Haitink und anderen ausbreitet, die die »Pastorale« weit mehr als Frucht eines religiösen Erlebnisses, die Naturbeschreibung als Gottesschau begreifen und auf diese Weise eine Brücke von den ersten beiden Sätzen bis zum Ende (»Frohe und dankbare Gefühle nach dem Sturm«) schlagen. So herrlich auch die philharmonischen Bläser, besonders im zweiten Satz, spielen, ein echtes Glücks- und Dankesgefühl habe ich bei dieser – fast möchte man sagen – »Divertimento-Fassung« der »Pastorale« von Karajan nicht gespürt, gestehe gern, daß es sich, wenn ich an die Reaktion von Publikum und Presse zurückdenke, um eine Minderheits- auffassung handelt.

Zum dritten der »drei großen B«, zu Johannes Brahms. Auch seine Symphonien wurden von Karajan gerne zyklisch ins Programm genommen, es gab auch »Brahms-Festivals«, bei denen außer den Symphonien das Violinkonzert, das zweite Klavierkonzert, das »Doppelkonzert« sowie die »Haydn-Variationen« in Verbindung mit einer der beiden Ouvertüren aufgeführt wurden. Der kundige Leser wird fragen: Warum nicht das erste Klavierkonzert? Der Grund ist überaus merkwürdig. Als ein früherer Leiter der Berliner Festwochen Karajan aufsuchte, um ihn unter anderem zu bitten, das erste Klavierkonzert mit einem prominenten Solisten zu akzeptieren, erklärte der Maestro in meiner Gegenwart ehrlich und offen, er habe das Werk nie in sein Repertoire aufgenommen und werde dies auch in Zukunft nicht tun; er sei einmal in ganz jungen Jahren mit dem Stück nicht zu Rande gekommen, habe es daraufhin zur Seite gelegt, ohne jemals wieder an eine Aufführung zu denken. Karajan anerkannte sogleich, wie großartig insbesondere der erste Satz mit seinem gewaltigen, symphonisch konzipierten Beginn sei, aber er blieb bei seiner Ablehnung, auch als ich mit ihm später allein über dieses grandiose Jugendwerk von Brahms – kein Klavierkonzert im üblichen Sinne – sprach.

Seltsam, daß ein Chefdirigent der Berliner Philharmoniker an diesem geradezu einmaligen Werk vorüberging, dies lediglich wegen einer negativen Jugenderinnerung, über deren Einzelheiten er sich nicht weiter ausließ. Seltsam auch deswegen, weil er über ein Brahms-Orchester verfügte, dem in der ganzen Welt Superlative zuteil wurden, das nach wie vor für Brahms eine spezielle, auf langer Tradition beruhende Affinität besitzt. Am seltsamsten jedoch, weil der Österreicher Karajan ein geborener Brahms-Interpret war und bereits in jungen Jahren einen echten Zugang zu der eher herben, im Vergleich zu Wagner spröder instrumentierten Musik fand.

Auch hier darf daran erinnert werden, daß sich der kaum dreißigjährige Generalmusikdirektor aus Aachen bei seinem Debüt mit den Berliner Philharmonikern ausgerechnet mit der Vierten von Brahms, einer berühmten, oftmals gepriesenen Interpretationsleistung des damaligen Chefs, Wilhelm Furtwängler, vorstellte und die bewußte Herausforderung bestand. Diese seine Brahms-Zuneigung hat sich Karajan zeit seines Lebens erhalten, überall galten er und seine Berliner, wenn es um Brahms ging, als »einsame Spitze«, um einen neudeutschen Ausdruck zu gebrauchen. – Nicht ohne Interesse die Anmerkung, daß Karajans Nachfolger, Claudio Abbado, vom Orchester vor allem auf Grund seines Konzerts bei den Berliner Festwochen 1989 gewählt wurde, dessen Hauptwerk die dritte Symphonie von Brahms war.

Sie stellt bestimmt jeden Dirigenten vor eine besonders schwere Aufgabe. Da ist einmal der romantisch-stürmische, an Schumann erinnernde Beginn, von Brahms mit »Allegro con brio« bezeichnet, eine Seltenheit bei ihm, der meistens zurückhaltend-einschränkende Tempo-Bezeichnungen bevorzugte. Schlagtechnisch bereitet er – übrigens ähnlich dem Beginn des ersten Klavierkonzerts – gewisse Probleme, insbesondere wenn der Dirigent wirklich das vorgeschriebene con brio beherzigt und nicht, wie einst Toscanini, ein ausgesprochen langsames Zeitmaß einschlägt. Dann gilt die Coda des letzten Satzes mit vollem Recht als äußerst schwierig. Im Gegensatz zu seinen anderen Symphonien baut Brahms die zuvor noch einmal geradezu explodierende Musik des letzten Satzes ab, die Themen beginnen sich allmählich aufzulösen, in ihren Konturen zu verschwimmen, bis ganz am Ende – einmalig im symphonischen Werk von Brahms – der Hauptgedanke des ersten Satzes auftaucht, nur angedeutet, kaum noch erkennbar, bald in den tiefen Streichern versinkend, wie wenn die Musik in der Erde verschwände – für jeden Interpreten eine denkbar schwere Aufgabe, die viel Reife und Verständnis verlangt. Denn alleinige Beachtung der Angaben in der Partitur genügt nicht. Der Dirigent muß dieses allmähliche Verklingen, das Hinüberschweben der Musik in andere Sphären selbst fühlen, auf seine Musiker wie auf seine Zuhörer übertragen. Ein Rezept hierfür gibt es nicht.

Karajan hat sich um die Dritte lange bemüht. Kaum eine Aufführung verging, ohne daß ältere Philharmoniker von Furtwängler und dessen Wiedergabe, insbesondere der erwähnten Schlußcoda, schwärmten. 1977 dirigierte Karajan in Tokio einen Brahms-Zyklus und damit wiederum die Dritte. Die großen Höhepunkte im letzten Satz kamen, wie gewohnt, mit elementarer Kraft heraus, nun begann der Abbau des musikalischen Geschehens. Und da geschah das »Wunder«. Zum ersten Male gelang Karajan – möglicherweise ohne Wissen und Absicht –, was sich ihm bisher versagt hatte: die ruhig-schwebende, fast selbstverständlich erscheinende Verklärung, die Auflösung der Klänge gleichsam, ihr Hinübergleiten »ins Ewige«.

In der Regel suchte ich Karajan in der Pause nicht auf, es sei denn, daß er mich aus irgendwelchen Gründen zu sprechen wünschte. Diesmal mußte ich ihn sehen, ihn beglückwünschen. Auf dem Weg zu seinem Zimmer wurde ich immer wieder von Orchestermitgliedern angesprochen, die ihre Freude über das gelungene Ende zum Ausdruck brachten. Ich fand Karajan allein, dankte ihm und sah ihn ebenso ergriffen. »Sehen Sie«, sagte er, »man muß eben fast siebzig Jahre alt werden, damit einem dieser Schluß glückt; ich war so gerührt, mir kamen die Tränen, ich konnte fast nicht weiter dirigieren.« Worte, die ich nicht vergessen werde, die ihm seine Gegner wahrscheinlich nicht geglaubt hätten, Worte, die sein tiefes Eindringen in die Musik, sein genaues, natürlich nicht von allen geteiltes Verständnis für ihren Inhalt offenbarten, Zeugnis ablegten von Glaubwürdigkeit und Ehrlichkeit in allen musikalischen Belangen.

Karajan hat sich auch des »Deutschen Requiems« mit besonderer Vorliebe angenommen, dank seiner inneren Verwandtschaft mit Brahms dieses – vielen Katholiken schwer zugängliche – Werk in seiner tief berührenden Religiosität glaubhaft dargestellt. Auf der anderen Seite gelangen ihm, dem geradezu idealen Verdi-Dirigenten, unvergeßliche, durchaus religiös empfundene Wiedergaben des »Requiems«, das für manche Protestanten als zu opernhaft-äußerlich gilt.

Aber war Karajan wirklich der von tiefer Gläubigkeit beseelte Künder religiösen Erlebens, kam in seinen vielfachen Interpretationen kirchlicher Werke etwas von einem eigenen Glaubensbekenntnis zum Ausdruck, das sich auf Musik und Musiker wie auf die Zuhörer übertragen hätte? Der Konzertsaal wird zur Kirche, so heißt es, wenn ein religiös-begnadeter Musiker jene Gläubigkeit, die große Komponisten zu Gott geweihten Werken inspirierte, in sich erfährt und neu entstehen läßt. Karajan – sicherlich gläubiger Katholik, wenn auch zweimal geschieden und dreimal verheiratet, vom Papst eingeladen, im Petersdom während einer päpstlichen Messe mit den Wiener Philharmonikern zu konzertieren – äußerte sich einmal recht negativ über dies Einswerden von Konzertsaal und Kirche, wollte ausschließlich durch partiturgerechte Aufführungen wirken; kaum der wahre Weg, insbesondere für religiöse Musik, um zum Ziel zu gelangen. Daher waren viele seiner Interpretationen religiöser Werke in jeder Hinsicht, auch im Ausdruckshaften, perfekt und dennoch nicht zwingend. Ich denke an die Salzburger Aufführung der »Matthäus-Passion« von

Bach, die trotz der Mitwirkung von Peter Schreier als Evangelist nur sehr bedingt anrührte, oder an manche kirchlichen Werke von Mozart, die bei aller Vollkommenheit von Chor, Solisten und Orchester doch jene religiöse Hingabe vermissen ließen, die in erster Linie vom Dirigenten vermittelt werden muß. – Im Gedächtnis stehen auch einige konventionelle Wiedergaben von Beethovens »Missa Solemnis«, dieses allerdings übermächtigen, sich zum Dialog zwischen Gott und Mensch erhebenden Werkes, das Furtwängler nach anfänglichen Aufführungen beiseite legte mit der Begründung, die Musik sei zu groß, um es ihr als Interpret gleichzutun. Aber ich erinnere mich an ein Konzert im Rahmen der Berliner Festwochen 1985, als ein gereifter Karajan – ähnlich wie bei der Dritten von Brahms, über sich hinauswachsend, den Bann vollendeter Objektivität brechend – die Menschen weit mehr als zuvor bewegte, sie mit religiöser Inbrunst erfüllte, der Größe Beethovens nahekam. Auch damals ließ er, wie es bei ihm üblich war, eine Zurschaustellung seiner Gefühle, auch seiner religiösen, nicht erkennen, tat alles, um dies zu vermeiden. Übrigens ganz im Gegensatz zu Bernstein, der aus seiner Hingabe für die Musik, die er dirigierte, auch äußerlich nie einen Hehl machte, in Gesten und Bewegungen sein Musikerherz, bisweilen überdeutlich, erkennen ließ.

Ob und inwieweit Karajan ein echtes Gespür für das Metaphysische in der Musik besaß – in jungen und mittleren Jahren sicherlich nicht, anders im hohen Alter –, bleibt eine schwer zu beantwortende Frage. Jedenfalls leistete er vielleicht sein Größtes als Interpret religiöser oder zumindest aus religiösem Glauben stammender Musik. Paradox wie es auch klingen mag: die Rede ist vom Bruckner-Dirigenten Karajan. Ähnlich wie bei den »drei großen B« – Anton Bruckner gehört als vierter in diese Reihe – verging kaum eine Spielzeit, ohne daß Karajan eines der großen symphonischen Werke des Meisters von St. Florian aufgeführt hätte. Leider nahm er sich der ersten drei Symphonien nicht an – er habe in ihnen nichts Besonderes zu geben, meinte er, als ich ihn darauf ansprach – und konnte sich auch mit der Sechsten, die er bereits im Programm hatte und wieder absetzte, nicht befreunden. Doch für diese bedauerlichen Auslassungen entschädigte er durch beispielhafte Aufführungen der »Romantischen«, der Fünften und der Symphonien sieben bis neun; auch das »Te Deum« dirigierte er des öfteren, meistens in Verbindung mit einer kirchlichen Komposition von Mozart.

Nach wie vor bekenne ich, wohl wissend, wie selten man Superlative anwenden darf und soll: Karajan war in seiner Zeit der größte Bruckner-Dirigent, und es wird nicht leicht sein, es ihm noch einmal gleichzutun. Mit fast traumwandlerischer Sicherheit beherrschte er die gewaltigen Strukturen einer jeden Bruckner-Symphonie, hatte den großen Atem für ihre oft langgezogenen Themen sowie deren Durchführung mit ihren gewaltigen Höhepunkten, neuen Ansätzen, neuem Durchdringen des Themenmaterials. Er besaß das richtige Gespür für das »Feierliche« in Bruckners Musik, ein Ausdruck, den der Komponist mehrfach für die Bezeichnung eines ganzen Satzes benutzte. Bruckners drei große Themenkomplexe, der Anfangsgedanke, Musik oftmals wie aus einer anderen Welt, gefolgt von einem lyrisch-gesangvollen Teil, dem sich ein bewegter, vorwärts strebender Abschnitt anschließt, fanden in Karajan stets eine erfüllte Wiedergabe. Während der Maestro, wie schon erwähnt, oft wegen allzu schneller Tempi getadelt wurde, konnte man seine Bruckner-Zeitmaße eher als langsam, gemäßigt kennzeichnen. So benötigte er bei der Achten – vielleicht seine herausragendste Leistung – rund sechs bis sieben Minuten mehr als andere Dirigenten, nahm insbesondere den wirklich überlangen Schlußsatz bewußt verhalten, hielt dieses Tempo strikt durch und erzeugte auf diese Weise eine Spannung sondergleichen, wie sie nach dem an dritter Stelle stehenden Adagio von einer Länge von 28 Minuten notwendig ist, um das Riesenwerk zusammenzuhalten. Als einmal ein Festwochenprogramm noch offenstand und Karajan mich fragte, ob ich einen Vorschlag habe, antwortete ich spontan: »Wenn Sie mir einen Gefallen tun wollen, setzen Sie Bruckners Achte an.« Der Maestro war sogleich einverstanden.

Wäre eine solche Frage noch einmal an mich, während Karajans letzten Jahren als Chef, gerichtet worden, ich hätte ihn vielleicht um die Neunte von Bruckner gebeten, die der alternde Meister dem »lieben Gott« gewidmet hatte mit der Bitte, ihm noch die Kraft zur Vollendung seines letzten symphonischen Werkes zu geben. Die Bitte wurde nicht erfüllt, und so endet die Symphonie mit dem langsamen Satz, den Bruckner, wie bei der Achten, an die dritte Stelle gesetzt hatte. Karajan hat diesen rund einstündigen Torso wiederholt dirigiert, bei seinen letzten Aufführungen bestand das Programm nur noch aus dieser Neunten, und stets entließ er seine Zuhörer bewegt und dankbar für eine exemplarische Wiedergabe, insbesondere des langsamen letzten Satzes, der Bruckners eigenes Ringen im Angesicht des Todes zu versinnbildlichen scheint; sein gewaltiger, dissonanter Höhepunkt zum Ende hin mutet wie ein Aufschrei an: »Mein Gott, mein Gott, warum hast du mich verlassen?« Doch dann, nach einer ausgedehnten Pause, beginnt die Musik sich allmählich in Klänge demütiger Ergebenheit aufzulösen, sich vom Weltlichen wegbewegend einer anderen Welt zuzustreben. Mit dem beruhigt-verklärenden E-Dur-Gesang ist der innere und äußere Frieden erreicht, am Ende wenden sich die Hörner crescendierend, wie von Bruckner ausdrücklich vorgeschrieben, nach oben, ihr E-Dur-Klang währt bis zum letzten Takt der Symphonie, während die Streicher mit einigen wenigen Pizzicati das musikalische Geschehen abschließen. Ein wundersames Ende des Werkes, wie man es sich nicht schöner vorstellen kann. Ein weiser Gott erfüllte Bruckners Bitte nicht. Denn die erwähnten »Pizzicati« besitzen hinreichende Finalwirkung, ohne daß es noch eines »Zurück zur Erde« durch einen weiteren (Schluß-)Satz bedarf.

Wieder einmal hatte Karajan nach einer wahrlich vollendeten Aufführung diese letzten Takte erreicht, als ich – ich glaubte meinen Ohren nicht zu trauen – statt der Streicher-Pizzicati einen kurzen Arco-Ton der Geigen (mit dem Bogen gestrichen) vernahm, der diesem weltfernen Ende eine süßlichsentimentale Note verlieh. Da es bei den meisten Bruckner-Symphonien verschiedene Ausgaben, auch der Urfassung, gibt, die Karajan selbstverständlich verwandte, fragte ich Karajan, ob

es sich bei dem mich störenden Abschluß um eine von ihm benutzte andere Fassung handele. Mein Erstaunen war groß, als
mir der Maestro mit entwaffnender Offenheit erklärte, auf
seine Anweisung spiele ein Teil der Geigen arco, der andere
pizzicato, es habe ihn bei früheren Aufführungen immer ge-
stört, daß die Pizzicati niemals ganz zusammengewesen seien!
Ich war verblüfft. Seltsam dieser Eingriff des sonst immer so
partiturgetreuen Maestro; seltsam, daß er die musikalische Bedeutung dieses Eingriffes nicht erkannte, am seltsamsten, daß
er nach mehr als fünfundzwanzigjähriger Tätigkeit als Chef offensichtlich nicht (oder nicht mehr?) in der Lage war, ein zu
gleicher Zeit einsetzendes Pizzicato seiner philharmonischen
Streicher zu erzielen. Einen solchen Hinweis verkniff ich mir
natürlich; immerhin hat Karajan später die Vorschriften Bruckners für diese letzten Takte wiederum befolgt.

Von Bruckner zu Mahler. Nach der überaus eindrucksvollen
Aufführung von »Das Lied von der Erde« mit der herrlichen
Christa Ludwig im Jahre 1970 beschäftigte sich Karajan auch
mit dem symphonischen Gesamtwerk von Mahler; doch er kam
vorerst zu keinem Entschluß, fragte mich, welche der neun
Symphonien ich ihm anraten würde, worauf ich ihm vor allem
die Neunte, aber auch die zweite Symphonie, die sogenannte
»Auferstehungssymphonie« vorschlug, ohne allerdings irgend-
einen Widerhall zu finden. Doch dann führte der »Zufall« den
Maestro zu der früher selten gespielten fünften Symphonie.

Viscontis berühmter Film »Tod in Venedig« (nach der No-
velle von Thomas Mann) benutzte für die musikalische Unter-
malung das »Adagietto« aus der Fünften, ein gesangvoller, kurzer Mittelsatz, der als ruhevoller Übergang von dem riesigen,
ungestümen Scherzo (dritter Satz) zum bewegten Finale gedacht ist. Das den Streichern vorbehaltene »Adagietto« muß
mit äußerster Zurückhaltung vorgetragen werden, weil bei einem Zuviel an Ausdruck sein melodischer Hauptgedanke bei
aller Schönheit leicht ins Überschwenglich-Rührselige abglei-
tet. Daß die Filmleute ihr Allerbestes taten, um diesen Zwi-
schensatz – von Mahler nie als alleinstehendes Stück gedacht –
in ein schmalzig-sentimentales Gebilde zu verwandeln, das

mehrfach, wie bei der Szene im Friseurgeschäft, in kaum erträglicher Weise benutzt wurde, war fast zu befürchten. Auf Grund dieses nun populär gewordenen »Adagietto« sahen sich verschiedene Schallplattenfirmen veranlaßt, die ganze Fünfte von Mahler in Neuaufnahmen auf den Markt zu bringen. Diese erschienen in Windeseile, führende Dirigenten wurden verpflichtet, und da konnte auch Karajan nicht zurückstehen. Im Mai 1973 dirigierte er das abendfüllende Werk zuerst in Berlin, es folgten Aufführungen in Salzburg, London, Paris, und selbstverständlich gab es auch eine Plattenaufnahme.

Karajans »Debut« als Dirigent einer Mahler-Symphonie gestaltete sich zu einem Triumph. Der erste Satz (»Wie ein Kondukt«), ein von Trompeten-Fanfaren eingeleiteter, grandioser Trauermarsch, gefolgt von einem »Mit größter Vehemenz« bezeichneten stürmisch bewegten zweiten Teil, dramatische Musik von höchster Intensität, für Karajan geradezu geschaffen, packte die Zuhörer, verschlug ihnen fast den Atem. Dann das über achthundert Takte lange Scherzo mit seinem an Eichendorff erinnernden großen Horn-Solo, von Karajan großartig zusammengehalten, ohne jedoch der zwischen dämonischer Satire und naiv-volkstümlichen Themen hin- und hergerissenen Musik ganz jene besondere Mahler-Qualität verleihen zu können. Karajan kam, wie gesagt, spät zu Mahler, war keineswegs in jungen Jahren mit dem »Mahler-Bazillus« geimpft, der, wie einmal der Musikschriftsteller Paul Bekker schrieb, den »Geimpften« sein Leben lang nicht mehr völlig losläßt. Dennoch eine eindrucksvolle Wiedergabe des nach den beiden vorangegangenen Sätzen wie ein »reinigendes Gewitter« wirkenden dritten Teils. Ihm folgt das so allbekannt gewordene »Adagietto«, von Karajan mit höchster Behutsamkeit dargeboten – dankbar vergißt man Visconti – mit dem Übergang zum energischen, von Lebensfreude übersprudelnd, sich etwas lang hinziehenden Finale.

Der Riesenerfolg mit der Fünften bewog den Maestro, sich einer weiteren Mahler-Symphonie zuzuwenden. Es folgte die Sechste, Mahlers einziges in Moll endendes symphonisches Werk. Die für Februar 1976 geplante Aufführung mußte jedoch verschoben werden wegen der schweren, komplizierten Rückenoperation. Anfang 1977 war es dann soweit, und wiederum errang Karajan mit der Sechsten einen Triumph, der sich auch auf Reisen wiederholte. Als ich zuvor Karajan vom Flugzeug abholte, murmelte er etwas von »Kapellmeistermusik« im letzten Satz, ohne daß ich ganz begriff, was er damit sagen wollte. Kurz vor der Generalprobe hörte ich, daß er in dem gewaltigen, dreiteiligen Finale den dritten Teil kurzerhand gestrichen hatte. Ich ging in sein Zimmer und machte ihn darauf aufmerksam, daß man einen solchen Strich bei Mahler kaum verstehen würde. Entrüstet wiederholte Karajan seine am Flughafen gemachte Bemerkung, die ich nun erst richtig verstand, wurde äußerst unwillig, doch ließ sich die Diskussion nicht fortsetzen, da der Orchesterwart seine übliche Meldung erstattete, das Orchester sei bereit. Später hörte ich, daß er den Strich wieder rückgängig gemacht habe, es allerdings unterließ, den zuvor gestrichenen Teil irgendwie zu probieren! Und dabei blieb es.

Karajans Aufführung dieses tief-tragischen Werkes bleibt in jeder Hinsicht denkwürdig. Ob es notwendig war, die von Mahler für das Finale vorgeschriebenen Hammerschläge elektronisch zu verstärken, sei dahingestellt. Die von Mahler erstmals eingeführten dumpfen Hammerschläge, gleichsam Herzinfarkte einer untergehenden, sich immer wieder und doch vergeblich aufbäumenden Menschheit, danach ein Nichts, Öde, völlige Leere, schließlich ein letzter, vom gesamten Orchester mit niederschmetternder Gewalt angestimmter a-Moll-Akkord, dieses dunkle, hoffnungsvolle Szenarium konnte keine adäquatere Deutung finden als durch Karajan und seine Berliner; bewundernswert auch die physische Leistung eines Dirigenten, der selbst zuvor um Gesundheit und Leben bangen mußte.

Einprägsam der vorangehende, innere und äußere Schönheit ausstrahlende langsame Satz, gleich bedeutsam das ebenfalls in a-Moll stehende Scherzo, in seiner sardonischen Wildheit ein echtes, der Zeit vorauseilendes Mahler-Produkt, das später Schostakowitsch und Prokofjew beeinflußt hat. Den ersten, marschartig beginnenden Satz nahm Karajan äußerst straff, erlaubte dem etwas zu sentimental-hingebungsvollen, Alma Mahler gewidmeten Seitenthema keinerlei Entfaltungsmöglichkeiten. So erhält der zwischen einer tragischen Anfangsstimmung und lyrischem Verweilen schwankende Satz, dessen Coda einen kraftvollen, das fürchterliche a-Moll-Ende keineswegs vorausahnenden Aufschwung nimmt, eine von Mahler wohl kaum gewollte Geschlossenheit.

Eine kurze persönliche Anmerkung sei hier angefügt. Als mir Karajan sagte, er beabsichtige, die Sechste von Mahler aufzuführen, fragte ich ihn spontan, was er, der jegliche Sentimentalität in der Musik haßte, mit dem »Alma-Thema« machen werde. Karajan meinte zu meiner Überraschung, es störe ihn nicht, darüber käme er hinweg. »Auch über seine Erweiterung in der Coda?« fragte ich ihn daraufhin. »Auch darüber«, so seine zuversichtliche Antwort – und in der Tat gelang es ihm in erstaunlicher Weise, allerdings wohl nicht im Einklang mit der von Mahler an seine Alma gerichteten Huldigung. In diesem Zusammenhang berichtete ich Karajan, was mir vor langer Zeit Bruno Walter erzählt hatte. Als er und Mahler einen ihrer üblichen nächtlichen Spaziergänge im Anschluß an eine Opernaufführung in Wien unternahmen, fragte Mahler ihn, den jüngeren Freund und späteren »Mahler-Apostel«, warum er seine sechste Symphonie noch nicht aufgeführt habe. Walter antwortete mit jener für echte Freunde geziemende Offenheit, er könne nichts mit dem zu weichlichen Seitenthema im ersten Satz anfangen. Ich hatte Walter gefragt, wie Mahler darauf reagiert habe. Walter: »Er schwieg, und wir setzten unseren Spaziergang fort.«

Nächste Station Karajans auf dem Wege zu Mahler: die vierte Symphonie, jenes fast an Mozart erinnernde, heiter-idyllische Werk, das einzige, in dem Mahler ein verhältnismäßig kleines Orchester beschäftigt und sogar auf die Mitwirkung von Posaunen verzichtet. Doch dem lieblich-entspannten Beginn mit seinem lustigen Schellengeläute folgt ein ganz anders gearteter zweiter Satz, im dem eine um einen vollen Ton heraufgestimmte Solo-Geige »sehr zufahrend«, wie es in der Partitur vermerkt ist, ein schaurig-groteskes, zigeunerhaftes Thema an-

237

stimmt. »Der Tod spielt auf«, so könnte es heißen, wenn diese fahle, gespenstische, im Dreivierteltakt gehaltene Musik mit ihren harten Akzenten, ein typisch Mahlerscher Einfall, erklingt. Hier wurden Karajan und seine Helfer den Intentionen des Komponisten nicht ganz gerecht. Um so schöner das ruhevolle Adagio – es gehört zu den wertvollsten Eingebungen Mahlers – sowie das Finale mit seinen kindlich-naiven Erzählungen von den »Himmlischen Freuden«.

Schließlich und endlich beschäftigte sich Karajan mit der Neunten, die zuvor nur wenige Male von den Berliner Philharmonikern gespielt worden war. Alt-Philharmoniker erinnern sich noch an eine erstaunliche, von vielen nach wie vor als einmalig empfundene Aufführung im Hochschulsaal unter Sir John Barbirolli Anfang Januar 1963, als dem großen englischen, gerade als Mahler-Interpret unvergessenen Dirigenten nach dem ersterbenden Ende der Symphonie Ovationen von außergewöhnlicher Länge zuteil wurden. Erst neun Jahre später erfolgte eine weitere bewegende Aufführung unter Carlo Maria Giulini, bis Leonard Bernstein bei seinem einzigen Auftritt mit dem Berliner Philharmonischen Orchester die Neunte im Rahmen der Berliner Festwochen 1979 dirigierte. Man hatte seltsamerweise dem berühmten Dirigenten und Allround-Musiker nur vier Proben gegeben, die selbstverständlich nicht ausreichten. Als die Philharmoniker überdies Bernstein baten, eine öffentliche Generalprobe abzuhalten, um Verwandten und Freunden, die ohne Karten blieben, eine Teilnahme zu ermöglichen, mußte der große Gast ausgerechnet Mahlers Neunte, ein für jedes Spitzenorchester besonders schwieriges Werk, improvisieren, die Philharmoniker sozusagen aus dem Stegreif spielen lassen. Daß dies beiden gelang, gereicht Dirigent wie Orchester zur höchsten Ehre, ein Wagnis sondergleichen, das in der Erinnerung haften bleibt.

Kurz darauf begann Karajan mit seinen Proben für die Neunte und soll, wie glaubhaft berichtet, zu den Philharmonikern von der vorangegangenen Arbeit »Ihres Korrepetitors« gesprochen haben. Ich erinnere mich, wie aufgebracht Karajan, einst Gastdirigent der New Yorker Philharmoniker, berichtet hatte, daß nach seiner Aufführung der Neunten von Beethoven Bernstein anschließend seinerseits die Neunte des Bonner Meisters probte, also die Vorarbeit von »Kollege« Karajan – dankbar oder nicht – nutzte. »Ja, Bauer, das ist ganz was anderes«, mag der Maestro gedacht haben, als er nun selbst die allerdings spärlich bemessene Vorbereitungszeit von Bernstein in Anspruch nahm, wenn auch zwischen Bernsteins Aufführung und Karajans Probenbeginn etwas mehr Zeit dazwischenlag. Karajan erwog erst einmal eine Aufnahme, denn 1980 war bei ihm die Vierte noch im Repertoire. Der Maestro konnte sich als Chef sehr viel mehr Zeit lassen, um das monumentale Werk Mahlers mit dem Orchester zu erarbeiten. Im Gegensatz zu Bernstein stand ihm eine zweistellige Probenzahl zur Verfügung, das Werk wuchs und wuchs, so daß die Deutsche Grammophon Gesellschaft sich alsbald zu einer zweiten Aufnahme der Neunten entschloß, ein im Geschäftsleben dieser Firma (und anderer) sicherlich einmaliger Vorgang. Anfang 1982 fand dann die erste öffentliche Aufführung in der Philharmonie statt, Karajan, wie immer auswendig dirigierend, beherrschte Partitur und Orchester, zeigte sich auch von Geist und Botschaft der Musik völlig durchdrungen und identifizierte sich beglückend mit dieser vielleicht großartigsten Musik des Abschieds, der Klage, der Entsagung, des Eingangs zum ewigen Frieden. Selbstverständlich waren es die großen Ecksätze, die dem fast Achtundsiebzigjährigen besonders gemäß waren, wie dies bei allen überragenden Dirigenten der Fall ist, während er bei den zwei bewegten Mittelsätzen höchstmöglichstes Niveau hielt. – Damals konnte ich dem Maestro nur schriftlich gratulieren und erhielt sogleich einen Dankesbrief von ihm, eine Seltenheit, zugleich Beweis dafür, in welch hohem Maße ihn diese Aufführung – und natürlich auch alle folgenden – berührte, wie sehr ihn, der selbst dem Abschied nahe, die Musik Mahlers ergriff.

Als Karajan die Sechste zum Erfolg führte, meinte er, das bedrückende Finale komme in seiner Wirkung einer Droge gleich. War es ein ähnlicher Grund, der sich immer tiefer bohrende Gedanke an den Abschied, der bereits jeder weiteren

Aufführung der Neunten zusätzliche Intensität und Aussagekraft verlieh? Nach der vielleicht besten Aufführung mit den Berliner Philharmonikern in New York, die gleiche Stürme der Begeisterung wie bei Barbirolli hervorrief, dachte Karajan nach seinen eigenen Worten daran aufzuhören; ein Gipfel war erreicht, höher ging es nicht, warum nicht in einem solchen Augenblick höchsten Triumphes den Taktstock niederlegen, nicht mehr dirigieren? Doch eine andere »Droge«, die des Nicht-rasten-Könnens, stand dem entgegen, wie es seinem Charakter, seinem Tatendrang entsprach. Und hätte er, der mehr als ein halbes Jahrhundert hindurch von Beifallsstürmen begleitet wurde, plötzlich hierauf verzichten können?

Einige abschließende Worte zur Interpretationskunst Karajans erscheinen geboten. Kein nachschöpferischer Musiker vermag sich mit allen Kompositionen aus den verschiedensten Jahrhunderten zu identifizieren. Auch ein Toscanini stieß als Interpret auf Einwände, nicht alle stimmten mit Furtwänglers Darstellung der »Matthäus-Passion« überein. Gleiches galt von Karajan, der trotz bewußter Verkleinerung seines Repertoires vergeblich versuchte, dieser Gefahr zu entrinnen. Ob er wirklich immer zum Kern eines von ihm dirigierten Werkes vordrang, Geist und lyrischen Gehalt der Komposition voll erfaßte, wird noch lange umstritten bleiben.

Unleugbar dagegen: Alle seine Interpretationen waren stets durch ein bezwingendes Maß von Geschlossenheit, von einer die inneren Zusammenhänge der Komposition klarlegenden Gestaltungskraft, geprägt. Jedes Thema, ob Haupt- oder Nebengedanke, jede noch so geringfügige kompositorische Einzelheit erhielt den gebührenden Platz, dies mit einer vom Zuhörer kaum zu bemerkenden Selbstverständlichkeit, wenn nicht Endgültigkeit, als ob es gar nicht anders sein könnte. Immer das Ganze im Auge behaltend, verzettelte er sich nie in der Heraushebung von Einzelheiten, die daher paradoxerweise in ihrer interpretativen Bedeutung hie und da zu kurz kamen. Sein Hauptaugenmerk galt – übrigens nicht unähnlich der interpretativen Grundidee von Toscanini – dem großen Bogen, dem Gesamtbau, einer einheitlichen Linie. Daher Karajans unübertreffliche Wiedergaben der mehr als vierzigminütigen, pausenlosen symphonischen Dichtungen von Richard Strauss, dessen Musik ihm besonders nahe stand, seine Meisterschaft als Interpret von Mahler-Symphonien, zu denen er sich erst im hohen Alter einen Weg ebnete, seine weltweite Anerkennung als Bruckner-Dirigent, dessen gewaltige symphonische Werke Karajan schon in mittleren Jahren in Bann zogen, ihn zu einem beredten, gläubigen Künder Brucknerscher Größe werden ließen.

Hieran sollten diejenigen denken, die in dem Maestro lediglich einen sich an der Oberfläche der Musik bewegenden Pultstar sahen, ihm Gefühlsmangel, Glätte und Äußerlichkeit vorwarfen. Auch wo seine Interpretationen nicht immer Zustimmung fanden, wurde er gefeiert. Der Dank galt mit Recht einem genialen Dirigenten, der in seiner Art, in seiner jedem menschlichen Wesen zugewiesenen Begrenzung, stets Außergewöhnliches leistete, ein Höchstmaß an orchestraler Virtuosität und Ensemble-Spiel erzielte.

Sicherlich gab Karajan auch als Interpret manche Rätsel auf, blieb schwer durchschaubar. »Kühl bis ans Herz hinan . . .?« Vielleicht empfand der Menschen nur schwer zugängliche Maestro eine gewisse Scheu, auch in seinem Musizieren Gefühle zu erkennen zu lassen. Dennoch war sein persönliches und musikalisches »inneres Reich« vielfältig und keineswegs arm. Aber den Schlüssel hierzu behielt er meist für sich, öffnete die Tür selten oder ließ nur einen Türspalt offen, wenn es darauf ankam, die immense Gefühlswelt der Musik zu durchleuchten, sie mit Liebe, eigener Liebe, zu erfüllen.

Richard Wagner, dessen Musik Karajan glühend verehrte, sagte einmal, er könne den Geist der Musik nicht anders fassen als in der Liebe. Legten Karajans Interpretationen hiervon Zeugnis ab? Wohl kaum. Um solches zu vollbringen, stand ihm schon die eigene, faszinierende Persönlichkeit im Wege. Das Schicksal hatte ihn ausersehen, die Menschen zu entzücken; sie zu beglücken, ihnen die hohe ethische Kraft der Musik nahezubringen, war ihm nur bedingt gegeben. Fast immer erwies sich das einmalige »Karajan-Erlebnis« als stärker als das Erlebnis der Musik, vermochte es auch der Maestro in sich zu tragen. Er war und blieb der große Magier, der die Menschen, so wie sie es wollten, verzauberte. Seine phänomenale Ausstrahlungskraft bewirkte Wunder nicht nur im Orchester und beim Publikum; auch Karajan selbst, der Musiker und Interpret, geriet, sicherlich ohne sein Zutun, in den eigenen Schatten, mußte eben seine Bestimmung, »Karajan« zu sein, bis zur Neige auskosten. Nicht alle werden ihn darum beneidet haben.

Was wird bleiben?

Gegner Karajans, aber auch manche seiner Anhänger, meinen, der Maestro werde in weniger als zehn Jahren vergessen sein. »Karajan-Fans« sind anderer Ansicht. In Erinnerung an unwiederbringliche, dem Meister und seinem Orchester zu verdankende Sternstunden glauben sie, daß sein Wirken weiterleben, auch bei kommenden Generationen Widerhall finden wird. Karajan selbst hat besonders in seinen letzten fünf Jahren zielbewußt mehr an seinem Erscheinungsbild nach dem Tode hingearbeitet als an weiterem Dirigentenruhm gedacht, den er, wie kaum ein zweiter, bereits genossen und voll ausgekostet hatte. Eine mehr oder weniger bewegte Öffentlichkeit erfuhr noch zu seinen Lebzeiten von seinem »Vermächtnis«, jenen dreißig bis vierzig Videokassetten, an denen er bis zuletzt in seinem Heimatstudio in Anif »bastelte«, wie es bei Getreuen und Ungetreuen hieß. Sein Bild – im wahrsten Sinne des Wortes – als Dirigent und zugleich nachschöpferischer Künstler sollte auf diese Weise der Vergessenheit entrissen, das »Karajan-Erlebnis« den Menschen im nächsten Jahrhundert übermittelt werden.

Wilhelm Furtwängler tat nichts dergleichen, stand den technischen Dingen weitaus ferner als Karajan, sorgte sich, wie Elisabeth Furtwängler berichtet, nicht um Wert und Stellung nach seinem Ableben. Und dennoch bleibt er mehr als fünfunddreißig Jahre nach seinem Tod gegenwärtig. Furtwängler-Gesellschaften gibt es in vielen Metropolen der Welt, seine nicht sehr zahlreichen Platten werden immer wieder gespielt, neuentdeckte Aufnahmen wie eine Sensation angekündigt und mit brennendem Interesse gehört, seine als spät-romantisch gekennzeichneten Interpretationen finden auch bei jüngeren Dirigenten große Beachtung. Man darf ohne Übertreibung sagen, der 1954 gestorbene große Musiker lebt weiter, weniger als Komponist, für den er sich stets in erster Linie gehalten hat, wohl aber als Interpret insbesondere deutscher Musik, deren geistig-seelischen Gehalt er oft in wundersam-eindringlicher Weise aufspürte und weiterzugeben vermochte. So gilt er darüber hinaus als *der* Bewahrer und Hüter des von Bach bis Hindemith reichenden deutschen Musikerbes, mit dem er auch in Büchern, Schriften und Briefen seine Wesenseinheit erkennen läßt.

Auch Otto Klemperer besitzt nach wie vor eine Gemeinde, vor allem in England, wo er viele Jahre bis kurz vor seinem Tod (1973) gewirkt und als Beispiel hochbedeutender Interpretationskunst gedient hat. Ähnlich wie bei Furtwängler hat sich der Komponist Klemperer nicht durchgesetzt, dafür wird der Interpret bis zum heutigen Tage hoch geschätzt. Als nachschöpferischer Musiker stand er von Anfang an in einem fast diametralen Gegensatz zu Furtwängler. Struktur, Form, eine objektivierende, konzessionslose Wiedergabe des Notenbildes, dem er sich und seine Musiker mit unerbittlicher Strenge unterwarf, prägten seine Interpretationen; nichts von einem gefühlvollen, beseelten Ausdruck, eher ein spröder Ton, den er im Orchester erzeugte – und dennoch großartig in ihrer Gesamtkonzeption. Klemperers Aufnahmen wie seine Gespräche, die in Buchform erschienen, haben an Aktualität nichts verloren, auch er, an kommende Zeiten nicht denkend, hat diese überlebt.

Arturo Toscanini, langjähriger Operndirigent in Mailand und in New York, später Chef der New Yorker Philharmoniker und des NBC-Orchestra, hat in der internationalen, insbesondere der amerikanischen Presse möglicherweise die meisten Superlative auf sich gehäuft. Sein großes Verdienst: Als erster räumte er mit jeglicher Schlamperei auf, verlangte strikteste Genauigkeit bei der Befolgung des Notentextes. Aber auch auf Grund seiner einzigartigen Persönlichkeit, seiner blitzeschleudernden Befehlsgewalt, verbunden mit einem vulkanischen Temperament, lebt der italienische Maestro fort; bis heute, insbesondere von allen Dirigenten bewundert, gilt er nach wie vor als einer der Größten unter den Großen.

In den Vereinigten Staaten als »Conductor of Humanity« weiterhin geliebt und verehrt ist Bruno Walter. Ihm kam es entscheidend darauf an, seine Interpretationen mit der ethisch-moralischen Kraft der Musik zu erfüllen, sich zum Anwalt des Komponisten zu machen. Sein Kreuzzug für Gustav Mahler ist Teil der Musikgeschichte. – Eine »Bruno-Walter-Gesellschaft« in Kalifornien, wo Walter zuletzt lebte, ein »Bruno-Walter-Auditorium« in New York, wo er lange tätig war, zeugen vom Wirken dieses großen Dirigenten. Seit seinem Ableben sind fast dreißig Jahre vergangen.

Was bleibt von Karajan? Wie wird man ihn dreißig Jahre nach seinem Tod beurteilen? Kommt es zur Gründung von »Karajan-Gesellschaften«, werden sich künftige Generationen mit dem Interpreten Karajan beschäftigen, wie steht es insbesondere um sein »Vermächtnis«, das ihn auf lange Zeit hin überleben soll? Viele Fragen, Mutmaßungen die einzig möglichen Antworten.

Der Maestro hat zu seinen Lebzeiten sicherlich mehr Publicity erhalten als jeder andere Dirigent, vielleicht auch mehr als so mancher Politiker oder Fernsehstar. Er liebte schnelle Autos (ich bin einmal mit ihm von Mailand nach Florenz in weniger als zwei Stunden gefahren), von ihm selbst gesteuerte Flugzeuge (wie glücklich war er, als er, während einer Konzerttournee aus Chicago kommend, das falsche Bloomington in Illinois anflog und nun nach Bloomington, Indiana, wo das Konzert abends stattfand, weiterfliegen mußte), war einst ein begeisterter, schwierige Pisten meisternder Skiläufer, Eigentümer großen Jachten, mit denen er berühmte Rennen im Mittelmeer mehrfach gewann – kaum etwas, sein Familienleben eingeschlossen, blieb der Öffentlichkeit verborgen. Dann die ärgerlichen Starallüren – Fotografen können hiervon ein Lied singen –, ein gewaltiger Aufwand um einen Maestro, der aufgrund seiner Leistung sowieso Aufsehen erregte, der eigenwillige Sensationen verursachte und nur allzu oft aufreizend wirken konnte. Wen würde es wundern, wenn es um den Maestro nun erst einmal still wird, die Erinnerung an ihn und seine Eigenarten keiner Auffrischung bedarf.

Die Frage, was vom Interpreten Karajan bleibt, ist weit schwieriger zu beantworten. Vorausgeschickt sei die oft übersehene Erfahrung, daß jegliche Interpretation dem Zeitgeschmack unterworfen bleibt, sich von Generation zu Generation verändert. Selbstverständlich muß der Dirigent (wie jeder andere Interpret) felsenfest von der alleinigen Richtigkeit seiner Interpretationen überzeugt sein, jede andere Auffassung energisch ablehnen, wenn nicht verdammen. Erinnerungen an Furtwänglers böse Worte über Aufnahmen von Toscanini werden wach. Dennoch wird es keine allein selig machende Interpretation geben, ewiges Vorbild für alle. Dies gilt auch für die großen Dirigenten unseres Jahrhunderts. Ob und inwieweit eine nächste, ganz anders denkende Generation sich mit den verschiedenen Wiedergaben aus alter Zeit beschäftigen wird, bleibt abzuwarten. Wahrscheinlich wird sie es interessieren, anhand des reichen Materials den dann legendenumwobenen Maestro Karajan kennenzulernen, zu beobachten, wie er sein Orchester führte, handhabe, es zum Klingen brachte; sie wird vielleicht auch seine von den Altvorderen überlieferte Magie nachzuempfinden versuchen. Dennoch dürfte es schwierig sein, den Musiker und Interpreten Karajan genau zu erfassen, begrifflich zu bestimmen. Der Maestro erklärte einmal in jüngeren Jahren, er stehe zwischen Toscanini und Furtwängler, vereinfacht gesagt, zwischen vollkommener technischer Präzision und Innerlichkeit im weitesten Sinne. Karajan strebte in Wirklichkeit beides an, und wie Bruno Walter einmal bemerkte, muß man sich entscheiden, ob man dem einen oder dem anderen den Vorzug gibt, wobei es denkbar ist, daß Perfektion im Technischen auf Kosten des Ausdrucks und umgekehrt, Ausdrucksintensität auf Kosten der technischen Präzision geben kann. Beides in Vollendung wird sich nur in den seltensten Fällen ergeben. Karajan suchte – »den lieb' ich, der Unmögliches begehrt« – die Synthese. So kommt es, daß seinen Interpretationen sehr oft eine gewisse Unverbindlichkeit anhaftet, so großartig sie auch im Augenblick wirken und gewirkt haben. Sie stellen mit Ausnahme von Kompositionen, zu denen er eine offensichtliche Affinität besaß, eine Art Kompromiß dar, lassen bei aller technischen Perfektion, Klangschönheit und Beherrschung der Form oftmals jene spezifische Eigenart vermissen, die, gleichgültig ob man ihr zustimmt oder nicht, geeignet ist, auf Dauer, also über Jahrzehnte hinaus zu fesseln. Karajans Wiedergaben zielen – sicherlich unbewußt – auf den Geschmack der großen Masse; sie ecken nicht an, befremden nicht, befinden sich in der Strommitte, doch bei aller Begeisterung und Bewunderung, die sie verdienen, fehlt es ihnen bisweilen an einem geistigen Bestimmungsort, an Individualität der Auffassung, um dauerhafte Nachwirkungen zu erzeugen. Im Gegensatz zu den anderen zuvor genannten Dirigenten erscheint Karajan – sehr einfach gesagt – nicht »anders« genug, um als Interpret kommende Generationen zu faszinieren. Als nachschöpferischer Musiker ist er, von bedeutenden Ausnahmen abgesehen, ein Mann ohne scharfes Profil, was dem Verkaufserfolg seiner stets klanglich hinreißenden Aufnahmen eher zugute kommt. Sein Plattenruhm wird bestimmt noch eine Zeitlang anhalten, auch wenn Verkaufszahlen, wie einst bei Toscanini, rückläufig sind. »Promotion« für einen nicht mehr lebenden nachschöpferischen Musiker, selbst wenn er Herbert von Karajan heißt, wird mit der Zeit schwieriger. Wie recht hatte der Maestro, als er bei der Superreise Amerika–Japan beabsichtigte, dem Orchester vorausfliegend, natürlich am Steuer des eigenen Flugzeugs, sein »Vermächtnis« vorzustellen, eine technische wie musikalische Sensation. Doch das Glück war ihm nicht hold; er mußte die Reise wegen des »Lyme«-Virus absagen; überdies war das »Vermächtnis« noch nicht in allen Teilen vollendet.

Nun, da es vorliegt, der Maestro selbst die Werbetrommel nicht mehr zu rühren vermag, es doch an der Glorie einer sehr persönlichen Interpretationsweise mangelt, sind Zweifel an der Überlebenskraft des »Vermächtnis« angebracht. Sie werden verstärkt, wenn man fragt – eine berechtigte Frage angesichts unserer schnellebigen Zeit –, ob die Musikfreunde im nächsten Jahrhundert überhaupt dem Dirigenten das gleiche Interesse entgegenbringen werden, wie es heute der Fall ist. Zur Zeit ist er trotz berühmter Instrumentalisten und Gesangssolisten der Star des Musiklebens; ihm gilt das primäre Interesse von Presse und Publikum. Noch Anfang der zwanziger Jahre lagen die Dinge anders. Als Furtwängler die Nachfolge Nikischs antrat, erschien diese Meldung im »Berliner Tageblatt« unter der Rubrik »Verschiedene Nachrichten«.

Der Berufsdirigent, eine Erfindung des ausgehenden neunzehnten Jahrhunderts, gewann zusehends an Bedeutung, schon im Hinblick auf die komplizierter werdenden Partituren; man denke nur an die Kompositionen von Richard Wagner, Richard Strauss und Gustav Mahler. Im weiteren Verlauf dieses Jahrhunderts war es dann das Wirken großer Persönlichkeiten wie Furtwängler und anderer zuvor genannter Meister des Taktstocks, das dem Dirigenten seine überragende Position in der heutigen Musikszene eintrug und zu einer erstaunlichen Zunahme von Orchestern und Orchesterkonzerten führte.

Der Dirigent als »Faszinosum«: Da steht ein Mann vor achtzig oder mehr Musikern, bringt, ohne selbst einen Ton zu erzeugen, mittels eines Stabes oder mit seinen Händen eine für den Laien kaum lesbare Partitur zum Klingen, gibt ihr mit gebietenden Zeichen und Gesten eine eigene Deutung und erntet für seine einem Herrscher vergleichbare Tätigkeit Bewunderung, Dank und Anerkennung. Das Erlebnis einer zur Führung geborenen Persönlichkeit besitzt offensichtlich Vorrang bei der Zuhörerschaft dieser Jahrzehnte.

Die Gründe für diese gewachsene Bewertung des Dirigenten insbesondere in westlich-demokratisch regierten Ländern zu erforschen wie auch zu untersuchen, warum die meisten Spitzendirigenten aus westlichen Staaten kommen, wäre eine lohnende Aufgabe. In diesem Rahmen geht es nur um die zukünftige Position des Dirigenten. Wird er der »Star« bleiben? Vieles spricht dagegen. Die Zahl der für sehr große Orchester neu geschriebenen Kompositionen nimmt klar erkennbar ab. Immer mehr stehen kleinere Ensembles im Vordergrund des Interesses; zahlreiche zeitgenössische Kompositionen werden oftmals für wenige Instrumente, Kammerorchester oder neuartige Instrumentalvereinigungen geschrieben. Ob es richtig und notwendig ist, Chorwerke von Bach und anderen Barockmeistern mit einer stark reduzierten Zahl von Mitwirkenden darzubieten, sei dahingestellt. Eine deutliche Tendenz in dieser Richtung macht sich zusehends bemerkbar. Auch hier handelt es sich um mögliche Änderungen des Zeitgeschmacks und der Interpretation. Sie bedeuten keineswegs, daß der Dirigent etwa überflüssig wird oder eine untergeordnete Rolle spielen wird. Aber es erscheint zumindest zweifelhaft, ob er auch weiterhin auf Jahrzehnte hinaus der vergötterte Star, der Mittelpunkt des Musiklebens bleiben wird.

Trübe Aussichten für das »Vermächtnis«? Niemand vermag mit Bestimmtheit Entwicklung und Inhalt des künftigen Musiklebens vorauszusagen. Doch wäre es nicht verwunderlich, wenn Söhne und Töchter, Enkel und Enkelinnen das »Vermächtnis« des von ihren Vorfahren so bewunderten Maestro eher als historisches Unikum betrachten würden, darüber erstaunt wären, daß der »Held« jener Zeiten der Dirigent gewesen ist, wie es uns sonderbar anmutet, daß im achtzehnten Jahrhundert Kastraten *die* gefeierten, von Königen und Komponisten umworbenen Künstler waren.

Es kommt noch etwas anderes hinzu. Zwar leben wir in einem visuellen Zeitalter, selbst Zeitungen sind – im Gegensatz zu früher – voller Bilder. Aber Bilder haben auch die Eigenschaft zu verblassen, wenn man sie zu häufig betrachtet. Vielleicht wäre die Überlieferung von der dämonischen Wirkung Paganinis nicht so beeindruckend und nicht mehr so lebendig, wenn wir von ihm Bildmaterial in großem Umfang wie von Karajan besäßen; vielleicht bleiben in unserer Erinnerung weit mehr Bücher und Berichte über die wahrhaft Großen aller Zeiten als ein noch so üppiges Bildmaterial. Auch wenn wir heute Musik mehr als zuvor viel zu sehr mit den Augen hören, eignet sie sich auf die Dauer doch nur bedingt für das Medium Fernsehen, wie immer es sich auch weiterentwickeln mag.

Karajan wird auch nicht als der große Mitstreiter eines großen Komponisten in die Musikgeschichte eingehen. Kein

Vorwurf: Die »Klassiker der Moderne«, Strawinsky, Bartók, Schönberg, Hindemith, waren noch im neunzehnten Jahrhundert geboren, die einstigen Avantgardisten, voran Boulez, Henze, Zimmermann, Stockhausen und andere, gehörten bereits einer Generation nach Karajan an; eine echte innere Beziehung zu ihrer Musik fand er nicht, er hat sie auch nicht gesucht. Immerhin sind sein jahrelanges Streben nach einer möglichst vollkommenen Aufführung von Schönbergs »Orchestervariationen« Opus 31 wie seine Plattenaufnahme dieses Werkes und anderer von Schönberg, Berg und Webern hervorzuheben. Vielleicht werden seine Wiedergaben von Werken der Wiener Schule noch in späteren Jahrzehnten als Maßstab beispielhafter Interpretationen bezeichnet werden. Karajan war kein Schönberg-Apostel. Aber sein unermüdliches Bestreben, Schönbergs »Orchestervariationen«, diesem epochalen Zwölftonwerk, mit allen seinen Aufführungsschwierigkeiten gerecht zu werden, wird, so merkwürdig es klingen mag, eher überleben als so manche seiner heute begehrtesten Aufnahmen.

Was wird sicher bleiben? Zuerst einmal sein Wirken als »ständiger Dirigent« des Berliner Philharmonischen Orchesters. Länger als jeder Dirigent vor ihm und wohl auch nach ihm war er der Chef. Mit seinem Orchester errang er einen fast legendären Ruhm in der ganzen Welt, der insbesondere jener geradezu einmaligen künstlerischen Einheit zwischen ihm und den Berliner Philharmonikern galt. Darüber hinaus wird man ihm das geschichtliche Verdienst zuerkennen, als erster die technischen Möglichkeiten der Musikverbreitung gespürt, benutzt und auch inspiriert zu haben. Schon vom geschäftstüchtigen Richard Strauss hieß es leicht verächtlich: »Ursprünglich zum Musiker geboren, wandte er sich später dem Kaufmannsstande zu.« Von Karajan wurde und wird Ähnliches gesagt, ein unberechtigter Vorwurf. Die Tatsache, daß er mit seiner »Musik für Millionen« Erfolg hatte (und sicherlich noch einige Zeit haben wird), beweist, daß ein echtes Bedürfnis für seine Aufnahmen vorhanden war oder aber, daß er es erweckte. Der vielseitigere Leonard Bernstein tat ein

Gleiches; unvergessen insbesondere seine berühmten Fernseh-
sendungen, in denen er zu Millionen über die Bedeutung der
Musik sprach. – Viel Tadel, so Goethe zu Eckermann, habe
ihm, Goethe, nichts geschadet, solche subjektiven Urteile einzelner stellten sich durch die Masse wieder ins Gleiche. »Wer
aber«, so fährt Goethe fort, »nicht eine Million Leser erwartet, sollte keine Zeile schreiben . . .« – Gedanken, die für jeden gelten, der sich unbeirrt von Kritik und Tadel mit seiner
Leistung an Millionen wendet und von ihnen angenommen
wird.

Vielleicht bleibt noch etwas ganz anderes. Wie Karajan an
die Zukunft der Musik stetig gedacht hat, so galt seine Sorge
auch der Zukunft der Musiker. Wohl als einziger unter den
ganz großen Dirigenten hat er sich Gedanken um den Nachwuchs gemacht. Wenn alle Dirigenten, mit denen der Maestro seinerzeit arbeitete, die von ihm erhaltenen Ratschläge,
ihre Erfahrungen mit ihm als Lehrendem veröffentlichten, ein
nicht allzu schmaler Band würde herauskommen. Aber auch
um den Orchesternachwuchs hat sich Karajan gekümmert.
Die von ihm anläßlich seines sechzigsten Geburtstages ge-
gründete »Karajan-Stiftung« und vor allem die Orchester-
Akademie des Berliner Philharmonischen Orchesters, ein Teil
der Karajan-Stiftung, hat schon mehr als hundert jungen Instrumentalisten jene orchestrale Erfahrung ermöglicht, die
den Philharmonikern, die alle Lehrer stellen, aber auch anderen Orchestern zugute kommen. Karajan startete zu diesem
Zweck eine erfolgreiche Privatinitiative. Ihr ist es zu verdanken, daß alljährlich bedeutende Summen für die »Akademie«
gespendet wurden und auch nach seinem Ableben gespendet
werden, ein Karajan-Denkmal sehr besonderer Art, das vielleicht länger Bestand haben wird als andere Hinterlassen-
schaften des Maestro.

Als ich im vorigen Sommer ein Buch über »Große Kaiser
Roms« las, hieß es über Hadrian, vom Autor absichtlich über-
spitzt formuliert: »Ein hervorragender Regent auf der Flucht
vor den Menschen, die er regierte.« Unwillkürlich kam mir
Karajan in den Sinn. Vergleiche hinken, sind gefährlich und

lassen sich doch nicht ganz von der Hand weisen. Auch Karajan, auf seinem Gebiet ein »hervorragender Regent«, mutig für die Zukunft planender Star-Dirigent, dem ein Platz in der Musikgeschichte des zwanzigsten Jahrhunderts sicher ist, zugleich ein menschenscheuer, im tiefsten Inneren verschlossener, den Seinen entfliehender Maestro.

In der Tat: »Ein seltsamer Mann.«

Fotos (die Nummern entsprechen der Reihenfolge ihres Abdrucks): Ellinger, Salzburg Nr. 6; – Ullstein Bilderdienst Nr. 1, 2; – Ursula Röhnert Nr. 3; – Siegfried Lauterwasser Nr. 4, 5; – Binder/Thiele Nr. 7; – Erika Rabau Nr. 8, 9; – Hipp-Foto Nr. 10; – Snowdown Nr. 11

Ein scharfsinniger und kritischer Beobachter

Wie schon im ersten Band erweist sich Albert Einstein in dieser Schriftensammlung aus den Jahren 1934 bis 1955 als scharfsinniger und kritischer Beobachter.

In klarer und heller Sprache wendet er sich an die Öffentlichkeit, um bis zuletzt für die Verwirklichung seiner humanitären Ideale einzutreten. Die Ansprachen, Artikel, Aufrufe und Briefe dokumentieren seine verantwortungsvolle, unerschütterliche Geisteshaltung, nicht nur auf dem Gebiet der Wissenschaft.

Albert Einstein
Aus meinen späten Jahren
280 Seiten
Ullstein TB 34721

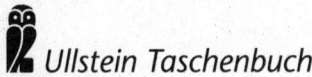 Ullstein Taschenbuch